会员战略

从不确定性中寻找确定性

王琴 ◎ 著

MEMBERSHIP STRATEGY

Seeking Certainty From Uncertainty

上海财经大学出版社
SHANGHAI UNIVERSITY OF FINANCE & ECONOMICS PRESS

图书在版编目(CIP)数据

会员战略：从不确定性中寻找确定性 / 王琴著.
上海：上海财经大学出版社，2025.8. -- ISBN 978-7
-5642-4730-0

Ⅰ. F274

中国国家版本馆 CIP 数据核字第 2025CU0560 号

□ 责任编辑　刘光本
□ 封面设计　贺加贝

会员战略
——从不确定性中寻找确定性
王琴　著

上海财经大学出版社出版发行
（上海市中山北一路369号　邮编 200083）
网　　址：http://www.sufep.com
电子邮箱：webmaster @ sufep.com
全国新华书店经销
上海巅辉印刷厂有限公司印刷装订
2025年8月第1版　2025年8月第1次印刷

710mm×1000mm　1/16　18印张（插页:2）　284千字
定价:89.00元

序言

会员制的到来

2019年8月,美国仓储会员制零售商开市客(Costco)在上海市闵行区开业,吸引了近万名会员蜂拥而入,甚至引发争抢商品、停车困难、道路拥堵等现象,商家不得不临时在下午四点钟提前停止营业。同样的现象在开市客的后续开业中也不断出现,比如在杭州、南京、深圳等地开业时,有些会员从凌晨开始排队,因为人数太多,预约都无法进场,交通一度陷入瘫痪。

这种现象发生在中国零售业态丰富、商家林立、人气不足的当下,许多传统卖场因为人流稀少、门前冷落而不得不关店,开市客的人头攒动自然引发了业界的高度关注。从深层意义上,开市客带来的可能不仅仅是一家商场,而是人们对"会员制"模式的期许。

我们知道,自20世纪90年代以来,中国零售业的发展相当迅猛,外资零售企业纷纷来华开店。1995年全球最大的零售企业沃尔玛就进入中国,在深圳开设了第一家店;随后,家乐福、乐购、易买得、大润发、易初莲花、欧尚等外资品牌纷纷进入;国内的百货商家、超市、便利店、大卖场也呈现高速扩张趋势,促成了中国零售业的百花齐放。2000年以来,阿里、京东等电商的发展进一步推动了零售业的繁荣,也带来了"后浪推前浪"的业态颠覆。自2014年以来,曾经辉煌的大卖场或退出(Tesco于2014年卖身华润后退出中国),或被并购(大润发被阿里收购,家乐福被苏宁纳入旗下),或人流逐步减少至歇业闭店。

当众多大型零售企业纷纷涌入中国时,开市客一直按兵不动,却在大卖场"退场"之际进入,且引爆了"会员制"概念的出圈,一个重要原因是:零售业正逐步从产品/渠道主导转向以会员（长期稳定的顾客）为主导的模式。

跟零售业一样，许多行业也面临着技术变革和模式创新的竞争压力，不断崛起的"新模式""新物种""新业态"，无不冲击着在位企业的竞争优势。面对不断重演的"颠覆与被颠覆"，能否"长期留在舞台上""不下牌桌"，正逐步成为企业的渴望。会员制的出圈或许更是一种期许：会员制能否成为企业长期发展的手杖？

会员制被很多人视为零售业的未来趋势而寄予厚望。

会员制的困惑

回顾身边人、周围事，会员制似乎并不是一个新生事物，每个消费者手上都可能拥有数张"会员卡"：理发卡、购书卡、超市卡、电影卡、加油卡、餐厅卡、公交卡……琳琅满目，每天的购物、出行、餐饮、娱乐、学习、工作等活动，都在与不同的"会员制企业"打交道。据有关统计，在大众日常生活中，一个消费者能频繁用到的会员卡可能不少于 30 个……

艾莉（一家公司的人力资源经理）一天的日常生活与工作

早上，出门上班前，艾莉在门口的全家便利店买了一份早餐，这个便利店艾利经常光顾，并且加入了它的会员计划；不仅可以享受会员价格和会员专享产品，每次的消费金额会按一定的比例折算为"积分"：达到一定积分额，艾莉还可以兑换产品。当然对于艾利来说，积分并不是她特别看重的，但这家便利店位于其上下班通勤的路上，产品和服务也不错，各种日用品总是要买的，又可以额外获取积分，何乐而不为呢？

艾莉今天出门有点晚，坐公交车可能赶不及，她决定叫车去公司。打开手机找到滴滴出行 App，发现还可以领取几张 8.8 折的会员优惠券。她认为自己使用滴滴出行的频次并不高，但看了一下里程累积，这个月也达到了 V4 级别。页面上还出现了一些出行优惠套餐，比如花 3.99 元可以买 4 张额度为 2 元的抵扣券。艾莉想了想还是算了，4 张优惠券就意味着需要叫 4 次车才能用完。

艾莉是个音乐迷，喜欢听音乐，平通勤路上往往用听歌来打发时间，所以是网易云音乐的深度用户，每月自动续订会员。后来看到周围许多人在路上玩玩游戏、看看视频,同事之间有时也会聊聊电影或电视剧,于是艾莉又订阅了爱奇艺,上面确有不少自己喜欢的视频,既能消磨时间也能增加谈资。但最近这段时间因为工作职级的变动,艾莉感受到了新岗位的压力,于是订阅了得到和喜马拉雅,听听书、学学课,平时的碎片化时间也显得忙碌起来。今天的通勤路况相对顺畅,艾莉只听了一本理查德·塞勒的《助推》,很快到达了目的地。

下了车,翻开滴滴的支付页面,艾莉选择用微信支付付了钱。或许是受到《助推》中提到的非理性行为观的影响,艾莉多看了一眼滴滴的支付页面,有微信、支付宝、QQ钱包、银行卡、信用卡等多种支付方式。自从成为支付宝和微信支付会员后,艾莉使用银行卡和信用卡的付款行为明显减少了。刚工作时的艾莉可是信用卡的深度用户,几乎所有的支付都是用信用卡完成的。

公司楼下的星巴克也是艾莉频繁光顾的场所,常在早上或中午时来一杯美式咖啡或拿铁后才进办公室。艾莉在星巴克已是金星级会员,由于经常买咖啡,星巴克也会根据她的购买次数提供一些咖啡赠券或会员套餐。"这肯定让我喝了更多的咖啡!"艾莉有时候会感叹。

作为人力资源部经理,艾莉现阶段的工作压力不小。公司受竞争影响面临业务转型的压力,人力资源部一方面要配合公司做好被裁业务相关人员的转岗或离职工作;另一方面,又要组织新业务的招聘、面试、培训等工作。公司前期购买了BOSS直聘、智联招聘等平台的年度会员,以求发布更多岗位信息并尽快匹配到合适的人才。艾莉让部门员工认真检查了岗位信息发布情况,并要求他们做好简历筛选、候选人沟通联系以及面试安排。

中午,疫情之前艾莉经常与同事去旁边的商圈吃午餐。楼下的各种餐食小店很多,品类有得选。但是前两年受疫情影响,艾莉大多在饿了么或美团上叫外卖。这段时间美团外卖推出了付费会员的制度,每月15元的会员费可以获得6张5元钱的无门槛红包,看上去蛮有诱惑力的。毕竟一个月当中,艾莉点外卖的次数远不止6次。随后艾莉打开了携程和华住的网页,两周后孩子们放假,她想找个周末陪他们去杭州住两天。作为携程和华住的会员,她看了看酒店住宿和车票的情况。

下午,与公司管理层就员工激励和考核体系的会议结束后,艾莉跟两家培训机构进行了沟通。公司目前一大批转岗人员的培训工作较为迫切;再者公司面临业务的线上化和数字化转型，也需要开展相应的培训。艾莉感到两家培训机构都很积极。艾莉知道，本公司作为两家培训机构的长期合作客户，它们也在努力维护和拓展更深层的合作关系。一家培训机构还提出了一种新型的培训和服务提案，希望艾莉的公司能订阅它的培训课程，改变以前按项目付费的方式。据艾莉了解，公司的财务软件服务公司也提出了类似的要求，将过去的软件售卖合同转向订阅制服务 SaaS。其实早在 2016 年，公司的办公软件和客户服务软件中已经有部分转向了 SaaS 订阅制。艾莉对订阅制不陌生，但觉得对培训课程的订阅制还要再深度了解一下。公司有很多定制化的培训需求，订阅制的课程能否满足需求，艾莉心里没有底。

下班后，艾莉在离开办公室之前点开了叮咚买菜，选购了晚餐需要的蔬菜和餐食。疫情后艾莉习惯于在叮咚上购买生鲜蔬菜。作为它的会员，每次会有免费菜领取，还有一些会员折扣券，当然最重要的还是方便，待艾莉到家时，食材也在差不多时间送上门，否则艾莉下班后还得拐到菜市场。艾莉也是开市客的会员，大多在周末跑一趟，购买些肉类、饮品和冻品。艾莉突然发现，以前常去的家乐福最近似乎去得少了，却经常去家门口的全家便利店买点小食品。但家乐福的会员卡她还保留着，以前购买商品时赠送的印花，再不兑换都要过期了。

以前晚上时间相对空闲，艾莉会去健身房做做拉伸或瑜伽，有时也去会所做美容。但这段时间对艾莉来说有点忙：

一是孩子的功课辅导。她给孩子报的辅导课程都转到了线上，前段时间一些培训机构因经营不善倒闭，许多家长提前预付的课程款都无法退回。艾莉对这种预交的方式一直很排斥，总觉得提前预交太长的课程，心里不踏实，但一年期课程的课时费比两年期的要高很多，这也使她忍不住办理了两年课程，目前正处在退款协调中。

二是艾莉自己的论文写作。她正在 MBA 的论文写作阶段，每天需要查阅大量的资料，前两天看到一个新闻，她查资料常用的"知网"与订阅单位之间产生了矛盾，由于知网的订阅费涨价，某高校的图书馆打算不再续订知网。"先多下载些文章，万一哪天就不能用了呢！"艾莉在电脑前码字时这样给自己找借口。

一天下来，艾莉有意或无意间使用了多张会员卡，不论是个人生活的会员卡，还是公司开展工作的机构会员卡，其背后都是会员制企业精心设计的商业模式。这些不同的会员制模式，或以积分绑定客户，或需要预付费才能成为会员，或采取订阅模式。虽然这些公司都称艾莉是他们的会员，但艾莉并不完全认同。因为不同会员卡给她的感受迥异，她有时自己都觉得困惑：我是它们的会员吗？好像没有感受到会员的"归属感"。对于弱交式会员，艾莉甚至有些排斥。

上述情景在你的经历中是否也存在？形形色色的会员卡早已成为人们日常活动的一部分，无论在工作还是在生活中；它以不同的形态出现在我们的周围并改变着我们的生活，在商业竞争中扮演着重要的角色。上述故事中的许多企业已成为当代人生活中的重要工具，不仅占据了市场并且获得了稳定的盈利。但什么是会员制？会员制对会员意味着什么？为什么会员制近年来成为热点？

会员制是企业努力探索长期忠诚用户的一种尝试，全球大大小小的企业，推出了形态各异的会员制模式。零售业、信用卡、电子商务、娱乐业、在线视频、游戏业、软件业、房地产、消费金融、招聘业等诸多领域中，都可以看到会员制的影子。全球100强企业中，沃尔玛、亚马逊、苹果、花旗、Alphabet、微软、Meta、开市客，以及中石油、中石化、阿里巴巴、中国移动、工商银行、华润等，也都有自己的会员制计划。各类企业推出的会员制差异很大，比如开市客建立的是付费会员制，会员付了会员费才能入店购物；7—11推出的是积分会员制，根据消费记录累积积分并获取优惠；苹果、微软等推出的订阅制，会员订阅后可以享用企业提供的各种产品或服务。微软自2015年转向订阅制，从间断性地软件销售关系转向长期的软件服务；苹果2020年推出"Apple one"服务，将苹果生态内的各种互联网服务进行组合打包供用户选购。中国工商银行根据用户的日均金融资产规模划分等级，为不同的持卡人提供不同的服务内容，黑卡会员享有专属的服务通道和差异化服务。

会员制在企业端倍受重视，在消费端却褒贬不一。正如艾莉的困惑，自己好像是多家企业的会员，在有些企业那里却不一定有会员的特殊感，甚至还会感到麻烦。近来一些美容院、健身房、教育培训机构停业，带来了会员退费难、维权难的现象，也使很多人对会员制避而远之。更令人气愤的是，市场上出现了一些经过专门设计的以坑骗为目的的"会员制"，以折扣、优惠等手段引诱消费者入坑，骗取会员费后消失或拒不执行前期承诺，这些事件更加剧了消费者对会员制的怀疑。

会员制的性质

从企业的角度，会员制首先是一种理念，而不是锁定客户的手段。这是会员战略的起点，将会员置于整个运营活动的中心，以帮助顾客解决问题、代理客户需求为宗旨，其目的是赢得顾客的喜爱和长期合作。从会员的角度，会员制是一种身份认同，并以作为企业的会员而感到愉悦。

会员制表面来看是一种持续交易关系，表现为企业与会员之间通过一定的机制（正式的或默示的，付费或不付费的）建立起来的重复交易行为。其显著特征是会员主动、持续地参与某组织（或某团体），会员与组织之间保持着相对正式的长期链接关系[1]，通过合作实现价值增值；其背后是对企业/产品角色的重新定义。

会员制关系的基石是信任。信任建立在价值共识、相互尊重的前提下，以信息公开和充分选择权为基础；会员享有充分的选择权；结果是会员主动选择留存而非被动锁定。

本书关注的是那些真正以会员为中心且吸引会员主动参与的企业案例，它们未必用会员制来命名但实现了会员制的主旨；而一些"自称"会员制的企业，如果仅仅以锁定会员而非服务会员为目的，则非真正意义上的会员制。

会员制被很多人视为一种获取客户的营销手段，正是源于其有效锁定长期顾客的力量。然而，一个成功的会员制绝不仅仅是一种营销手段，而是战略层面的重新定义：对企业角色、业务模式、会员价值的重新定义，涉及经营理念上的反思。会员制模式的精髓在于"价值共识"，从用户的角度定义价值，寻找价值认同者，然后共同成就。企业在更大程度是"需求代理"的角色，而非简单的产品或服务提供商。会员制是一个需要长期坚持的商业模式，不仅经营理念要

---

[1] ［美］罗比·凯尔曼·巴克斯特著：《会员经济》，中信出版社2021年版。

深入人心，更需要精密设计的制度保障，用以平衡各利益群体之间的矛盾，尤其是短期利益和长期价值的冲突。

会员将成为整个商业模式建构的起点和终点，围绕会员打造的价值链（面向内部价值活动）和生态圈（面向外部价值伙伴），打破了以产品为核心的价值体系，重新界定企业（业务）边界，就有可能创造出越来越多的跨界产品。通过会员制实现战略目的，重新设计商业模式，推动组织结构调整、价值链重构和价值网完善，还有竞争格局的重塑等，都是本书探讨的主要议题。

会员战略的价值

会员模式是一个历史悠久的概念，历史上曾经出现过各种不同形态的会员组织，比如文人之间的结社、保险人连接而成的联保组（如英国大名鼎鼎的劳合社），运动达人组成的各种俱乐部（高尔夫俱乐部、马术俱乐部、网球俱乐部）等都是很好的例子。自 20 世纪至今，在商业社会中，会员制更成为一种极有效的商业模式，在很多领域被采用。

零售业中会员制的现象较为普遍。零售商为了鼓励消费者的重复光顾颇费脑筋，从发放铜制钢镚（Copper Token）到印花兑换，到现在的积分制、付费会员制，都是为了锁住消费者，让消费者能够持续地进入零售店，保持长久的重复性交易关系。

酒店业、航空公司的常旅客计划，算是较早形成的有体系的会员管理机制。酒店或航空公司向经常使用其产品的客户推出以消费金额或里程累积为基础的积分奖励计划，吸引顾客参与，有助于保持顾客忠诚度，目前已成为业界的普遍策略。

互联网的发展更是进一步推动了会员制的普及。亚马逊、阿里、京东、奈飞等大型互联网公司都非常重视会员制的建设，推出了形态各异的会员激励计划。小型的互联网公司也越来越重视"私域流量"建设，强调培育自己的忠诚顾客群。

结合上述的例子，我们可以得到一个判断，会员制早期以"锁定为目的"普遍存在于各个行业，不同形态的会员制模式伴随着商业社会的变迁而层出不穷，有些模式的雏形已经存在了上千年，但随着时代变迁不断地演化而变换出新形态。近年来,伴随着移动互联、大数据、AI推动下的新竞争格局,会员制再次引起商界的重视,以"留存为目的"的特征更为凸显。VUCA环境下的会员制也面临更多的新挑战:会员的规模大幅度扩张,有从小规模目标群体向普罗大众扩展的趋势;会员、粉丝与用户究竟有何不同,应该将哪些人发展为会员?会员制是如何运作的?会员制企业的业务形态和组织设计为什么呈现反向创新趋势?会员制企业之间如何竞争?这些问题仍值得我们研究。顾客中心化的理念虽然由来已久,但真正实现"顾客中心化"仍有很多难题。

企业日趋认识到会员制的重要性。一些因会员制成功的案例受到业界的推崇,但失败的例子同样很多。更常见的是,许多企业在践行会员制的过程中屡屡碰壁,企业无比热忱地向顾客或用户推荐会员制,出台了多种会员制激励方案,但剃头挑子一头热,顾客并不买账,甚至对会员制产生反感,对企业的会员制推介不但不理睬,甚至有被诱骗入坑之嫌,还有对某些杀熟行为的失望。

会员制模式的建构是一个系统工程,而且是一个长期工程,单纯的会员制激励方案并不能保证其成功。寻找超级用户、发展会员只是表象工作,更深层的是对会员制本质的理解和对运作机理的认知,以及围绕会员展开的组织创新和运营模式创新。单纯地吸引会员只是会员战略的初步工作,会员的留存及持续不断的参与才是重点。一些名为会员制的企业,实质上只是利用了消费者的惰性而保持了短期的留存,或者是传统营销模式的重新命名;还有一些企业,虽未采用会员制的概念,却有显著的会员制特征。

同一行业的企业,因战略方针和价值定位的差异,会员制形态迥然不同,比如零售业中既有付费会员制,也有免费会员制;有的企业利用积分分类会员,有的企业根据资质框定会员,这些只是会员的不同甄选方法而已。在制定会员战略时,有许多因素会影响会员制模式的稳定性,比如什么方式的会员选择标准更有效?用什么方式实现会员留存?对于不活跃的用户,要保留还是劝其退出?在收入来源方面,要不要收取会员费?收取会员费的依据是什么?最核心的问题是,会员制企业究竟向会员提供什么价值?这些决策都将影响会员制企业的成功或失败。

本书将阐述会员制模式的运作机理,提供会员制商业模式设计的基本框架,让会员制企业的运营者或者尝试进行会员制转型的企业有相应的决策依据和运营准则。

要进一步强调的是，进入 21 世纪，竞争环境变得日趋不确定，技术快速更迭，国际局势风云变幻，疫情、自然灾害等"黑天鹅"事件频发，风口随时转向，这给企业经营带来了巨大压力。短短两三年间，"眼见他起高楼，眼见他宴宾客，眼见他楼塌了"，这给决策者带来了巨大的压力，"寻找确定性"将成为下一场竞争的主题。

企业存在的基石是持续稳定的用户，所有商业行为的最终目的都指向用户，不被用户消费的产品或服务是没有价值的，注意是"消费"而不是"购买"，将产品卖给用户并不是企业的目的，而应该让用户消费之并从中获得用户价值。企业成长的基本逻辑之一是"长期用户主义"①，会员作为企业持续、稳定的长期用户，构成了企业成长发展的确定性因素。真正地以会员为中心，经营会员将成为下一轮竞争的关键。开市客、山姆等以经营会员为核心的企业，正逐步展现出其力量，不论企业市值或品牌影响都展现出竞争力，成为"会员制概念"破圈的推动力。

必须再次强调，会员制模式不是短期锁定顾客的手段，而是为长期的持续关系奠定基石。会员制模式需要长期坚守，该模式短期内"波澜不惊"，需要慢慢被顾客了解、接纳、偏爱、尊重。从长期来看，其力量弥久不衰，这就是企业发展的长期主义。

会员制模式在短期容易受到"流量红利"和"风口红利"的冲击，许多会员制企业未必能坚持其初心，所以会被竞争所淘汰，尤其是将会员制视为营销手段的企业，更是对会员经济的误解。但这不影响会员制本身的力量。会员的概念会在不同竞争环境下持续催生出千姿百态的商业模式。在新冠疫情冲击下，各小区蓬勃成长的团长们就展现了一种特殊的会员制模式，尽管人们当时没有用这个名称称谓之。

会员制企业具有穿透周期的力量，"剩者"往往才是"胜者"，这正是会员制吸引人的地方。面对 VUCA 环境，人们常说"唯一不变的就是变化"。这句话没有错，我们所面对的商业世界、政策、技术、竞争每时每刻都在变；变化对于决

---

① 陈春花著：《企业发展的根本逻辑是顾客主义和长期主义》，https://zhuanlan.zhihu.com/p/522836951。

策者来说隐含着些许无奈，变化是很难预测的，它不能告诉我们下一步"该往何处去"；从不确定性中寻找确定性，才是应对未来多变环境的密钥。如果会员是商业逻辑中的相对恒定要素，那就向经营会员努力吧。这也是撰写本书的目的。

书中所提供的分析框架和策略建议，用当今一些表现良好的企业案例来佐证，但并非全然照搬。本书更希望能够透过案例表象，去挖掘一些深层次的运作机制和通用法则，或者换一个维度，给读者呈现一个新的商业决策的观察视角。

本书的战略架构

我们研究了许多因为会员制模式而闻名于世的海内外企业，梳理了这些成功模式的发展历程和运作经验。

你会发现，不论商业环境如何千变万化，其实商业本身存在一些底层逻辑或者称第一性原理，是相对恒定的。这些基本逻辑和原则在任何一个时代、任何地点、对任何文化都是实用的，它构成了一个企业长期发展的基石。

面对技术快速变迁的商业环境，预测未来正变得越来越困难。会员经济的基本理论和行事法则，或许可以协助决策者更加明确自己的经营逻辑，面对短期与长期、价格与价值及股东、顾客、员工等不同利益相关者之间的矛盾时，更加肯定自己的判断，明晰自己的选择。

本书分为六章。初次接触会员制的朋友，可以根据章节顺序，逐步了解相关内容；对会员制较为熟悉的朋友，可以选择性地阅读，从自己感兴趣的章节和话题入手。

第一章揭示会员制模式的兴起，辨析商业社会的不确定性和确定性，剖析会员制模式的促成因素以及会员制所带来的商业反思和机会。特别强调的是，会员制企业清晰地展现出一个根本变化——从经营产品到经营顾客。

第二章阐释会员制模式的机理。会员制模式不是简单的圈层逻辑或资格逻辑，首先是企业"角色和关系"的变化——企业不再是简单的产品提供商，而应该是需求代理人或需求组织者。其次是从需求代理角色延伸而来的商业模式建构——这是一个基于顾客需求本质组建的商业生态体。由此带来的是重新定义产品和产业：产品只是满足会员需求的一种手段；从需求的角度，产业是一个模糊的概念，比如高铁、汽车和飞机，解决的是同一个问题——出行。支撑会员制模式运转的一大"诱惑"是顾客生命周期价值，这决定了我们最关心的核心问题——会员制企业实现盈利的关键是什么？

第三章分析会员制商业模式的设计。会员制商业模式建构的关键点是视角转变，从需求代理人角度设计商业模式。本章围绕价值主张、会员甄选、会员运营、盈利模式等方面，剖析会员制商业模式的特点，分析会员制模式的建构过程。

第四章探索会员制组织的反向创新，视角转变带来组织结构和行动策略上的创新。首先是围绕会员需求反向拉动组织创新，推动价值链活动功能的延伸/转型，重构内部价值链；其次是重塑外部价值网，根据会员需求组织起来的动态网络才是有生命力的商业生态体。

第五章讨论会员制企业的成长。会员制企业的成长过程相对缓慢，初期阶段面临较大的压力，需要长时间逐步建立信任、累积会员；积聚起足够的会员基数，才能应对商业竞争中严酷的"赢者通吃"或"跨界打劫"。本章从厚积和薄发两方面来分析会员制企业的成长，从厚积业务飞轮到分化基础设施，会员制呈现出分化成长的演进性。

第六章关注会员制企业面临的挑战。会员制企业具有相对稳定性，但并非一劳永逸。会员模式给出了一个新的竞争维度，不是产品而是问题解决方案之争，看似不相关产业的不同产品、不同技术实则解决了同一个需求问题，跨界是常态；面对各种变数、诱惑或陷阱，企业最大的敌人不是对手，而是自己。

会员战略具有颠覆以往商业模式的能力，它从需求本质的角度，重新定义产业边界，规范企业行为，重组社会分工。会员制在人类社会中长期存在，可以说与人类历史一样久远；但它所展现的不是短跑者的爆发力，而是马拉松的持久力。它的长效价值和持久生命力，正在改变商业社会的底层思维和运营模式：企业越重视会员（顾客）→顾客越信任＋持续的付费意愿→支持企业的长效价值→更多的会员（顾客）→更持久的生命力。

在市场经历重大变革之际，人们更容易将视线和注意力转向破坏性技术，通过抢占技术制高点（把握技术红利）实现飞跃式成长；但当技术变革本身成为常态时，追逐技术红利就像手握投票器般"阴晴不定"，实现商业增长的"称重机"模式更显价值。会员制就是"称重机"的一种表现形式。市场上关于会员制商业模式的书籍，大多将会员制视为一种营销手段，而非商业模式的本质性反思，所以被称为"会员制营销"。本书以诸多中外企业为案例，通过案例剖析与理论思辨相结合，汇总出会员战略在理论和实践操作层面的特质，提供一个系统性、可依循的战略框架。

目　录

第一章　会员经济带来的机会 / 001
　　从不确定性到确定性 / 003
　　从经营产品到经营顾客 / 012
　　会员经济的长效价值 / 018
　　反向挖掘商业机会 / 022

第二章　会员制的机理 / 029
　　会员模式泛滥 / 031
　　会员制的本质 / 043
　　企业角色的转变 / 054
　　经营会员：做顾客的代理人 / 070
　　利益基石：赚会员满意的钱 / 075
　　会员制：谋求价值共识 / 092

第三章　会员制商业模式设计 / 099
　　价值主张：站在会员角度 / 101
　　会员甄选与分类 / 108
　　会员制运营：共创价值 / 125
　　盈利模式设计 / 144

第四章　会员制组织的反向创新 / 155

反向的组织创新 / 157

以会员为起点重塑价值链 / 162

以会员为中心重构价值网 / 182

第五章　会员制企业的成长 / 207

厚积薄发的会员制 / 209

会员制的飞轮效应 / 211

厚积基础业务飞轮 / 219

分化式扩张：构筑生态飞轮 / 237

第六章　会员制模式的挑战 / 247

脆弱的会员制 / 249

商业的修行：仙魔与道场 / 255

守而必固 / 262

结语：知易行难 / 271

参考文献 / 274

第一章

会员经济带来的机会

商业社会的不确定性越来越强,有人称之为VUCA环境,但是商业竞争呈现出一个明晰趋势——从经营产品到经营顾客。会员经济的蓬勃发展带来了许多新问题:会员经济的兴起和促发原因是什么?会员经济带来了怎样的商业反思和机会?传统企业如何应对这种变化?

从不确定性到确定性
从经营产品到经营顾客
会员经济的长效价值
反向挖掘商业机会

从不确定性到确定性

回溯商业竞争史，可以深切地感受到"后浪不断推前浪""前浪不断被拍死在沙滩上"，颠覆与被颠覆现象极其普遍，各行各业都是在"后浪逐前浪"的冲击中奔涌前行。

商业世界充满着不确定性，新风口不断冒头，逐风者闻风而动；层出不穷的新企业、新模式、新业态，不断挑战在位企业的地盘；一些企业会被攻城略地，拔寨换旗。

以零售业为例，这是一个存在于人类社会数百年的古老产业，也是近年来竞争极度惨烈的产业。那些曾经独领风骚数十年的领袖企业，也难逃被新模式、新业态超越的命运，而且被赶超的周期越来越短。2020年新冠疫情期间，内曼·马库斯（Neiman Marcus）、杰西潘尼（J. C. Penney）等多家百年老店申请了破产保护。

美国零售霸主的更替

沃尔玛目前是美国（也是全球）最大的零售企业，2024年以6 481.25亿美元的营业收入再次荣登《财富》排行榜第一名，这是沃尔玛连续11年登顶。但是在1989年以前，美国市场上最大的零售企业是西尔斯百货（SEARS）——一家成立于1886年曾享有盛名的企业。

西尔斯的故事[①]

西尔斯的故事开始于19世纪美国的铁路时代。1886年，理查德·西尔斯（Richard Sears）是明尼苏达州北雷德伍德火车站的一名站务人员。一次偶然的机会，他处理了一批从芝加哥运来却被当地珠宝商拒收的镀金手表，开始进入商品邮购零售业务。

---

① 改编自《百年老店破产启示录，到底是谁"杀死"了西尔斯》，https://baijiahao.baidu.com/s?id=1614761358157871125&wfr=spider&for=pc。

邮购时代

19世纪末的美国地广人稀、交通不便，广大农村消费者的购物范围被局限在家附近的商店。19世纪后期美国铁路高速发展，为邮购零售提供了便利。西尔斯通过商品目录吸引消费者，并将商品邮寄给消费者。随着1896年美国农村免费邮寄法令的通过和1913年邮递包裹制度的确立，邮购公司更加生意兴隆。

西尔斯的经营范围从珠宝、手表扩大到衣服、家具、缝纫机、童车等领域，品类繁多，价格低廉。西尔斯印制了丰富的产品目录（1894年商品目录已经达到322页，后来扩展到500多页），所涉及的商品几乎能够满足美国普通家庭的所有需求，被誉为"消费者圣经"。1900年，西尔斯的销售额达到1 000万美元，取代Montgomery Ward成为美国第一大邮购零售商；1906年，西尔斯成为美国首家公开上市的零售商，当时每股价格达97.50美元，相当于今天的2 700美元。

百货王国

进入20世纪，美国开启了城市化进程，再到后来中产阶层的城郊化。西尔斯意识到，汽车社会的到来赋予人们更为便利的移动性，邮购的模式将面临挑战。西尔斯于1925年在芝加哥开设了第一家百货商店，开启向实体店转型，此后迅速扩张，到1929年大萧条前夕西尔斯已经拥有324家门店。

到1931年，百货商店在其销售额中所占的份额已经超过了邮购零售。西尔斯开始推出自己的品牌，包括工具品牌Craftsman、汽车电池品牌DieHard和家电品牌Kenmore，它们都成为美国家喻户晓的必需品。

到20世纪50年代中期，西尔斯的门店超过了700家。1973年，西尔斯在芝加哥建造了当时全球最高的"西尔斯大厦"。20世纪70年代末80年代初，西尔斯年营收占美国GDP的1%（亚马逊现在也仅占0.8%），成为全球最大百货零售商，当时每204个美国人里就有一个受雇于西尔斯。

西尔斯商品丰富，丈夫们在这里选购Craftsman的工具，妻子们从这里搬回Kenmore的家电，而孩子们则盯着西尔斯的圣诞特别目录Wish Book，计划自己的愿望清单。西尔斯还曾出售汽车，甚至出售房屋。一套带有水暖照明的三居室仅售 1 800 美元。房屋由西尔斯提供设计，并预先切割好材料，这些建筑材料通过火车运送到镇上，接着用马车送到建筑工地，供用户组装。1908 年到 1940 年，西尔斯共出售 7 万多套房子，现在许多组装房仍然屹立在美国的东海岸和中西部。在西尔斯邮购的房子 100 年后还是风采依旧，见图 1—1。

图片来源：https://baijiahao.baidu.com/s?id=16588495425230476356&wfr=spider&for=pc。

图 1—1　在西尔斯邮购的房子（1916 年与 2016 年比较）

作家戈登·韦尔（Gordon L. Weil）在 1977 年的一本书中曾写道："西尔斯被视为一个全国性的机构，几乎就像邮局一样的存在。每个人都去，每个人都在那儿买东西，每个人都认为，它会是这片土地上永恒的一部分。"

失去辉煌

1962 年，零售业迎来了新生力量：在明尼苏达州成立了塔吉特（Target），在密歇根州成立了凯马特（Kmart），在阿肯色州成立了沃尔玛（Walmart），三家机构也被称为"折扣店"。它们的特点是"打折、低价"，为寻求便宜货的人提供更好的选择。

面对零售业的新力量，当时的西尔斯没有给予足够的重视，而是寄希望于多样化能够提供更多的收入来源，拓展保险、金融服务和房地产业务。1981 年，它收购了股票经纪公司 Dean Witter Reynolds Organization Inc. 和房地产经纪公司 Coldwell Banker & Co；1985 年，它推出了信用卡业务，20 世纪末信用卡业务在其利润中的占比高达 60%。

这些业务却使它从零售业务中分心，最终西尔斯失去了全美第一大零售商的地位。1989 年，沃尔玛销售额达 300 多亿美元，超过西尔斯成为美国第一大零售商。此后西尔斯提出"回归零售基业"的战略并进行调整，卖掉一些与零售业不相关的金融业务，实施零售业态多元化（推出西尔斯五金店、果园用品专卖店等），上线网络商城 Sears.com 等，但没能赢回这场比赛。

面对客户流失和财务压力，西尔斯不得不关店，门店数量从 2011 年时的 4 010 家减少到 2017 年的 1 002 家（见图 1—2）。2018 年 10 月，西尔斯申请破产保护。

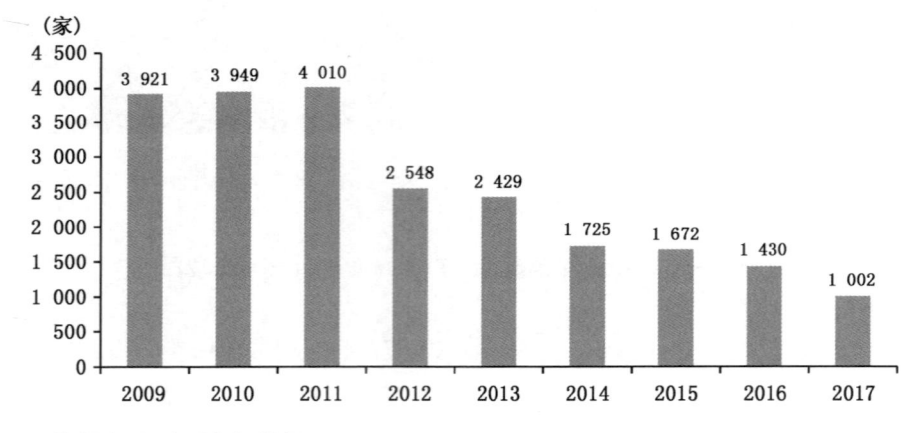

年份	门店数量（家）
2009	3 921
2010	3 949
2011	4 010
2012	2 548
2013	2 429
2014	1 725
2015	1 672
2016	1 430
2017	1 002

资料来源：公司年报数据。

图 1—2 2009—2017 年西尔斯店铺数量下滑

沃尔玛成立于 1962 年。与西尔斯的优质优价不同，沃尔玛定位于"天天折扣"，以低价格向消费者提供多品类商品。尽管起步于阿肯色州一个人口不足 6 000 人的小镇——罗杰斯，经过 30 年的发展，沃尔玛在 1989 年超越西尔斯，成为美国最大的零售企业。

"究竟是什么使得它们失败，而我们又是为什么一直保持良好势头的？"山姆·沃尔玛在其自传《富甲美国》中对沃尔玛的成功做过总结："一切归结为一点，它们不关心顾客，不关心店铺，没有使店里的员工具备端正的态度，它们会失败，因为它们甚至从未试着真正关心过自己的员工。要是你想要店里的员工为顾客着想，你就必须先为员工着想，这一点正是沃尔玛成功的最关键部分。"

历史不会重复，但总是押韵。

——马克·吐温

时间过得很快，在沃尔玛成为全球最大零售企业的 6 年之后——也就是 1995 年，沃尔玛迎来了日后对自己产生巨大影响的对手——亚马逊。这家起步于在线销售图书的公司，如今已成长为集书籍、日用品、服装、食品、家电、汽车配件、运动器材等多种商品的全品类公司，并且线上与线下多渠道运营。目前亚马逊已成为沃尔玛强有力的挑战者：2015 年亚马逊市值首次超过沃尔玛，此后两者之间的市值差异不断加大。虽然在销售额和利润方面，沃尔玛依然是全球最大的零售企业，但在公司市值方面，沃尔玛远不及亚马逊，只有不到亚马逊的一半。2024 年，亚马逊以 5 747.85 亿美元的销售额，成为《财富》排行榜的第二名，仅次于沃尔玛。截至 2025 年 2 月，亚马逊和沃尔玛的市值分别为 2.12 万亿美元和 7 305 亿美元。

亚马逊创始人贝索斯曾总结过亚马逊的成功原则。贝索斯认为首要原则是："像强迫症一样聚焦客户，而不是痴迷于竞争对手。"客户是亚马逊最重要的资产，亚马逊要成为"地球上最以顾客为中心"的公司。亚马逊模式也被业内称为"拜客户教"。

从西尔斯到沃尔玛再到亚马逊，三家企业不同的生命周期曲线展现了过去 100 年间零售业的不断颠覆和超越。以后会不会出现第四条曲线，成为超越亚马逊的力量？这正是亚马逊未来需要面对的挑战。巴菲特曾说："零售是一个生存非常艰难的行业，部分原因是你的竞争对手总是试图而且经常成功效仿你所做的一切。世界在不停地变化，建立一个对手永远都无法跨越的护城河是件困难的事情。"在互联网商业时代，从线上零售店、在线平台到如今的直播带货、内容电商，零售业仍在不断涌现新业态、新模式。环顾其他行业亦是如此，计算机、通信业、传媒业、食品业、汽车业等都在"后浪推前浪"中，不断循环更替（见图 1—3）。

"关心顾客"、建立"以顾客为中心"的组织，是沃尔玛、亚马逊成功的缘由，也是它们一直努力的方向。在众多零售企业中，还有一家独特的公司在"顾客

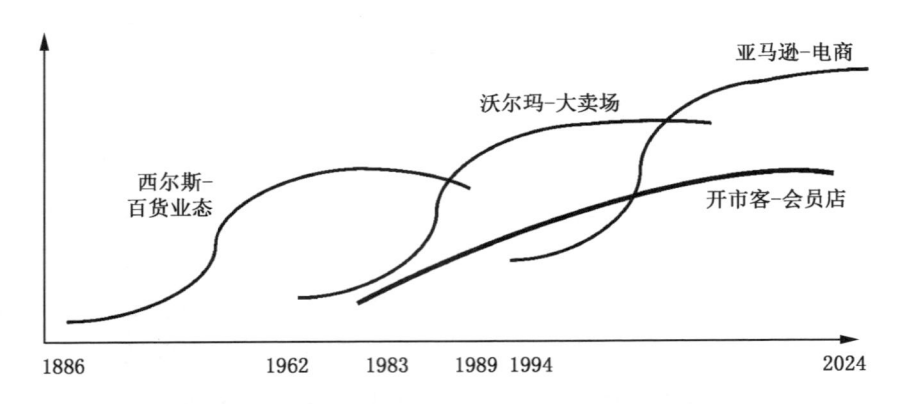

图 1—3 西尔斯、沃尔玛、亚马逊、开市客的成长曲线

中心化"方面更加卖力，它就是成立于1983年的仓储会员制企业开市客。沃尔玛也在同年推出了类似模式的山姆会员店。

开市客相较于其他零售企业的显著特色是会员制，它将"会员"提到企业运营的核心位置。开市客在业内的成长速度并不快，截至2024年12月，40年间仅在全球开设了890家店，其中北美超过600家（沃尔玛全球拥有10 619家门店，分布于19个国家和地区），但其高达90%的会员保有率展现了长期稳步增长的态势，见图1—4、图1—5。目前开市客已逐步成长为美国第三大零售商。假以时日，开市客会不会继续以这种缓慢渗透的方式，逐步地攻城略地，进入更大范围的零售市场？

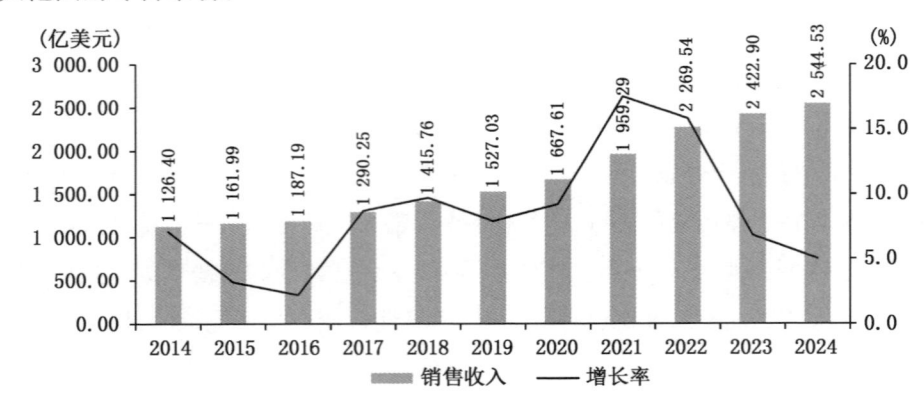

资料来源：同花顺数据库。

图 1—4 开市客 2014—2024 年营业收入及增长率

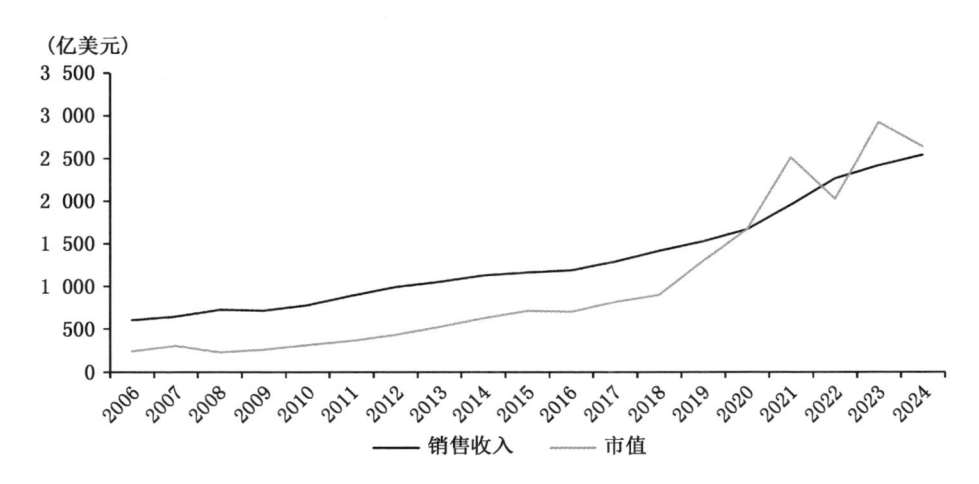

(亿美元)

资料来源：同花顺数据库。

图1-5 开市客2006—2024年营业收入及市值

贝索斯在研究了开市客的会员制后，认识到会员的强大力量，于2005年开始在亚马逊推出Prime会员制，并力推亚马逊要建构"以会员为中心"的组织。

开市客在2019年进入上海，在中国市场引发了会员制概念的爆火，盒马、永辉、家乐福等纷纷推出会员店或转型会员制。

中国零售业对会员制模式表现出巨大的热情，或许正是当下零售业面对激烈竞争的"无奈"选择。过去的20年间，太多的零售新模式、新业态、新技术纷纷涌现，却只是喧嚣一时、暂时赢得消费者的捧场，就迅速被下一代的新模式、新业态、新技术超越。会员制能否具有"长青性"，成为零售企业保持"持续竞争力"的一个法宝？

中国零售业的变迁

简单回顾一下中国零售业在过去30年间的变迁。

20世纪90年代，火爆的是百货商店。十年的改革开放推动了商业的快速增长，全国各地的百货商店迎来了大发展，比如上海的第一百货，北京的王府井、国贸商城，湖南的友谊阿波罗，河南的亚细亚（仟村百货）等。这些百货公司规模不断壮大，不仅成为当地龙头，也开始在省内或全国扩张。但是，百货业很快受到了来自国内外大卖场的挑战。

1995年，家乐福进入中国，在北京朝阳区北三环开设了第一家大卖场，随后沃尔玛、易买得、大润发、乐购等大卖场在各城市纷纷兴建，本土的永辉、华润万家、物美等也逐步入局，越来越多的消费者开始从百货店转头进入大卖场购物。大卖场一度引领了零售业的发展，并成为产业链价值分配的主导力量，被称为"渠道为王"时代。

　　自2010年以来，零售主流的天平似乎在悄然发生变化。2012年，马云与王健林的"亿元赌局"更引发人们对"线上电商"与"线下卖场"对局的关注。

　　1998年创办的阿里巴巴，2003年从2B转向2C市场；同样是1998年创立的京东，也在2003年转战线上。多年拼杀后两家企业成为在线零售的两大寡头，曾被戏称互联网电商的"两座大山"，难以撼动；却在2015年迎来了"拼团更便宜"的团购网站，如拼多多和美团的入场，再次扰乱了电商市场的竞争格局，2023年拼多多市值曾短暂超过阿里。

　　然而，拼多多等新入局者还来不及稳住脚步，一切尚未尘埃落定，零售业又开辟了新战场：大批消费者被李佳琦、东方甄选等直播间吸引；抖音、快手等短视频平台以及小红书等信息平台，也快速转型为商品售卖的新渠道；线上＋线下的盒马模式、贴近居民的社区团购模式等，以不同的姿态切入零售业的地盘，竭力吸引"稀缺"的消费者光顾……

　　每当一种新型的零售模式出现，入局者为了争夺消费者就会引发流量大战，"烧钱抢流量""跑马圈地"似乎成为互联网企业的必杀器。但这个武器非常残忍，经常"杀敌一千，自损八百"，高额补贴换来的有可能是一地鸡毛。

　　既然零售的风口一直在变，追逐风口会成为一件非常困难的事。下一个风口在哪里？还会出现怎样的零售业态？哪个购物场景将成为新潮流？没有人能给出确切的答案。

追逐变化 OR 把握不变

　　会员制并不是一种新模式，开市客、山姆、BJ'S（美国三大会员制企业）都创办于20世纪80年代，历经零售业多年来的"潮起潮落"和"风云变换"。过去的40年间，面对电商化、平台化等新技术、新模式的冲击，会员制仍表现出较强的竞争力，会员制公司的营收和市值皆保持了稳步增长。

会员制企业的相对稳健性引发了人们对经营理念的反思:在当前这个快速多变的 VUCA 时代,企业战略是不断寻找风口、追逐变化,还是应该坚守根基、把握不变?

人类的未来是不可预测的[①]。当代思想家卡尔·波普尔强调:首先,人类的认知(比如人类的知识、人类对世界的看法等)会对自身的行动产生影响,人类历史命运取决于知识和知识储备。其次,人类的认知是不断增长的,我们无法预判明天会获得什么知识。那些未来才知道而现在不知道的知识,会对人们的未来行为产生什么影响,自然也就不可预知了。

如果人类无法预判事件进程,这意味着,"追逐风口就是一件碰运气的事"。企业家需要适时做出判断和选择:在哪里,去哪里,怎么去。每一个重大决策可能决定企业的生死存亡。面对高度不确定的环境和难以把握的未来,上述问题的答案越来越不明晰。一些企业家开始转换思考角度,从盯着窗外的风向转向关心窗内的自己,从关注"去哪里"转向"审视自我":我是谁,做什么,怎么做。

"人们经常问我,未来 10 年什么会被改变?我觉得这个问题很有意思,也很普通。从来没有人问我:未来 10 年,什么不会变"?"这些不变因素或相对恒定的要素,会对商业活动产生什么影响"?贝索斯在一次记者会上提出了自己的观点:"亚马逊的未来,应该建立在可以掌控的不变要素之上。"

零售业的相对稳定的要素是什么呢?消费者为什么从百货店转向了大卖场,又从大卖场转头进了网店和团购?贝索斯认为,"消费者希望以更便宜的价格、更便捷的方式,获得更加丰富的产品",这个需求本质在未来 10 年或 20 年中不会有太大变化;亚马逊未来发展方向和商业模式,将建立在这个基石上。

当把决策视角聚焦于顾客需求本质这一相对恒定的要素上,商业竞争的维度就发生了变化:不是花精力去预测未来的流行趋势,而是聚焦顾客需求本质、深耕顾客价值的提高方式。于是,围绕顾客的竞争被推上了更高的层级。从沃尔玛的"关心顾客"到开市客、亚马逊的"以顾客为中心",这两句类似的表述其实隐含巨大的差异:"关心顾客"仍然侧重于从企业视角去了解顾客、关怀顾客;而真正的"以顾客为中心",意味着从"顾客角度"来理解商业,从顾客的视角来选择产品、重塑价值链甚至重构商业生态。

---

① 卡尔·波普尔:《历史决定论的贫困》,上海人民出版社 2015 年版。

从经营产品到经营顾客

当商业视角从"把握变化"转向"寻找不变",企业的经营重心也逐步从提供产品转向服务顾客。不管行业、技术如何变化,人们内在的需求本质相对恒定,只要稳住顾客,企业就有了长期生存的基础盘。会员制模式的兴起,就是为了更好地"经营顾客"。

实际上,"以顾客为中心"的理念由来已久。早在100多年前,马歇尔·菲尔德百货曾提出"顾客是上帝"。但在很长一段时间,它仅仅表现在概念层面或者作为一种营销手段。马歇尔·菲尔德百货公司曾采取了很多改进措施来吸引顾客,比如实施无条件退货,这颠覆了当时零售业所奉行的顾客自慎(caveat emptor)原则——商品一旦出售,商家概不负责;还在商店里设置了凳子和休息区,让顾客可以稍事休息以便有精力继续购物,或者犹豫不决时可以坐下来想一想再做决策。

随着商业的发展,越来越多的企业开始关注顾客需求,比如开展偏好调查、实施促销优惠、加强顾客服务等。在此基础上,一些企业成功塑造了品牌,锁住一批忠诚顾客。一些企业开发了适销对路的产品,赢得了市场的扩张。有的企业因为营销策略的成功,扩大了知名度和销售额。但是,这些行为没有改变基本的产品经营逻辑:把握需求—开发产品—卖出产品—售后服务。

在产品经营理念下,企业更多地承担了一个生产组织者的功能。企业通过产品研发、资源组织,制造出顾客需求的产品,然后通过各种渠道寻找顾客、营销顾客,最终将产品售卖给顾客。产品经营理念下,企业强调顾客的重要性,比如在研发前加大对顾客需求的调查和分析,在售后增强对客户的服务和售后回应。但是,各种营销渠道和推广手段都是为了扩展顾客的触达面,广撒网,找到更多的潜在顾客群并把产品卖给他们。简言之,"关心顾客"是一种策略,把产品卖掉才是目的。

图1—6是典型的以产品为中心的经营模式,企业组织上下游资源,完成产品生产和销售。这是一条从企业(产品)到顾客的价值传递链:随着产品售卖给

顾客,顾客感知到相应的价值;企业获得了销售收入和利润,获得了现金流,也就实现了企业价值①。为了保证顾客能够重复购买产品,从企业各职能部门到经销商/代理商,也在加强服务和维护顾客关系。这些行为的根本目的是产品的顺利售卖。

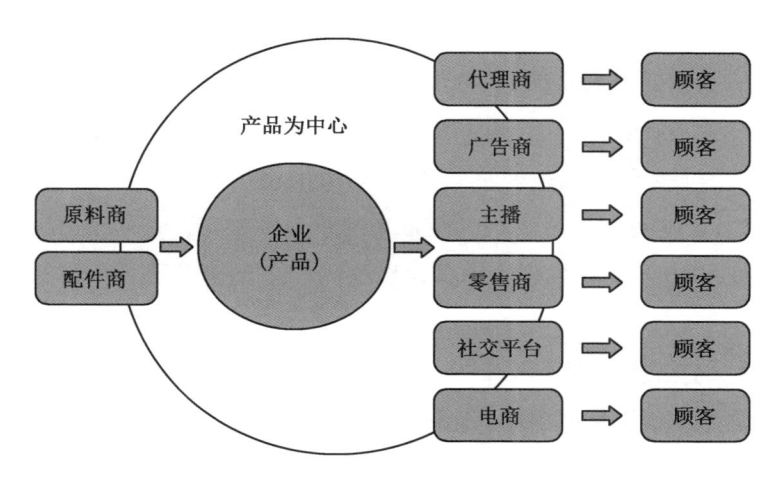

图 1—6　以产品为中心的经营模式

遵循这种产业链分工,各种产品经由生产商制造出来以后,通过代理、分销、零售,最后到达消费者。这套自工业化以来被不断强化的成熟的分工运作模式,天然地站在产品视角:企业负责组织资源、制造产品并销售产品;材料商、生产商、渠道商很容易形成协作生产网;顾客是产品价值链的终点。在这个体系中,顾客被视为服务对象而独立于协作网络之外。这种方式曾被证明是适用且高效的,尤其工业革命之后,这种理念和模式伴随着工业经济延续了上百年并催生了各行业的大发展。

但是,随着供给的扩大和竞争的加剧,市场力量不断向顾客端倾斜。顾客最终成为价值链中的最核心力量,创造顾客价值成为商业运营的核心。顾客将从被服务对象转为主体,将从产品价值链的终点变为起点。

---

① 企业价值的定义有很多种:一是从现金流的角度,企业价值是指预期自由现金流量按一定贴现率(常用的贴现率为加权平均资本成本)的折现值,自由现金流量在一定程度上等同于企业的长期净利润。二是从资产角度,企业价值是指企业的资产净值和商业形象价值的总和。三是从营利的角度,企业价值的基础是其营利能力,企业价值来源于企业的未来收益流,即企业的长期获利。四是从资本的角度,将企业价值视为股权价值+债权价值。本书没有严格区分其类别。

当经营顾客成为宗旨,顾客价值才是企业追求的目标,产品则成为服务顾客、满足顾客需求的手段。相较于传统的产品型企业来说,这是一个思维和理念上的转向(甚至可以说是调头)。目标和手段发生了颠覆,也被传统观点视为"反常识"的经营逻辑。简而言之,"经营产品的企业"要转向"经营顾客"——会员制,往往意味着理念、组织和流程的重构。

目的—手段的范式转换,是会员制模式区别于产品经营模式的巨大变革。"会员制营销"之所以被诟病,是因为它并未改变企业固有的产品理念,只是将"会员制"视为服务于产品销售的手段。会员制不是营销策略,而是企业经营逻辑的重新建构,这是会员制模式可能带来的革命性冲击。一切商业行为,当从会员的角度出发时,将引发经营理念、组织结构、价值链/生态网的重新定义。

迪士尼财报的"变脸"

迪士尼是一家大家非常熟悉的公司。但是,如果问您一个问题:迪士尼是一家怎样的公司,你会怎么回答?

迪士尼是一家动画公司或电影公司?从《威利号汽船》《白雪公主和7个小矮人》《灰姑娘》到如今的《冰雪奇缘》《头脑特工队》《海洋奇缘》等,迪士尼几乎每年都给观众带来新动画或新电影。

迪士尼是一家主题公园?自1955年第一家主题公园开业,到2025年6月底迪士尼已在全球建有12家主题公园,每年吸引上亿次的人流量。

迪士尼是一家电视台?迪士尼旗下有ABC、ESPN、迪士尼频道等不同电视台,提供娱乐、体育、儿童等不同的电视节目。

迪士尼是一个流媒体公司?迪士尼2019年上线了流媒体平台Disney+,并且并购了HULU,布局了流媒体业务。

迪士尼是一家IP公司还是消费品公司?迪士尼旗下除了米老鼠、唐老鸭、小熊唯尼等动物系列IP,有灰姑娘、睡美人、艾莎和安娜等公主系列IP,还有漫威宇宙、星球大战等超级英雄IP,它们出现在服装、玩具、文具及饰品等各类消费品上。

……

这些都是迪士尼所从事的业务活动,给公司带来了丰厚的收入和利润。但在公司官网及宣传报道中,迪士尼称自己是一家娱乐公司,通过无与伦比的讲故事能力、品牌和创意创新,让人们快乐并传递快乐、激发快乐。这是迪士尼创始人华特·迪士尼在创办公司之初就确立的使命:通过其产品和服务带给人们快乐。

关注迪士尼财报的朋友会发现近年来迪士尼的收入结构正在悄然发生变化:2018—2023年迪士尼的收入结构不断调整,每年的汇总口径也不太一样。

2020年以前,迪士尼的收入结构基本按照产品类别和业务活动来划分,如图1—7所示。以2018年为例,收入结构主要包括四类:媒体网络(电视台),占41.2%;主题公园和度假村,占34.1%;影视娱乐,占16.8%,消费品和互动媒体,占7.8%;电视台和主题公园两大主体业务带来了75%的营收。2019—2020年的情况也类似,用直达消费者(Direct to Consumers)业务取代了原来的消费品业务——主要是为了体现2019年上线的流媒体业务。

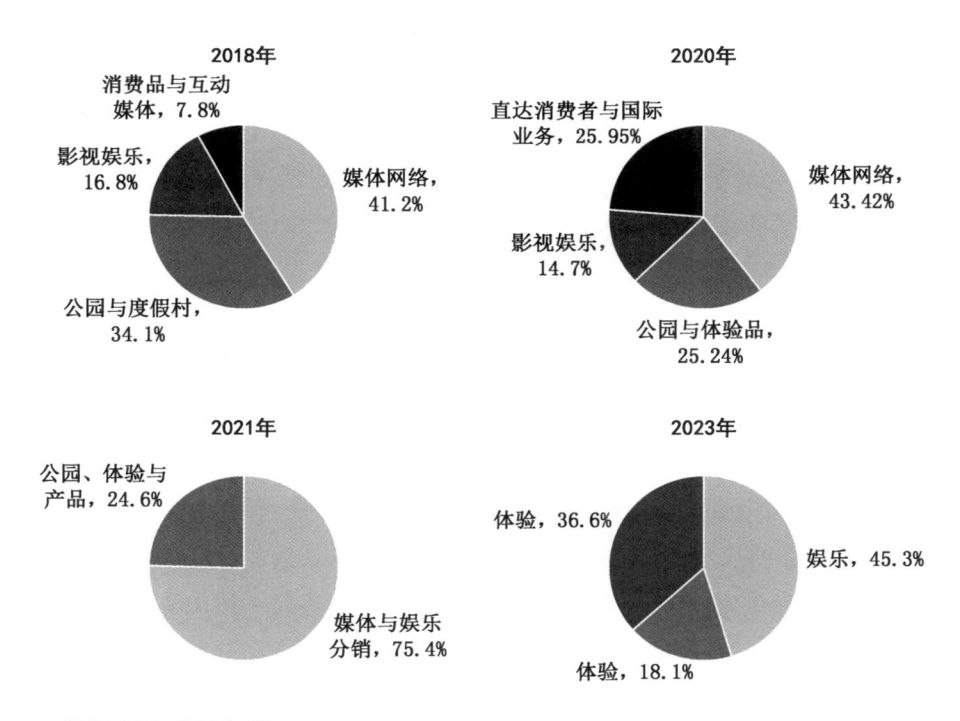

资料来源:公司年报。

图1—7 迪士尼收入结构的变化

2021年，迪士尼收入结构发生了很大变化，业务被概括为两大类：主题公园与体验品，占24.6%；媒体和娱乐渠道业务，占75.4%。

2023年再次进行了调整，收入来源被分为三类：(1)娱乐，占45.2%；(2)体验，占36.6%；(3)体育，占18.1%。2024年和2025年延续了这一分类，收入结构划分似乎终于稳定下来。

这个收入分类很有意思，娱乐、体验、体育不是传统业务视角的分类，而体现了顾客需求。收入分类的调整传递了一个非常重要的信号，迪士尼将全力推进公司从经营产品向经营顾客转型。设想一下：公司内部会议上，各职能部门讨论的内容不再是电影实现了多少票房，主题公司获得了多少收入，而转变为顾客娱乐了什么，体验了多少。虽然是一种沟通语言的变化，但是，将无形中强化各部门对顾客的关心和重视，真正将"让顾客快乐"的使命落到实处。

从使命到落地是个漫长过程，受制于很多因素；缺少了制度、运营（语言）立场上的保证，使命很可能流于形式，成为一句宣传语。迪士尼收入归类的变化，绝不是简单的收入确认口径的改变，而是价值观和理念的落地保障。

重新思考一下，"迪士尼是一家什么公司"？

迪士尼"一反常态"的报表语言，可能更希望推动所有人——从内（内部员工、各职能部门）到外（顾客、股东及社会机构等），让大家都能更真切感受到这是一家"为人们带来快乐的公司"。

在会员经济思维下，顾客（会员）是价值网的中心，如图1-8所示。商业的根本目的是与会员建立长期关系，产品是满足会员需求的手段，会员关系是一切经营活动的重中之重。企业根据会员的要求不断调整产品及业务组合，这个组合可能跨越传统的产业边界，呈现无边界扩张的趋势。

作为产品的经营者，企业关心的是制造产品、销售产品获益，实现企业价值和股东价值；企业也关心顾客，但很难做到将顾客价值放在第一位，尤其当顾客价值与企业价值矛盾时，"宣传口号"往往会背离"真实意图"。真正的会员制企业，必须将会员利益放在第一位，这是企业得以存在的根基。企业利益与"稳定的会员关系"密切相关，企业组织和业务活动都要围绕顾客视角来设计。

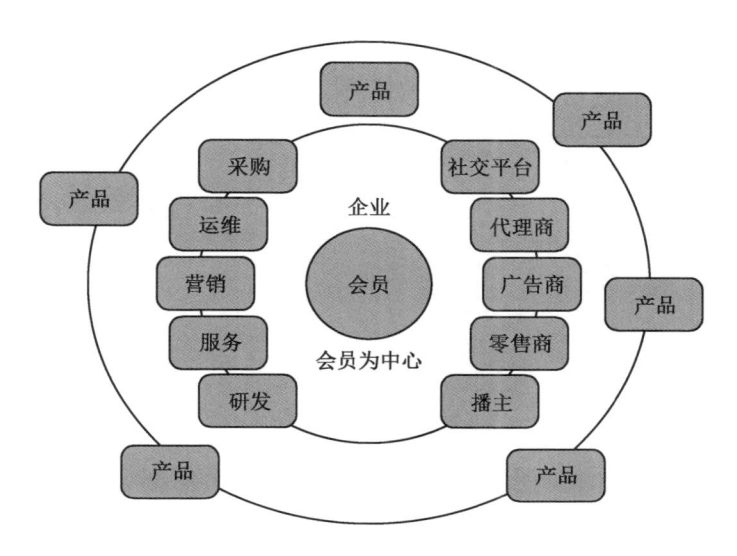

图 1-8　以会员为中心的运营模式①

经营产品与经营顾客最大的不同在于,后者必须从会员需求本质出发来审视价值创造机理,从而塑造一种新型商业模式,见表 1-1。经过多年的会员关系管理及忠诚会员计划的探索,会员制思维被越来越多的企业所重视。近年来,以会员为中心的商业模式创新正在各种行业蓬勃发展,制造业、服务业、金融业、软件业皆有各种类型的会员制尝试。

表 1-1　　　　　　　　经营产品与经营顾客的差异

	经营产品	经营顾客
角色定位	做好产品	服务好会员——帮会员解决问题
价值观	短期主义	长期主义
经营目的	售卖产品/服务	会员关系存续
业务决策	基于顾客需求,达成产品销售	基于顾客满意,达成顾客留存
经营重心	产品研发/效率提升	顾客满意与不满意因素
经营逻辑	从产品到顾客(顺向)	从会员到产品(逆向)
组织方式	相对封闭/固化	开放/动态
利润来源	产品销售	会员服务

---

① Subscription based business model,https://www.garyfox.co/subscription-business-model/.

需要注意的是，本书所强调的会员制，是一种以"经营顾客"为理念、以"持续满意，重复交易"为重心的商业模式；产品选择、服务方式、商业生态都将围绕会员需求而展开，在保证会员满意的同时给企业带来持续性收益。现实中有些企业虽然号称为会员制，但若不能坚持以"经营顾客"为中心，并非本书意义上的会员制；还有一些并未强调会员概念的企业，实则遵循了"经营顾客"逻辑，也纳入本书的分析范畴。

会员经济的长效价值

在高度不确定的环境中，以经营产品为主的企业决策更关注当期收益，希望能尽快获益以弥补前期的大量投入，比如新产品的研发费、制造中的固定设备投入、推广过程中的高额营销支出等。因为产品的生命周期越来越短，很快会被新产品迭代，若不能快速弥补成本，就可能面临后续经营中的亏损压力。

随着"经营顾客"理念的发展，人们对企业价值的看法发生了变化。

第一，企业价值并不是取决于当期利润等财务绩效。一个成长中的薄利润公司和一个成熟的高利润公司，哪个价值更大？一个存续期短的高利润公司与长期发展的薄利润公司，哪个价值更大？

2015年沃尔玛的净利润达163亿美元，亚马逊只有5.96亿美元，是亚马逊的27倍多；沃尔玛实现营业额4 820亿美元，亚马逊营业额1 070亿美元，是亚马逊的4倍多，亚马逊的市值却超过了沃尔玛。一些亏损的互联网公司依然赢得了资本市场的高估值，而许多传统企业利润虽好但市值很低。会员资产逐步作为一个重要元素被引入企业价值的衡量体系，尤其是拥有长期稳定客户群的公司，彰显了其未来的增长潜力而日趋受到资本市场重视。

第二，顾客（会员）的角色正在发生变化，会员越来越多地参与到价值创造过程中，比如参与产品设计、参与服务共创，也参与产品的推广和售卖；生产与消费的界限变得模糊。"很显然，把来源于企业内部价值链的供应与顾客的需求高效地匹配起来，才是最具有价值的事情，也就是说，顾客价值的体系是企业价值体系的参照。"[1]

现实中，会员制企业也通过其绩效给予了证明：会员一旦与企业建立起长期持续关系，将给企业带来长效价值。会员关系的前期构建成本很高，而一旦形成信任，维护成本大大降低，会员的持续购买成为企业长期稳定的收入源，获利会因为时间的推移而累积，关系维护越长，产生的复利回报越大。图1—9是开市客、沃尔玛和亚马逊1997—2024年的市值变化图。

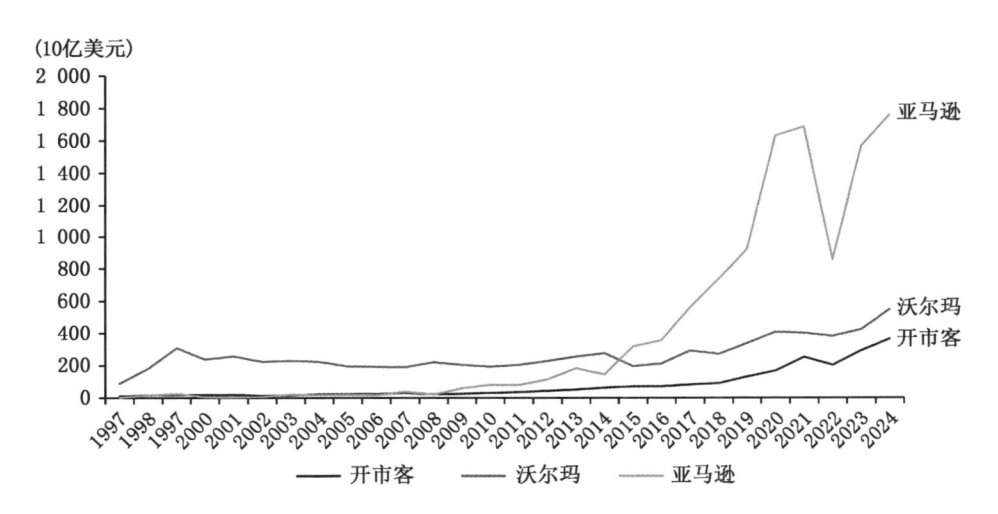

数据来源：https://companiesmarketcap.com/。

图1—9 开市客、沃尔玛、亚马逊1997—2024年市值变化

开市客在1985年IPO，1986至2010年的25年间这家公司的股价大概处于40至60元之间（1995年左右曾跌至12元，1999—2000年美股高涨时股价曾达80元）。2010年以后，公司的股份进入稳步增长期，2025年7月高达978元每股。可以说，前25年公司的业务虽然稳定增长，但并未引起投资人和资本市场的广泛认可，近年来其价值被日趋关注。

1995年成立的亚马逊，1997年IPO上市，1998—2008上市初期的10年间公司股价基本维持在40至80元之间（2001—2003年互联网泡沫破裂的几年除外，这几年纳斯达克股市低迷）。直到2009年后，公司的股价开始持续上涨，很

---

[1] 陈春花：《新时代价值型企业要共享价值链 金融界》，https://baijiahao.baidu.com/s?id=1612628196029528552&wfr=spider&for=pc。

多人认识到了亚马逊模式的价值,其实公司已经在此领域深耕了 15 年。2014年以来,亚马逊的市值增幅不断提高。

贝索斯极其重视长线思维。自亚马逊 1997 年上市以来,贝索斯每年都会给股东们写一封信,每一封信的最后都会附上他在 1997 年给股东写的第一封信,信中特别强调的主旨就是"一切为了长期"。

我们相信对于公司成功的最根本的衡量方式是为股东创造的长期价值。这一价值将会是我们夯实、扩大市场领先地位的直接结果,我们的市场领先地位越强大,这一经济模型产生的力量就越大。市场领先地位可以直接转化为更高的收入、更高的盈利、更高的资本周转率及相应的更高的资本回报率。

我们的决策一贯是反映这一中心的。首先,我们是以最能反映我们市场领先地位的指标作为衡量标准的:客户与收入的增长,客户的复购率以及品牌的强度。我们在扩大客户群、品牌和基础设施建设方面做了并将继续进行大量的投资。

正因为我们着眼于长期,因此我们的决策和侧重点会与一些公司不同。相应的,我们会和你——我们的股东分享我们最关键和根本的管理和决策制定策略,也请你确认我们的策略是符合你的投资哲学的。

巴菲特也说,最好的投资是复利效应。会员资产和会员关系是一种典型的复利资产,具有累积效应和增强效应。忠诚会员给企业带来多维度的增值:一是顾客的生命周期价值(终身价值);二是顾客的多元价值,顾客需求具有扩展性和多样性;三是顾客参与价值,顾客参与产品的价值创造,或推荐(分享)给其他顾客;四是规模价值,顾客越多价值越大。这构成了顾客的复合价值,将在第二章进行详细分析。

在软件业,资本市场对订阅制企业也给予了较高的估值,或许正是源于对其未来价值的期许,中国软件企业近年来也开始向订阅制转型。

1999 年成立的 Salesforce,开创性地启动了软件业的订阅制,将软件作为一种服务(SaaS),通过云服务模式,向客户提供软件订阅;客户仅需支付较小的订阅费(可按月、季或年付费)后即可使用软件。面对强势的微软、SAP、Oracle 等公司，Salesforce 保持了相对稳定的市值增长，如图 1-10 所示。2010 年以来，越来越多的软件公司加入订阅行列，Adobe、Autodesk、微软、SAP 等都开始向 SaaS 转型。

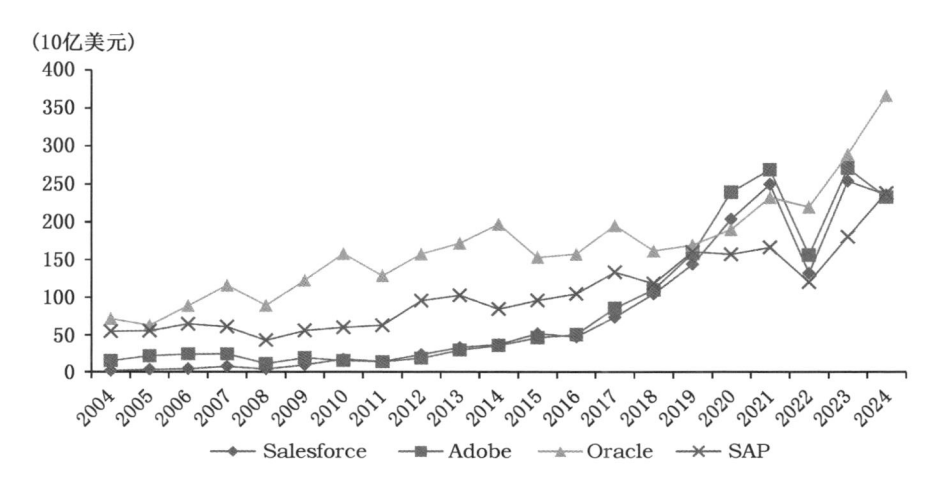

数据来源：https://companiesmarketcap.com。

图 1-10　软件企业 2004—2014 市值变化

会员制的优势是持久的，服务好现有会员就有了基本盘，这是一群提前确定的用户。他们了解公司的理念并且认可这一理念，对公司推出产品的信任度高，当有新产品或新服务时，他们比普遍用户更有兴趣和参与度，转化率会更高。假如一家汽车公司拥有大约 10 000 名忠诚会员，现在公司新创办了一家汽车互补品的配套公司，就很容易在现有会员中获得认可（有数据显示，大概有 50% 的老会员会尝试新品）。这意味着会员制企业有条件更快捷地开创新业务。

会员制会推动业务呈指数级增长。会员制模式是"富有增长想象空间"的最佳方式之一。在互联网平台上，向网络增加成员没有限制（边际成本小），这意味着企业有条件聚集任意多的人，而更多的成员意味着更大的社群和更大的机会。其他企业的业务需要吸引巨大的流量，而会员制重点要做的是"保持稳定的会员并满足他们的需要"。

反向挖掘商业机会

早期的人类社会中,生产与消费在很长一段时间内是合一的,人们自己织布缝衣,自己种稻养家,自给自足,自产自用。

随着社会分工与协作,独立的生产活动变得更有效率,生产与消费逐步分离。尤其工业革命以来,企业(厂商)逐渐成为社会经济活动的主要微观主体,企业生产模式成为商业体系中的主导力量。伴随着工业经济的发展,整个生产体系被细分为细致庞杂的产业目录,企业自创建之时就将自己定位在生产体系中的某一环节,认为自己是某产品的生产商或某服务的提供者,这一阶段可以称为制造商品阶段(自工业革命后开始)。企业容易陷入一种迷思:认为自己是市场的引导者,顾客只是独立于生产体系之外的被服务对象。

实际上,任何产品和服务都只是满足顾客需求的一种手段,生产的真正引导者应该是顾客而非企业,就像空中飞翔的老鹰,看上去是老鹰在掌控着飞行的方向,实际上被地面上兔子的动向牵引。大树的叶子拼命朝向阳光的方向挣扎,决定大树叶子成长方向的并非树干或树根,而是阳光。企业存在的本质是"为顾客解决问题",只要顾客总在不断寻找更好的"问题解决方案",创新必然如影随形,这是引导企业不断前行的根本力量。

过去的三十年,互联网和信息技术将商品经济带入全时空、全时段营销阶段,商品可以全球范围内即时、随机、随地地被看到、被购买。顾客的碎片时间成为商业的主战场,散落的长尾顾客成为重要客群。这些变化还仅仅是表象,移动互联、大数据及正在兴起中的 AI 将进一步冲击商业运营逻辑:一方面给零散的消费者力量的联合提供了技术支持,这将深度改变消费者在经济体系中的地位,推动"顾客中心化"的深层变革。另一方面,新技术也为消费者参与制造、实现 C2M 的反向供应链管理提供了条件,使生产与消费的界限被打破,顾客参与企业设计、制造和管理,深度融入生产系统甚至公司治理,从而产生新型的

"产消融合"模式①②。

这些变革都将推动会员经济的发展,从单纯的"为顾客生产产品"转向真正"为顾客解决问题"。"我们的客户在追求成功——实现他们的目标——而不仅仅是购买商品。"③

第一,越来越多的企业改变了自己的价值定位——由传统的生产组织者转向需求组织系统。

零售业:从卖场到买场。开市客的创始人塞内加尔(Signal)和布罗特曼(Brotrman)指出:我们是顾客的选品顾问。也就是说,开市客不是一个卖产品的场所,而是一个提供选品服务的机构,帮助顾客选购他们需要的物品。

茑屋书店(TSUTAYA BOOKS)是一个日本连锁书店品牌,全球拥有超1 400家分店,其中日本有1 300家,会员人数有7 000万人。每月销售额达到上亿元,占据日本市场90%的份额。在茑屋书店,除了书籍、文具、碟片等商品,顾客会看到很多超出"书店"范畴的产品,如餐具、公仔、服装、饰品、皮革、眼镜,还有自行车、家电、宠物、绿植、生鲜食品,还有旅行社、咖啡店、餐饮店,甚至还有床和温泉——位于枚方市的T-SITE中,提供了旅人住宿的房间,命名为"GOEN LOUNGE & STAY"。GOEN为"缘"之意,借此将旅人与当地联系在一起。

当然,不是所有的店都有上述产品。不同茑屋书店的商品,会根据当地居民的需求而不同,做到千店千面。茑屋书店决不是一家单纯"卖书"的店,而是融合了各种与生活息息相关的商品。

创始人增田宗昭认为,书是人类生活的明灯,书的背后是生活方式,人们看的不只是书,而是在书的指引下通往自己的生活方式。所以,茑屋书店不是传统意义上卖书的店,而是"生活方式的提案者";茑屋书店向消费者"提供的是生

---

① 产消者(Prosumer):指的是参与生产活动的消费者,阿尔文·托夫勒在《第三次浪潮》(三联出版社1983年版)中提出。

② 产消合一模式(Pro-sumer model):生产者与消费者合而为一的经济形态和经营模式。阿尔文·托夫勒:《财富的革命》,中信出版社2006年版。

③ 尼克·梅塔,艾莉森·皮肯斯:《客户成功经济:为什么商业模式需要全方位转换》,电子工业出版社2022年版,第1页。

图片来源：https://matcha—jp.com/cn/4504。

图 1—11　茑屋书店店内场景图

活方式而非产品"。由此，茑屋书店根据人们的生活方式重塑书店业态，打破惯有的产品布局，将书与其背后的生活方式（烘焙、烹饪、养花、阅读、旅游等）相结合，餐具、服饰、玩偶、艺术品、电器、宠物、书等所有跟人们生活方式有关的产品出现在同一家店里，也就不足为奇了。

茑屋书店将自己打造为一个会员愿意停留的买场，除了提供各种生活用品，店内会有沙发、书桌、台灯等，布置成一个舒适的阅读环境。如果愿意，会员可以在这里看书思考，打发一段闲暇时光。

近年来，越来越多的行业陆续呈现出向需求组织者演化的趋势。一个做保险代理的小伙子，正在考虑转向保险经纪人；一些做基金代销的机构，也在大力拓展投顾业务；从事汽车轮胎业务的米其林，在卖轮胎的同时试行"卖里程"服务；大型机械设备公司卡特彼勒也推出"运土即服务"的订阅制。

产品组织者的目的是多卖产品，他们也非常重视研发、运营、营销、客服等活动，因为更好的产品才能被顾客青睐，但有时候也会为了销售而夸大功能或隐瞒弊端。需求组织者以"解决顾客问题"为核心，把握需求，选购产品，根据顾客要求适时调整产品组合。这将推动产品价值链向顾客价值链的转向，产业分类边界将变得模糊，甚至打破传统的产业界限。比如，从顾客角度，买车和打车是同一个问题——出行——的解决方案，当打车出行比购车出行更舒适、更便捷、更安全、更便宜时，顾客自然会放弃买车而转向打车出行。汽车公司被出行服务商"跨界打劫"了吗？

第二，从会员视角出发的"反向设计"，会从根本上重构组织和交易机制，尤其是盈利逻辑的变革。

当企业转变为需求的组织者，传统的以产品为中心的组织系统会面临挑战。产品可能不再是企业的"最核心"资产，根据顾客需求随时变更的"解决方案"更为重要。

2011年成立于美国的Stitch Fix，初期是与其他电商平台类似的服装销售公司。2013年，Stitch Fix开始进行模式上的创新，向客户提供两种选购方式：一是针对用户特征和偏好搭配多件服装并组成一个Fix盒子，以邮寄的形式送达客户。客户收到并试穿后决定是否购买，购买的服装留下，不购买的退回；如果全部退回的话，需要支付20美元的搭配服务费。二是像其他线上购物一样点开页面直接选购服装，当然每个客户看到的选项是经过算法过滤的产品，即根据每个人的品位和偏好给出不同的服装选项。

Stitch Fix的订购步骤如下：

第1步：顾客填写风格偏好问卷。

第2步：选择订购周期：从两周一次到每季度一次不等。

第3步：造型师进行挑款，收取造型费20元。

第4步：顾客按时收到盒子(Fix)，里面有5件衣服和搭配方法。

第5步：试穿，确定购买或退回。造型费可冲抵服装费用。

在公司网站上，Stitch Fix将自己定位成一个给顾客提供个人造型服务的公司，通过将技术与经验丰富的时尚专家的策划风格相结合，帮助顾客发现其喜欢的独特个人搭配风格。顾客选择了自动送货服务后，每2—3周、每月、每两个月或每三个月就可以定期收到 Stitch Fix 的搭配好的商品盒子。2017 年 Stitch Fix 成功上市，其产品覆盖所有服饰零售细分品类，能一站式满足全家购衣需求，业务横跨美欧大陆。

Stitch Fix 随后在 2018 年推出了 Style Pass 的服务（仅在美国提供这项服务），收取 49 美元的年费，顾客只要购买了 Style Pass，就可以全年享受无限制的造型服务。根据 Stitch Fix 的统计数据，Style Pass 的续约率在男装业务和女装业务中均达到 70%。Stitch Fix 认为，这个造型费包年服务 Style Pass 成功地实现了客户维系，并有效地增加了客户人均收益和客户满意度。

Stitch Fix 现有员工约 5 700 名，其中包括 3 400 名造型师和 75 名数据科学家。搭配师和数字算法构成了企业的核心资产。公司的营收结构中，有服装销售的收入，也有服装搭配的设计费。尽管设计费占收入比重不高，但由此带来的订阅收入超 50%。

除了产品方案和盈利模式的变革，会员对企业内部管理的作用力也在增强。工业经济时代，信息传播等资源主要掌握在企业手中，散落的个体用户很难形成集体力量，用户只能通过"用脚投票"（不买你的产品）来表达意见，这对企业的影响作用相对滞后。在互联网加持下，用户对企业的参与力加强，除了参与产品设计和推广，还从单纯的交易规制转向干预管理，典型的如董宇辉事件，推动了东方甄选治理层和治理模式的变化，将在后续章节中讨论。

蔡钰将这种现象称为"后厨权限"[①]：用户已经不满足于坐在餐厅里等厂商把菜端出来了，他们要求获得进入后厨、评判后厨甚至改造后厨的权力；有些用户并没有什么具体改造意见，但就是要一个进后厨的权力。

第三，跳出传统的供方/需方的二元思维，在长线主义的生态系统中，生产、消费、投资、工作呈现交叠性，每个人为自己解决问题的同时也在为他人创造价值。

二元思维模式中，个体作为生产者或消费者的身份被无形地割裂开来，生产者就是生产者，消费者就是消费者，这种生产与需求、生产者与消费者之间的脱节已成为一个日渐凸显的问题。"先生产后消费"的行为伴随着工业革命成

[①] 蔡钰：《后厨权限：情绪需求的新主张》，蔡钰商业参考第三季，得到 App。

为一种常态，而随着互联网和数据技术的发展，需求和顾客（会员）被置于中心位置，生产者和消费者之间的鸿沟逐步被瓦解。

人在社会中的角色是多元的，在企业中是一个产品生产者，在产品市场是一个购买者/消费者，在资本市场则是投资者，在政府中又承担着规制者的角色。

2010年火爆的团购网站，起源于一些消费者自发的力量聚合。一个家有小宝的妈妈，为了获取纸尿裤和奶粉的批量购买折扣，联合了其他有同类需求的家长组成一个大订单，为自己采买的同时也为其他家长提供产品；一个有家装需求的消费者，为了选购地砖、开关，集合了其他用户的需求，代大家选品、谈判、下单。2020年疫情期间，许多小区成长起来大批团长，帮助小区居民采购送货……这些发起团购的团长既是消费者，也是供给者。

日本学者山崎正和指出，生产的本质是"节约时间"，而消费的本质是"充实地消耗时间"。当消费观念从"物的消耗"（即效率性消费）转变为"充实的时间消耗"（体验性消费），天然地将引发商业模式和战略行为的变革。产消融合，员工与顾客融合，投资与消费融合，这种趋势将带来多重角色交叠的交易架构和商业生态。

因为喜欢一座城，所以搬去做了它的居民；因为喜欢一个品牌，所以进入公司当了一名员工；因为喜欢一部小说，所以决定投资将之拍成电视剧；因为给自己寻找药方，最后成为很多人的药品提供商……身边这样的现象越来越多。

工业化大生产割裂开来的生产与消费，呈现出显著的"非对称风险"[1]。如果生产者不购买自己公司的产品却选用对手的产品，这本身就是个问题。当员工以顾客的心态（为自己服务）开展工作，才能躬身入局。

——产品是为了满足自己和他人需求的物品，而不再是单纯卖给别人的商品。

——让人们更充实地消耗时间，而不是快速地耗用商品。也许工作本身就是时间的充实消耗过程，而不仅仅是获得报酬的手段。

新技术给产消融合提供了技术支持，许多产业由长链条分工趋向平台化或生态化，被分裂的权责将因为平台化和生态化而趋于对称。

---

[1] 纳西姆·尼古拉斯·塔勒布：《非对称风险》，中信出版社2019年版。

小结：世界在改变，技术在进步，在一个多变环境下，我们需要更适合当今商业概念的战略分析工具来面对"会员经济"这个商业课题。只有真正以会员为中心，才能赢得会员的信任。后续将探讨会员制模式的机理和模式设计，提供更多创新的分析工具和策略方法。

第二章

会员制的机理

会员经济与传统经济的最大不同在于,它开辟了全新的企业——顾客关系:企业不再是单纯的产品或服务提供者,而转型为顾客需求的代理人;产品或服务不是单线地从企业推向顾客,顾客会反向参与产品设计与生产;顾客也不再是简单的产品使用者,而愿意为喜爱的产品代言并推荐给周边私域人群。企业与会员间之所以建立起超越商品的长期关系,源于双方的价值共识。企业赚取的,是顾客满意的钱。

会员模式泛滥

会员制的本质

企业角色的转变

经营会员:做顾客的代理人

利益基石:赚顾客满意的钱

会员制:谋求价值共识

会员模式泛滥

不知从何时起,消费者逐步被各种类型的"会员制"包围,一个人手上会有几张甚至数十张所谓的"会员卡",涉及美容院、健身房、便利店、咖啡厅、酒店、餐馆、电影院、航空公司、在线电商、培训机构、银行、加油站……各行各业都在设计眼花缭乱的优惠措施,吸引顾客入会,发放证明会员特殊待遇的所谓"会员卡"。

如前文所提及的艾莉,形形色色的会员卡让她感到困惑,有些卡让她开心,有些卡令她烦恼;许多会员卡并非自愿持有,而是商家硬塞过来的,她觉得自己"被会员"了,并没有感受到身为会员的价值。

迮交式会员(储值模式)

去餐厅吃饭,一些店家的菜谱上印有两个价钱:一个是会员价,一个是正常价。会员价较正常价便宜 20%,但要享受会员价,需要预付 1 000 元购卡,后期消费从 1 000 元的预付费中按会员价扣除。或者用餐结束时,店家给你一个选择:您本次消费 1 000 元,我们店正在搞一个会员活动,预付 2 000 元就可以得到一张内含 2 000 元消费额的会员卡,以后到店消费可用会员卡扣费,而且本次消费免单,请问你办不办卡?

去美容院美容或去理发店剪发,也经常被店家推荐办理会员卡,从几百元到上万元,充值额度不同,每次美容或理发的单价也不同。以下是一家理发店的收费目录:单次洗发的价格是 40 元,充值 1 000 元,可消费 40 次(相当于每次 25 元);充值 2 000,可消费 1 000 次(相当于每次 20 元)。面对这样的诱惑,你充不充值?

这种提前预付款的方式被称为迮交模式,早期主要发生在保险、美容美发、健身等领域,是服务性产品的一种定价方式,特点是根据充值额度给予不同程度的折扣。目前迮交模式有大范围延展之势,农庄、民宿、公园、娱乐场等纷纷开启迮交模式;消费者提前预付一定额度,即可免费或低价获得产品或服务,获得多次重复使用甚至无限次的享用权。一些培育培训机构的收费也有类似性质，用户报名的课程次数越多，学时越长，平均单价越低；或者提交会员费后，可以任意听课。

2023年国内航空公司曾推出过"无限飞"活动，东方航空限量发售"周末随心飞"产品，消费者以3 322元的价格就可享有"周末无限次""国内任意飞"等购票乘机服务。华夏航空也发布了全国不限次数飞行套餐，百余条航线无限次飞行权益，价格为2 999元。民宿业曾推出"无限住"活动，向平台缴纳一定费用（几百元到上千元不等），便可以在一定时间内（通常为一年）不限次数地免费入住与平台合作的民宿。

趸交模式本质上是一种"以价换量"的行为。会员提前付款——"用更低价格换取更大数量"；企业提前收款——带来了现金并锁定了一定期限内的会员消费。一些企业为了锁住消费者，往往设置复杂的退款制度或罚金约束。这本是一种双赢行为，但可能因商家的持续经营能力不足或部分商家的恶意欺骗而受损。

趸交模式有助于利用顾客重价格的心理，吸引用户加大充值额度并延长交易期限。由于充值越多，单价越低，不充值情况下的单次售价很高，这会刺激部分消费者的购买欲；再加上企业制定的销售业绩提成，使员工有强大的动力去推销充值卡，帮助企业在短期内快速扩大销售业绩。从财务的角度，趸交带来的提前收费实际上是一种负债，企业需要在后续很长一段时间内逐步履约；一旦出现意外（有些企业挪用大量趸交款去扩张或投资新业务），或遭遇市场不可抗性风险，容易造成后期履约难以维系。

近年来，趸交企业因经营不善而关门、拒绝退费甚至卷款潜逃，引发了数起法律纠纷。还有一些不良商家在濒临停业前恶意出售会员卡、乘机敛财，或者专门设计以收割会员费为目的的诈骗圈套，诱导会员加入后即消失，这些现象加剧了消费者对趸交模式的不信任，也促使政府加强了监管。比如针对培训业，2020年国务院办公厅发布《关于规范校外培训机构发展的意见》，明确规定：课外培训机构不得一次性收取或通过拆分合同等形式变相收取时间跨度超过3个月的费用。

资格式会员（资质模式）

资格会员制是会员制产生的最初形态，通过审核会员的条件来确定入会会员。早在17世纪的欧洲，一些贵族组建了各种类型的俱乐部，用于联谊、休闲和社交，如1754年世界最早的"圣安德鲁斯皇家古典高尔夫俱乐部"、1857年谢菲尔德足球俱乐部以及后来的篮球、马术、游泳等各类俱乐部。这类似于中国古代的各类社团，如宋元时代文人士大夫缔结的带有消遣性质的诗社等文学社团、致仕退休的高官名公组成的怡老会、强调学术研究及身心修养的书院讲社等，都带有强烈的资质特征，符合条件的人才有资格入会。

资格会员制后来延展到商业领域。企业通过制定相应的入会规则，限定入会的标准和条件来筛选目标群体，为符合资格条件的顾客提供服务。比如工商银行的黑金卡根据顾客财产状况或职务特征，通过邀请方式吸引会员，只有符合条件的顾客才有资格成为黑卡会员。早期的麦德龙商超将目标客群定位于B端客户，只有持营业执照的企事业单位以及有组织机构代码证的政府机构才能办理会员卡。

一般来说，资格会员制的筛选权在发起方（如企业或组织者）。俱乐部给会员提供的利益，绝不仅仅是产品或服务需求的满足，更有显著的身份和等级彰显，以及社交圈层、信息共享或其他情绪价值的满足。美国的奥古斯塔高尔夫俱乐部是一个典型例子。目前全球约有300位会员，主要由两类人构成：一是高尔夫美国大师赛的冠军，二是政商界及体娱界名流。会员名单不对外公开，会员入会需要推荐（不接受申请），并且只有当现有会员离开时才接纳新会员加入。

资格会员制更适用于供求小的小众市场或资源垄断的场景，如体育、艺术、职业等特定领域。此外还有其他特定诉求的资格会员模式：

一是共同治理诉求，如行业协会、同业联盟、企业家俱乐部，会员单位或个人共同参与治理、互惠合作，对会员资质的要求较严格；

二是带有强烈社会诉求或情感需求的利益群体，如环境保护、动物保护、儿童权益保护等，参与者对所从事活动带有强烈的责任心，并试图改变或影响社会认知，对资质的要求有但不严格。

在商业活动中,面对小众市场时,资格会员制有其吸引力,面对大众市场时则力不从心,资质条款太严格必将局限会员范围,太宽松又会导致会员泛滥,使会员制形同虚设。

案例:百夫长卡

美国运通公司于1999年推出的百夫长黑金卡,是世界公认的高端信用卡。2012年10月,中国工商银行和中国招商银行分别与美国运通公司合作,在中国市场发行百夫长黑金卡。这是美国运通公司授权在亚太地区首次发行百夫长黑金卡。

百夫长黑金卡不接受主动申请,由美国运通公司根据个人的收入、消费记录及消费习惯等,来决定是否邀请你成为黑金卡会员。美国运通在我国的合作银行会对其高端客户群体(比如工商银行的最高星级七星级客户、招商银行的私人银行客户)进行审核,并从他们当中选择想要邀请的少数客户成为百夫长黑金卡会员。如果接受邀请,会派专人登门拜访并且协助完成办卡作业。

案例:麦德龙

麦德龙集团(德语:Metro AG)是德国最大的零售批发超市集团,业务遍布34个国家。1964年初创时,为区别于一般的批发模式,麦德龙采取了仓储式超市——将超市和仓储合二为一,采用现购自运模式,主要客户是中小零售商、酒店、餐厅、政府部门等B端机构。这种"自助式批发业态"省掉了传统零售企业独立的仓库和配送中心,通过快速补货保证超市低成本高效率的运营。为了更好地服务客户,麦德龙采用会员注册制,持有企业证明才可以办理会员卡并进场购物。近年来伴随着电商业务的发展,开始向C端消费者开放,实际上放弃了原来的企业资格限定。

在德国,麦德龙购物目前有两种会员卡[1]:

(1)企业客户

企业客户注册时必须提供公司证明,可以选择线上注册(审核材料一般需

---

[1] 一分钱筱筱酱:《德国麦德龙购物指南》,https://www.ecentime.com/article/ecentime-deutschland-metro。

要1—3个工作日),也可以直接带着公司证明到线下店注册。企业客户可以选择线下和线上采购。

(2)个人客户

个人客户直接线上注册即可,只能在线上超市购物,送货上门。

麦德龙1996年进入中国市场时,同样采用的是面向B端企业客户的资格会员制模式,为有企业资质者提供办卡购物服务。2011年受市场竞争的影响,麦德龙(中国)开启C端业务,相当于放弃了资格会员制。2020年,物美公司以47.11亿元人民币及15.93亿欧元现金,收购麦德龙中国实体的100%权益。2021年,麦德龙(中国)开始向付费会员制转型,会员费为199元/年。

积分式会员(积分模式)

积分式会员的用户,在获取会员身份时通常免费,填写一下个人信息即可注册为会员(也称免费会员制)。随后商家会根据用户的消费记录,逐步累积其历史消费金额,给予不同等级的会员资格,这是一种"成长型会员",在企业界应用极为普遍。

乘坐飞机时,乘客常被航空公司询问是否愿意成为会员,即可累积航行里程或航空次数并获取积分,获得升仓、免费机票、贵宾室、专用登机通道等好处,这就是航空公司的"常旅客计划"。住酒店时,旅客也常被问及是否会员,如果加入酒店会员,当住宿金额或入住次数累积达到一定级别,就可享受不同折扣以及其它会员优惠权益。

零售企业、咖啡馆也乐意采用积分模式。全家、7—11等便利店,家乐福、大润发等大卖场,服装、家电等品牌专卖店都建立了相应的会员积分体系,鼓励会员持续购买。当前的互联网企业也在积极推进积分会员制,淘宝、携程、唯品会、滴滴等都会根据会员的消费金额或消费里程,以不同的比例计算积分,会员可根据积分享受不等级别的权益。

积分制模式的特点是,将会员的历史消费与未来收益相结合,有助于激励会员持续购买,培育长期购买习惯。此外,还可以借助于大数据分析工具,深入剖析会员的消费历史,更加精确地把握会员的需求和偏好。由于获卡方式简单,如果积分的增值权益不够有吸引力,且大多数企业也采取类似的积分制时,其吸引力就会大大减弱。

付费制会员（付费模式）

付费制会员是一种付费即成为会员，或者说付费才能成为会员的模式。在商业活动中，较早出现于 1976 年索尔·普尔斯（Sol Price）创办的仓储式会员店——普尔斯俱乐部（Price Club），后来被开市客、山姆会员店等采用。2019 年随着开市客进入中国市场而出圈，引发了业界的广泛关注，越来越多的企业开启付费会员制的尝试。

付费会员制看起来简单，甚至有些粗暴，人们只要付费就能成为会员，但背后隐含着不一样的运营逻辑。

首先，必须给会员一个付费的充分理由，这个理由要被会员理解并且接受。索尔·普尔斯最初创办会员制时，很长一段时间无人问津，"我连商品都没见到就要先付费？"对于习惯了"一手交钱、一手交货"的消费者而言，付费才能进场的交易规则令人生疑。开市客在进入我国台湾的最初五年，也面临会员不足的亏损局面。

其次，从企业角度，付费会员制是一种承诺，要培育会员信任，企业务必给予"对得起会员费"的回馈。

上文提及的趸交模式与资质模式，会员也需要付费，但性质完全不同。趸交费用相当于提前为后续产品或服务支付的预付款；资格会员的付费更象会员应尽的义务。而在付费会员制中，付费只是购买了一种资格，并不附带产品；付费也是商家用来筛选会员的手段，以区别那些愿意为组织付费的人群和不愿付费的人群，组织将为愿意付费的会员提供更好的服务。

订阅制会员（订阅模式）

近年来，还有一个术语经常出现，那就是"订阅制"。简单来说，用户通过订阅方式，获取对某些内容、技术或产品的一段时间内（比如一定月度或年度）的服务权限，商家以此换取定期的订阅费收入。

订阅制有很多好处[①]：一是与客户建立更紧密的关系，更深入地了解客户的兴趣和使用习惯；二是带来可预测的经常性收入，只要努力吸引新人，把他们变成订阅者，就可以预测这些人的月度或年度订阅，确保稳定的收入流，还可以通过多种订阅套餐来细分客户，实现差异化增值；三是降低营销成本，订阅业务省却了重复客户的游说成本。

订阅制的历史很长[②]，早在 17、18 世纪，图书、报纸、音乐会等就开启了订阅模式。19 世纪后，牛奶、杂志等也开始实行订阅制。进入 20 世纪，订阅制的应用更为普遍，如电信资费套餐、有线电视、健身俱乐部、按期付费的法律服务、家庭医生服务等大多采用不同形态的订阅制。随着互联网和数字经济的发展，广泛出现在网络视频音频、多媒体资讯、社交等平台网站，逐步拓展至软件业、游戏业、知识付费、招聘网站等，越来越多的实体产品商家也开始试水订阅制。常见的订阅模式有三种[③]：

一是定期订阅。在这种模式下，客户同意企业定期（按月、季或年）从其账户中扣除费用，以便他们可以享受不间断的服务。

二是定期认购。在此模型中，一旦预定的期限结束，客户就会收到续订通知。与定期订阅不同，企业不会自动从客户账户中扣除服务费。

三是基于消费的订阅。客户根据他们所消费的服务数量或金额交费。

软件业案例：Salesforce

Salesforce 创办于 1999 年，当时正值企业纷纷上马管理信息系统，如财务管理系统、ERP 系统等需求旺盛，大型的软件供应商如 SAP、Oracle 等大多采用软件售卖模式——向其客户提供标准化或定制化的软件系统，并通过售卖软件或提供后续维护服务来获取收益。但它们的产品大多面向大型企业，模块复杂且价格偏高。

高额的软件和转型成本，导致中小企业在管理信息系统方面处于劣势。

[①] Paidmemberspro：Memberships vs. Subscriptions：What's the Difference?，https://www.paidmembershipspro.com/memberships-vs-subscriptions/.

[②] 李晓华著：《服务型制造中的订阅模式：内涵界定与机制分析》，《企业经济》2023 年第 11 期。

[③] Paidmemberspro：《Memberships vs. Subscriptions：What's the Difference?》，https://www.paidmembershipspro.com/memberships-vs-subscriptions/.

Salesforce打破了软件业靠软件售卖获利的盈利模式，创新性地采用了订阅方式，将软件作为一种服务来销售，推出云计算模式，开创了软件业的订阅服务先河。这一行为推动了整个软件业逐步从软件产品售卖向服务订阅模式的转型。

Salesforce最初向中小企业提供的是其开发的CRM产品，帮助中小企业提高CRM管理能力。中小企业不用购买软件，只需要按月或按季、按年向Salesforce支付订阅费，就可以利用Salesforce提供的CRM软件，创建自己的客户管理系统，进行客户管理和维护。后来Salesforce的服务范围逐步扩大，目前不仅有销售云、服务云、营销云、分析云、社区云等企业直接采用的SaaS服务，还有一个企业应用商店——App Exchange。第三方软件开发商可以承接Salesforce上企业提出的软件开发订单，也可以将自己开发的软件放在Salesforce的PaaS平台上，供其他企业采购。当然，Salesforce会按年度订阅费抽取一定比例的佣金。

2012年，Salesforce在CRM市场的市占率超过Oracle。2021年，在全球CRM市场占据23.9%的份额，位居第一。2023财年收入为314亿美元，比2022财年的265亿美元增长18%，其市值超过3 000亿美元，见图2—1、图2—2。SaaS订阅模式也成为软件业的流行商业模式。

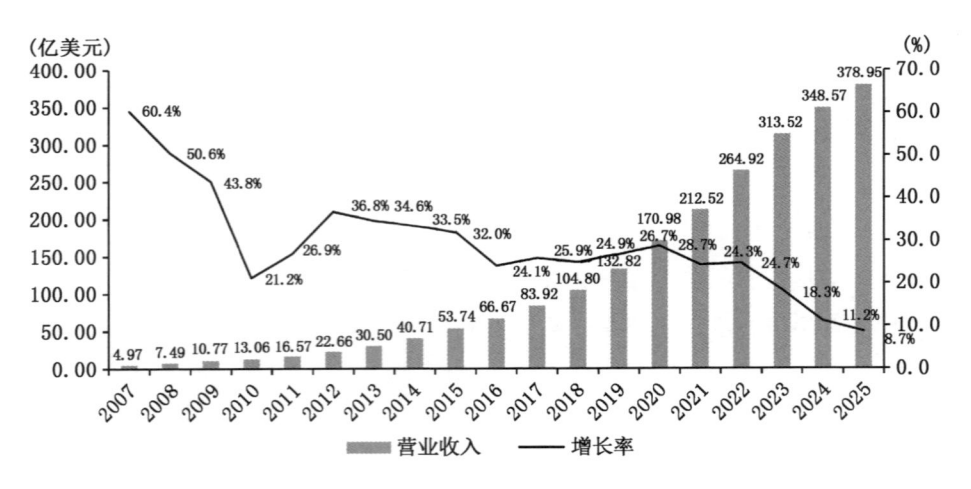

数据来源：同花顺数据。

图2—1　Salesforce 2007—2025年营收及增长率

(10亿美元)

图 2—2　Salesforce 与 oracle 市值比较

数据来源：https://companiesmarketcap.com。

零售业案例：亚马逊的 S&S

2007 年全球知名的在线零售商亚马逊推出一项名为"Subscribe & Save"的服务（简称 S&S）[1]，主要是围绕一些消耗品（包括家庭用品、婴儿护理用品、宠物用品、杂货、健康保健用品、个人美容护理用品等各类易耗品，大约有上万种）提供订阅服务。这些商品的典型特征是重复性消费，顾客用完后就会补货。

顾客不需要加入亚马逊的 Prime 会员，只要有亚马逊账号，就可以在 S&S 网页订阅商品。如果定期订购 S&S 类商品，还能获得更大的折扣和免运费优惠。比如一位买家在同一个月内，用同一个地址，购买 S&S 服务中的 1 到 4 种不同的商品，可以获得 5% 的折扣；如果购买 5 种或更多不同的产品时，获得 15% 的折扣。亚马逊根据顾客设定的商品数量和配送频次，定期为顾客寄送商品；在寄送前会邮件通知顾客，寄送时才会扣款。S&S 可以随时取消，也可以选择长期定制，无需每次重新下单。

2007—2016 年，亚马逊只有自营商品（经由亚马逊网站销售和发货的产品）可以提供 S&S 服务。2017 年 4 月，亚马逊向其平台上所有加入 FBA 的第三方

---

[1] 雨果跨境：《亚马逊 Subscribe & Save 计划操作详解》，https://www.cifnews.com/article/25783。

卖家开放了这个服务。2024年6月,亚马逊进一步向FBA卖家宣布,S&S计划扩展至第三方卖家的自配送产品。亚马逊也在呼吁更多的卖家加入S&S服务。

食品界案例:Misfits Market[①]

Misfits Market是一家生鲜食品订阅公司,创立于2018年。在水果蔬菜领域,每年都有许多蔬果因为外形不佳或新鲜评级等原因被商家淘汰,造成了大量浪费。Abri Ramesh留意到"丑蔬果"的问题,于是成立了Misfits Market,开启了"丑果订阅"业务。

Misfits Market与美国当地的农场合作,专门收购不符合传统零售渠道标准的滞销有机农产品,通过订阅生鲜盒的形式,打包向消费者售卖。用户可以通过公司网站或App下单,注册后直接在系统弹出的购物窗口确定自己本周需要的产品,再选择交货日期,就可以在指定时间送货上门。Misfits Market提供两种计划:点菜或每周订阅,最低5美元起订,60美元免运费。

由于Misfits Market越过了供应链冗长的中间环节,直接与农民、分销商和生产商建立关系,在保证食品供应的同时还能保证食材新鲜,而且降低了成本。Misfits Market还推出"The Marketplace"服务,用户每周可以选择肉类、海鲜、乳制品、调料、谷物等随蔬果盒一并送达。这些商品或临期,或因包装更新而下架,或是仓库积压的库存,每周定期送到订阅者的家门口,售价比市面上的要便宜30%—40%。

除了低价吸引客户,Misfits Market还推出了烹饪和丑果分享社群:一是与美食博主合作,拍摄烹饪视频,制作特色食谱,吸引用户关注;二是展示外形独特的蔬果,配上"走心方案",并且编一些小故事,鼓励用户分享从Misfits Market收到的外观独特的产品照片,让用户在三个不同类别中投票选出他们最喜欢的水果,提高用户参与度。有用户说,收Misfits Market的包裹,颇有一种开盲盒的感觉。

蔬果订阅在我国的有机蔬菜领域曾有不少尝试案例,同样用订阅方式每周

[①] Heidi的大咖嗨谈:《丑水果卖到10亿?美国生鲜蔬果品牌Misfits Market如何增长?》,https://baijiahao.baidu.com/s?id=1796277917759371946&wfr=spider&for=pc。

或每两周送货，每次的蔬菜并不相同，商家会根据时令特征进行蔬菜调整，也有一种开盲盒感。

众筹型会员（众筹模式）

众筹是一种向广大公众募集资金来支持特定项目或创业企业的方式，近年来伴随互联网的发展引起了广泛关注。实际上，众筹的历史远早于互联网，1884 年美国著名纪念碑——自由女神像的筹建堪称众筹的经典故事。

法国雕塑家弗雷德里克·巴索蒂（Frédéric-Auguste Bartholdi），为庆祝民主和自由向美国赠送了自由女神像，但美国需要为巨大的雕像投入资金搭建一个合适的底座。报纸撰稿人约瑟夫·普利策（Joseph Pulitzer）在《纽约世界》上刊登了"筹款"文章，最终有 12.5 万人参与，众筹获得约 10 万美元，自由女神像于 1886 年 10 月 28 日正式落成。

历史上许多著作的完成也采取了类似众筹的方式。1713 年，英国诗人亚历山大·蒲柏决定将 15693 行的古希腊著名诗歌作品《伊利亚特》翻译成英文。启动翻译计划之前，蒲柏承诺在完成翻译后向每位订购者提供一本六卷四开本的《伊利亚特》。这一承诺获得 575 名用户的资金支持，筹集到的大量资金帮助他顺利完成了诗歌的翻译和出版，订购者的名字被列在了早期翻译版的《伊利亚特》上，并且每人获得赠书一本。莫扎特、贝多芬等在创作乐曲或开音乐会之前，也曾采取类似方式从公众处筹集资金。当作品完成时，订购者会获得写有他们名字的乐谱或成为音乐会的首批听众。

互联网时代出现了一批专门从事众筹业务的平台，如 Kickstarter[①]、IndieGoGo[②] 等，借助于互联网社交媒体向广大公众募集资金，极大地扩展了参与者的认购范围；还推出了如股权众筹、债权众筹、公益众筹、实物众筹不同类型。

---

① Kickstarter 成立于 2009 年，是一个为具有创意方案的企业筹资的众筹网站平台。平台一边是有创新意愿并渴望进行创作和创造的人，另一边是愿意为他们出资的人。出资者通过向项目捐赠指定数目的资金来支持自己喜欢的创意项目，Kickstarter 收取一定比例的佣金（2015 年 9 月，Kickstarter 宣布改组为公益公司）。

② IndueGoGo 成立于 2008 年，不限定客户类型，不对发布到网站上的项目进行审查。支持者承诺支付的资金将会直接分配给项目创始人。如果项目没有达到预定筹资目标，则由项目发起人决定是否退还已筹资金。

由此，众筹行为在社会活动、商业、电影与音乐、能源与环境等领域逐步活跃起来。

股权众筹、债权众筹因其显著的金融属性受到了特定监管。实物众筹[①]是参与者对项目或公司进行投资，进而获得产品和服务回馈的行为。实物众筹改变了传统商品生产与流通的固有流程，把"生产——销售——回笼资金——再生产"的循环，转变为"募集资金——试制——生产——交货"。但又不同于单纯的定制，其产品除了服务于出资者，还面向大众市场；参与者兼有"顾客和出资人"的双重身份，并有可能更深入地参与产品的创生和制造交付过程。

"众筹"与"会员"模式的结合，就表现出众筹型会员的特征：项目通过众筹方式来筹建并实现成长；参与者因支付资金而获得会员身份，享有会员的权益和福利；参与者不仅因会员身份而享有产品权，还有机会参与到项目的决策和收益分享。

● 会员制足球俱乐部

足球俱乐部诞生于19世纪中期，是一群喜欢足球的人聚集在一起组成的球队，如1857年组建的谢菲尔德俱乐部。随着越来越多的人喜爱足球运动，俱乐部数量逐步增多。

早期的俱乐部采用"会员制"制度，依靠会员的付费来维持支出。由于许多俱乐部经营不佳，1992年西班牙政府通过了《西班牙体育法》，大多数足球俱乐部结束了球迷会员制，转为私人所有的公共有限公司（股份制公司）；其中前五个赛季实现盈利的皇马、巴萨、毕尔巴鄂竞技和奥萨苏纳竞技得以保留原结构，延续了会员制模式。

1902年成立的皇马，截至2023年12月会员人数已增至9.98万名[②]；不同会员的缴费标准各异，成年会员需每年缴纳149欧元，未成年会员则缴纳50欧元；会员资格满50年者则无需缴费。1899年创立的巴萨也拥有约13万的会

[①] 实物众筹又称项目众筹，广义的实物众筹中还包括物权众筹；狭义的实物众筹通过"团购＋预购"方式，获得项目完成后的回馈品和奖励品，也被称为回报式众筹/奖励式众筹。

[②] 皇马有两种会员，一类是Socios，这类会员需要支付更高额的年费，享有投票权，约9.98万人；还有一类是Madridista，是面向全球皇马球迷的普遍会员，注册、缴纳年费后可以享受优先购票、收看Real Madrid TV等优惠服务，约有600万人，不能直接参与俱乐部的重大决策。

员,会员年费为208欧元,新会员还需要缴纳208欧元的注册费。会员享有优先购票及俱乐部重大决策的投票权,并可以通过优惠价格购买官方商品和参加俱乐部组织的各种活动。这种紧密联系增强了会员的归属感,使他们更加全身心地投入对球队的支持中。

但是皇马最近有将会员制改为股份制的想法,计划把部分会员的身份转变为俱乐部股东,股份只能在家庭内转让,不能出售给第三方。这一设想能否成真,还在观望中。

各种类型的"会员制",令人眼花缭乱。上述模式显然是不同的,但都用"会员制"这个称谓,混淆了人们对会员制的认知,尤其是订阅模式的流行,很多人将"订阅制"和"会员制"换用,甚至用"订阅制"指代会员制,这使得区分其差异变得具有挑战性。

社交、积分、付费、众筹、订阅等形式,呈现的只是表象的商业行为特征,其背后的"经营理念"和"价值观"一样吗?有何不同?只有认识到不同模式的底层理念差异,才能真正理解其经营动机和运作机理。也就是说,这些模式是不是真正的会员制,取决于底层的经营理念和价值主张。

会员制的本质

表面上看,社交、订阅、付费会员制,都要提前预付款;注册制、积分制和资格制不需要额外付费。其实付费方式并非会员制的本性,而只是一种甄选客户(用户)的措施。各种类型的"会员制"就是不同的客户分层方法:社交制分离了价格敏感性客户,积分制精选了长期购买者,资格制识别了身份信息。那么,为什么对顾客进行细分,居心何在?

——是为了更好地销售产品?还是以解决顾客问题为出发点?

——围绕目标客户群进行更有效的营销,锁住顾客,提高销售额和财务绩效?还是给予目标客户更好的服务,在充分自主选择的基础上,保持长期的互惠互利关系?

——企业的价值链、组织制度（如组织结构、运营流程、激励制度）和生态体系，是以产品经营为中心？还是以顾客和社群为中心？

对这些问题的回答，展现了会员制的本质特征：会员制以帮助会员解决问题（帮助客户成功）为出发点，以此为基础重构组织体系和价值链（网），给予客户充分的知情权和自主选择权，达成长期的信任、互惠和交易关系。结果表现为顾客忠诚和持续购买，关于收入来源和收费方式的区别并不重要，这只是表象。一个会员制企业同样可能以产品销售或服务佣金为收入源，但底层理念是帮助客户成功。

正如德鲁克所言："是顾客决定了企业是什么。顾客是企业的基石，是企业存活的命脉。"企业的目的是创造顾客。

前述各种类型的会员模式，虽然都谋求与顾客的长期交易，但底层逻辑的差异造成了"长期交易关系"能否实现，以及能维系的时间长度；还有，会员愿意"主动续约"还是"不得不被动续约"，也是会员制的重要特质。

经营理念这个内核隐藏在各种策略表象之下，短期内难以被识别，这就造成了许多会员制形式的泛滥。只有经过长期的时间沉淀，才能彰显谁在真正践行以会员为中心。

不论哪种表象模式，若立足于产品视角和企业利益目标，都不是真正意义上的会员制。这种模式短期内能够锁住顾客，一旦出现企业利润与顾客利益的冲突，就容易导致矛盾和分离。以会员和社群为中心的会员制，不仅仅是理念上的宣传，背后需要一套保障"会员利益"的制度，也就是说，要推行"会员中心化"，需要重塑组织的 DNA。

第一，会员和企业之间是一种双向奔赴。企业必须满足会员的需求，而会员能协助企业实现其目标，并不仅仅为了节省成本。会员带有归属、社区和关系的含义，加入会员组织意味着成员具备独特的"会员资格"。会员资格不仅仅与产品/服务有关，更是一种自我的身份认同，为会员带来了非会员无法获得的产品、福利和好处[①]。

交式、积分制、订阅制算不算一种会员制？不取决于其模式，而取决于背

---

① Paidmemberspro：Memberships vs. Subscriptions：What's the Difference？，https://www.paid-membershipspro.com/memberships-vs-subscriptions/.

后的理念和制度。以订阅制为例,表象上看,客户为这类业务支付每周、每月或每年的费用,公司和客户都受益:客户定期、方便、自动地购回它们需要的产品或服务,节省了时间和精力,企业不需要经历重新吸引客户的麻烦。订阅制成为会员制的条件是能否坚守相应的原则:"从不降低你的服务质量""围绕会员需求挖掘产品""营造相互尊重的社群关系"。这样会员才愿意主动长期订阅,企业才能"很容易"地(注意:"坚守"是一件极不容易的事)获得每月/季/年的经常性收入。被投诉颇多的趸交模式,就是太重视锁住客户而忽视了后期的履约质量。

第二,会员制企业更关注那些了解本企业业务结构和价值主张的人,更重视留住且服务好现有会员;会员们会更积极有力地参与和分享企业业务,企业和会员之间的信任纽带和价值共识构筑了会员制内核。

"会员资格"为会员们提供了新的地位或排他性。会员资格不仅仅为了获得产品或服务,或者说,首先是享有了一种"有质量"的产品和服务,然后是一个社交网络或社群;参与成员通常是具有相同兴趣、知识和价值偏好的个体。加入会员制最显著的好处是,它提供了信任和稳定的质量保证,会员们还可以分享想法,相互交流,享受额外福利。作为回报,会员们会为企业定期支付会员费或月度的经常性账单,见表2—1。

表2—1　　　　　　　　　会员制与非会员制的不同[①]

会员制	非会员制
以会员和社群为中心,培养相互尊重关系	以产品交易为中心,达成销售
围绕会员问题开发产品或组合产品,呈开放性	提高产品质量以吸引客户,强调垄断和壁垒
建立参与和共享机制	不强调会员参与和共享
提供产品价值+超越产品的情绪价值	提供产品价值+产品相关的情绪价值
企业与会员的双向选择	企业的单向推广色彩更强烈

区别1:会员制培养了归属意识

会员制企业将会员和社群建设放在首要位置,为会员提供了一种归属感。

[①] Adrita:Subscription vs Membership:Benefits, Types, and Core Differences, https://wedevs.com/blog/420093/subscription-vs-membership-business-model/.

会员因为"会员资格"和"会员身份"而欣喜。在线技术的发展为会员沟通、参与、分享等行为提供了便利，强化了会员在价值链上的参与深度和对业务活动的自豪感。

会员制企业通过社群建立一个强吸引力的网络，会员则通过成为社群的成员，获得独家体验感和有意义的关系。相比之下，非会员制更侧重于以产品为中心，当人们购买或订阅某项服务时，也可以获得独有产品，但通常无法访问特定社区。以杂志订阅为例，客户也可以享受内容，但无法参与讨论或接触其他想讨论的读者；在线杂志凭借"读者评论或论坛"正在改变这种局面，社群评论成为一种吸引力。

非会员制企业更重视产品销售和企业收入，通过在长期内锁住用户实现重复性交易。有些企业虽然在理念上提倡"以会员为中心"，但组织设计仍以产品为中心，面临产品利润与会员利益的矛盾时，更倾向于首先保障企业利益。

区别2：会员制产品组合的开放性

会员制的目标是"帮顾客解决问题"，而顾客的问题呈现多元且动态性，从吃饱、吃好到健康饮食，从自驾车、网约车到无人驾驶，顾客总在追求更佳的问题解决方案。非会员制企业将经营聚集在产品上，也在追随需求变化不断创新，似乎与会员制的追求并无二致，但非会员制更专注于产品和技术，甚至为了保护现有产品/技术而"压制新产品"（如柯达对数码相机的延迟开发）。会员制呈现开放的态度，为会员寻找更恰当的产品，当本公司产品/技术无法满足顾客时，还会推荐对手产品。

区别3：重视会员的参与性

会员制的稳定发展不仅取决于企业的行为，还依靠会员的积极参与。根据Sitel Group的数据，75%的客户因一次糟糕的体验而与企业断绝关系[1]。

创造参与度是一种提高客户体验的有效方式。会员制通过对话、论坛、点赞等方式，提供更多的会员参与场景，鼓励会员间的分享，也方便会员反馈问题、互通信息。

非会员制追求的是顾客长期消费，只要重复购买即可。当然，非会员制企

---

① Adrita: Subscription vs Membership: Benefits, Types, and Core Differences, https://wedevs.com/blog/420093/subscription-vs-membership-business-model.

业也强调产品质量和创新,也会为了开发新产品而进行需求调查,但并未过多关注客户参与。

区别 4：重视超越产品的情感连接

产品是连接企业和会员的纽带之一,但不是唯一。当其他模式还在围绕产品做文章时,会员制则强调要建立一个有共同兴趣的社群网络。成为会员最重要的好处就是,会员们在这里相互接触、分享想法、享受产品或服务。根据 2021 年营销通讯(Marketing General)关于会员营销的报告,63%的人加入会员组织是因为他们想与同龄人建立联系。

会员制的吸引力除了产品质量,还有人与人之间的互动。会员通常希望会员制企业为他们提供资源,帮助他们建立和参与网络;会员也可以参与业务的创建和开发。

非会员制企业在产品基础上,也强调品牌和形象给顾客带来的心理感受,比如品牌 logo 彰显的生活品质,这通常与产品定位密切相关。

区别 5：企业与会员的双向选择

产品模式中,企业的基本理念是尽可能获得更多的客户,销售更多的产品,产生更多的收入。因此,产品通常对目标市场的所有人开放,比如 Spotify 对每月支付订阅费的任何人开放,爱奇艺、腾讯视频等除了青少年模式(受法律限制),乐于让更多的人创建账号、支付费用并享受内容。

会员制对"会员资格"有不同的管理办法,成为会员意味着彼此的理念认同和尊重,并且给彼此带来某种知识、专业或经验。会员资格天然地倾向于排除一些个体,比如只有当你重视"性价比"且认同"平价商品"理念,你才会持续选购小米、无印良品等;当你是一个二次元爱好者且想与其他爱好者分享观念,就会购买 B 站大会员。此外,你必须遵守会员制的一般规则;会员制企业也会对"会员资格"进行动态的审核,会对"不遵守承诺的会员"说不,暂停或永久停止其"会员资格"。

小结：一个企业是否采用会员制需要考虑以下三个方面：

(1)明确其动机。会员制企业通常会助力会员和培养社群意识,而不单纯为了销售产品。

（2）了解其受众。会员们重视参与性、归属感和超越产品的体验，而不仅仅是建立一种简单持久的交易关系。

（3）了解其运营特征。会员制倾向于与用户共同开展价值活动，如共同研发、共享信息、用户生成内容、用户参与治理等，而不仅仅由企业（供给方）持续创新输出产品或内容。

切记：会员制不是营销手段

近年来会员制被很多人嫌弃，甚至有"谈会员色变"的意味，一个重要的原因是，会员制在现实中被很多企业视为一种营销手段——以高优惠、大折扣等好处吸引人们入会，以实现长期交易锁定或"杀熟"之目的。

企业是为了卖产品而发展会员。除了营销端发力"吸引会员"，许多企业在理念或经营方式上并未改变传统的产品经营逻辑，发展会员只是企业销售产品的一种手段。一个显著的特征是：企业只要让顾客提前付钱或完成注册，主要任务就完成了；顾客的后续退费或解约关系相当复杂，有些企业甚至不允许退费。一些履约周期很长的业务，比如健身卡或培训费，还出现售完会员卡就关停的现象。

这严重地违背了会员制的主旨。真正的会员制以经营会员为目的，为会员创造价值，实现会员主动、热心地追随。正因为营销色彩过浓，当前的会员制模式呈现"泛滥"趋势，引发了部分消费者的抵触。一旦听到要注册会员，就顿生警觉，担心后面的套路。

——会员制是一种平等关系，不是为了锁定顾客

担心被锁定，是人们对会员制抱有警觉心态的一个重要原因，这在社交模式中较为明显。顾客在付费之前有较大的议价权和选择权，一旦付费往往变得被动，所以很多人选择不入局。这也给商家造成一种错觉，似乎需要花更大的力气去做"营销"，去"游说"顾客。

其实，会员制更应该是一种平等的相互尊重的关系。会员制的目的不是为了锁定顾客，而应该给予会员以充分的自由选择权。会员因为认可公司产品/服务而自愿留存；如果不满意，可以随时离开。开市客、胖东来等机构的退货或

退卡都很便捷,不满意可以随时退货退卡。

——会员制需要相互尊重,不是无原则取悦顾客

会员制模式中,企业尊重顾客,顾客同样也需要尊重企业及其员工。经营会员是为了更好地提高顾客价值,而不是无原则地取悦顾客。对于顾客不合理的要求,企业也有相应的原则。

开市客超市会把一些顾客拉进黑名单,取消会员资格并退还会员费用。一旦开市客的会员资格被取消,以后再想重新办卡也很难。比如滥用商家退货政策的会员:两位顾客连续退回了 8 台电视,每次都赶在 90 天期限内退货,店员接受了退货并退还了会员费:"我猜我们产品的质量达不到你们的预期,所以希望你们能找到更适合你们需求的商店。"还有偷窃、攻击员工、违背会员条款等,都可能被开市客拉入黑名单。

——会员制不是"杀熟",而是提供适配产品

"大数据杀熟",是近年来备受痛斥的现象。尤其在互联网企业中,利用所掌握的客户数据"杀熟",引发了诸多不满。从产品经营的角度,这种做法无可厚非。但从会员制的角度,数据不是为了索取更高的利润空间,而是为了更好地服务会员。

理论上讲,不同顾客存在需求偏好上的差异,对同一产品的支付意愿确实不同,企业存在"歧视定价"的空间。企业根据所掌握的会员数据和偏好画像,向顾客提供更适配产品,帮助用户节省时间和成本,才是会员经营的根本点。结合顾客需求特征,向他们提供满足其需求差异化的产品,而非同一产品的区别定价。

注意:尊重会员的权利

会员制的建立,需要以产品为纽带。但要实现长期共存,除了产品保证外,更重要的是社群关系。企业与用户、用户与用户之间的信任、尊重、互动、分享,构成了会员制的发展基石,也需要相应的权利保证。

——自主权

在会员制模式中,会员不应该是被动参与者,或者被诱导加入组织。会员应该是在了解相应权责后主动、自愿地加入组织;如果不喜欢,会员可以随时选

择离开。

企业能否给予会员充分的"自主选择权",展现出企业能否真正以"经营会员"为中心。带有强制或锁定色彩的行为,虽然有助于短期收益,却可能影响会员与企业间的长期关系。

——知情权

"成本和利润"是许多企业最大的秘密,但在会员经济中这是一个坦诚的信息。让会员了解成本信息,知道企业在会员身上赚了多少钱,反而赢得会员的信任。胖东来的一些商品上会标明进货价和销售价,比如一款鹅绒羽绒服的进货价为498.7元,售价为499元,毛利0.3元。开市客严格限制单品毛利不能超过14%,让会员了解定价规则或价格调整的缘由。

"不怕买贵的,就怕买贵了",没有人愿意当冤大头。成本和质量信息不对称条件下,消费者因为怕买贵了而呈现"逆向选择":当无法确定质量信息时,顾客不愿支付高价格,要求更大的折扣来规避可能买到假货的风险,反而导致市场上交易产品的质量下降。

——使用权

当过程体验、"充实地消耗时间"成为一种消费需求,物品的所有权就不重要了:厂房不一定要自建,可以租赁第三方公司的使用权;信息系统/软件不需要购买,可以选择订阅制服务;出行不一定非得买车,可以随时叫网约车;连服装这种日常用品,也出现了租借服务。总之,越来越多的产品运营开始从所有权向使用权转移,从一次性购买支付转向多频次的小额订阅支付。

"类会员制"模式

会员制在动机上以提高会员和参与者价值为目的,在行为上强调相互尊重基础上的共同成长,在结果上追求商业生态的长期主义。现实中还有许多企业,遵循同样的经营理念,虽然没有冠以会员制的称谓,但践行了会员经营的理念,这些企业也在本书的讨论范围。

胖东来

胖东来,1995年创办于河南许昌市,现在有13家实体店,全部在河南,其中许昌 11 家、新乡 2 家。2022 年以前,胖东来的影响主要在许昌地区和部分企业家圈层,2022 年迅速出圈,成为全民追捧的商超。

对待顾客,创始人于东来强调"用真品,换真心","我们一定要站在顾客角度,哪怕少挣一点点钱,坦坦荡荡的,实实在在的,要问心无愧"。表现在行为上,胖东来在选品、定价、服务、陈列等方面做了诸多细节把控。比如活鱼需要养殖 7 天才出售,告知产品进货价和毛利,提供供应商信息。胖东来鼓励理性消费,厂家可以介绍产品但不准在店内打广告。胖东来还鼓励投诉,设置了投诉奖励措施等。"三文鱼隔夜返包"销售事件和"擀面皮"卫生事件被顾客投诉后,胖东来给予 10 万元的奖励,并对员工和供应商进行了整改处理。

在员工管理方面,用一位供应商的说法:"胖东来确实深爱着它的员工,但同时它对员工的要求也从未降低……不达标是不行的。"于东来提倡给员工分利,"把一半的利润分给员工";每年给员工 100 多天的休假,其中年假有 40 天,2024 年 3 月新增了 10 天的"不开心假"。"员工休息好了,工作状态才能好。该工作的时候尽心工作,休息的时候就放松享受生活。"对员工在工作过程中遇到顾客的无礼,胖东来设置了员工委屈奖。但是《胖东来商贸集团有限公司各项管理制度》《胖东来客诉处理标准》等制度,对胖东来的所有岗位都做了详细规定,既保证了员工的利益,对不遵守者也有严格的制裁。

在商业生态方面,胖东来并不是单一超市。刘润[①]走访的天使城店和金三角店,都有复杂的商业地产业态,比如天使城店有好几层,里面还有喜茶和苹果专卖店;金三角胖东来的超市外面,也有餐饮、服装、烘焙等业态。在胖东来自营的服装店里,明码标"价"和"本"(进货价);胖东来药店可以"按粒售药"。

阿那亚[②]

阿那亚是一个位于河北省秦皇岛市北戴河新区的旅游度假村,被称为"北京的后花园",很多人来这里购房度假。

阿那亚在中国房地产行业是一个特例。2013 年,马寅接手亿城集团在秦皇

---

① 刘润著:《陪你逛逛胖东来》,https://baijiahao.baidu.com/s?id=1808438912619685633&wfr=spider&for=pc。
② 《从马寅的这 50 条思考,读懂阿那亚的成功之道》,https://baijiahao.baidu.com/s?id=1777337263310657222&wfr=spider&for=pc。

岛昌黎县这个有海景房的地产项目。他打算3个月到半年把它卖掉，赚5个亿的中间差价，"即使还银行1个亿的利息，那还有4个亿的利润"。这是典型的"建房、卖房，赚差价走人"的逻辑。

但是2013年，国家开启了新一轮的房地产调控政策，文旅地产因存量过高，整体进入滞销期。马寅决定转变经营策略，从卖房子转为卖服务，用服务和长期运营来吸引客户，进而提高周转率和地产价值。

马寅对客户需求进行深度分析后，决定把项目改名为"阿那亚"，这个名字来自梵语阿兰若，原意为"人间寂静处，找回本我的地方"。马寅想把阿那亚定义为"心灵的第一居所"，真正将生活作为第一位，将生活作为居住的中心，这也成了阿那亚的经营观。

为了深度挖掘用户需求并满足用户需求，阿那亚调整运营重点，着力打造"以生活为中心"的社区。阿那亚在社群运营上颇费心思，它倡导建立亲密和谐的社区文化，比如：马寅公开邮箱，搭建沟通渠道，欢迎业主给他提意见；鼓励业主对公共问题参与讨论；组织多个业主参与的兴趣社区；定期组织演出或比赛……逐步将社群发展为一个合作平台，促成阿那亚和业主间的多维沟通合作。这些举措是为了让"每个人都有当家做主的感觉"。

当同行关注卖房子时，阿那亚走了一条"重服务、做社区"的模式。阿那亚不打广告，主要靠客户反馈驱动成长，阿那亚拥有90%的复购率和90%的转介绍率。2021年，阿那亚的单个楼盘销售额超过30亿元，其销售单价是周边房地产项目的三倍，95%的销售来自业主的推荐。

马寅希望："未来人们记住阿那亚不是因为它是一个文旅地产，而是一个生活方式品牌。"

四季酒店

1961年，伊萨多·夏普创办了第一家四季酒店。经过60多年的发展，截至2025年初，已在全球48个国家拥有130家（度假）酒店。四季酒店被视为一家国际性奢华酒店管理集团，注意几个有意思的定语："奢华""酒店管理""集团"（本节把酒店管理集团分拆为酒店管理和集团）。

在公司官网上，四季酒店对"奢华"有这样一段描述：

"当你想到四季酒店时,我们希望你的脑海中能浮现出无与伦比的奢华。但真正的奢华是什么?我们的答案可能让你大吃一惊。

对我们来说,真正的奢华是一种有意义的归属感。它专注于人们希望如何被对待,以您在入住期间所经历的真正关怀为基础,以人性和宽容为定义。这始于我们充满激情的团队,欢迎您成为我们世界的中心,无论您身在何处,都能感受到独特的人情味。"

夏普在其《四季酒店经营哲学》中提到,他在创立酒店时问了自己一个问题:"来住酒店的人,他们认为什么东西最重要?"这其实是在思考酒店的定位,酒店到底是做什么的?夏普认为,酒店应该为客人塑造回忆:当回想一年的美好时刻时,假如能想起某酒店住过的那几晚,这就是塑造了回忆。

能够给顾客留下持久、不被复制的回忆,往往是"与人相关的关怀"。能记住你名字且真诚与你打招呼(像朋友)的门童,半夜冒雨回店主动给你递上热饮且熨烫衣服的服务员,了解你的偏好主动帮你留下心仪房间的前台。所以,四季酒店明确:要把人当作四季酒店最重要的资产。在萧条期也尽量保全基层员工的收入,由此换来的是员工对顾客的超预期服务,在关键时刻会主动站出来,主动想办法为顾客解决问题。

当下的四季集团,正在从一家专注于奢华酒店的管理公司转变为一家奢华生活方式提供商。比如开拓私人住宅市场,四季目前全球有51处私人住宅并且宣布在未来几年会重点关注私人住宅(预计未来五年销售总额达70亿美元,囊括全球30多个项目)。2015年起航了四季私人飞机,将四季的奢华生活方式扩展到出行领域。预计2025年交付并投入运营第一艘奢华邮轮(95间/套客房),四季奢华生活在出行领域进入邮轮这个细分赛道。四季还涉足购物,销售四季酒店定制款的家居用品,该业务源于四季酒店的酒店用品,比如床垫、毛巾、拖鞋等。

创始人夏普在四季集团的股份随着2007年的私有化发生了较大变化,比尔·盖茨和阿尔瓦利德(沙特王子)各持有47.5%的股份,夏普保留了5%的股份。公司虽然继续由创始人夏普掌舵,但以后能否坚守其经营理念,是对公司"会员经济"理念的考验。

企业角色的转变

在商业活动中,企业应该承担怎样的角色?对这个问题的回答可能贯穿企业生产经营的全过程,成为企业经营的基本价值观。从经营产品转向经营会员,背后是企业角色的重新定义:是作为产品的提供者(产品代理人)还是顾客的运营者(顾客需求的代理人)?当企业决定推行会员战略时,这是首先要深思的问题。会员制是一个战略层面的转型,是对企业存在的价值和角色的重新审视。

真正意义上的会员制,应该以"经营会员"为基准,会员自愿、主动地与企业保持长期关系;当会员感到不满意或有了更好的选择时,他们随时选择离开,这塑造了"每天都是创业第一天"的压力感。

互联网技术为顾客参与价值创造提供了技术支持,使顾客真正成为价值链的核心力量。市场力量不断向顾客(尤其是终端消费者)倾斜,这被称为消费者主权时代的到来。近年来,以"服务顾客"为中心的商业模式创新在各种行业蓬勃发展,零售业、金融业、软件业、制造业、服务业皆涌现出向"顾客代理"转型的趋势。

零售商:从产品销售到需求代理

根据产业链分工,零售商处于生产商与消费者的中间环节,生产商生产的产品经由零售商到达消费者。零售商作为中间环节,眼睛"向左"还是"向右"?这意味着不同的角色选择。

一是站在产品的角度,联合生产商,努力把产品卖给消费者,这个定位符合表象的产品流向而被广泛认可,在"渠道为王"时代表现出极强的组织优势。所以,传统零售业建构起从生产商到消费者的价值链传递:生产商制造出来的产品,通过销售员或代理商寻找合适的零售渠道,将产品卖给零售商以实现自我利益;零售商控制渠道资源,通过广告、促销吸引消费者来店并将产品销售给消费者,实现零售商利润。消费者是价值链的终点,每个环节在产品从上而下的流动中实现利益分配。由于每个环节都要获利,产品价格从生产商到消费者的过程中会层层加码,成本信息和支付意愿更是各环节的秘密,各环节之间的交易在讨价还价中不停地博弈。

图2—3显示的是传统零售业的运作逻辑:(1)生产商把产品卖给零售商;(2)零售商把产品卖给消费者;(3)消费者使用产品获得价值感;(4)生产商和零售商从产品销售中获利。由于分利方式的不同,生产商和零售商会产生不同的付费模式,比如生产商向零售商付销售代理费;零售商向生产商收取进场费(家乐福模式);或者双方向自收取产品价差(沃尔玛模式)。

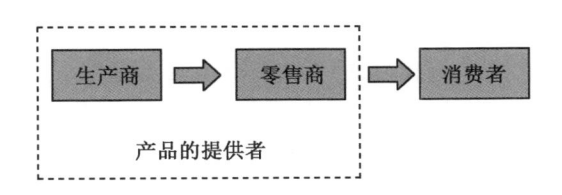

图2—3 传统零售业的思维模式

图2—4显示的是会员制零售的运作逻辑:(1)零售商洞察消费者需求;(2)为消费者选购满足需求的商品;(3)消费者使用服务和产品并获得价值;(4)生产商从产品中获利,零售商从服务中获利。

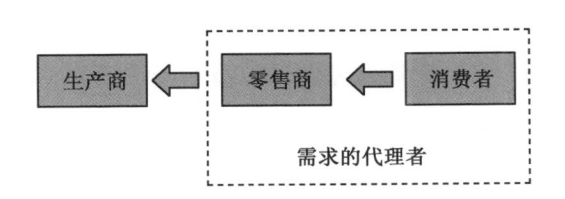

图2—4 会员制零售的思维模式

二是站在需求的角度,帮助消费者解决"购物"中的难题,根据消费者要求选择上游生产商并指导生产商的生产运营。价值增值来源于零售商对消费者的服务及对产品选择和生产效率的改良。这个价值创造逻辑隐藏在表象的产品链之后,与产品的流动方向相反,不易被觉察但正在逐步引起重视。率先从需求代理角度重构零售模式的开市客等,日趋显示出其竞争力而成为业内学习的对象。

开市客的定位：顾客的选品顾问

前文屡次提及的开市客，它究竟是一家怎样的公司？接下来看一下开市客的经营逻辑。

开市客成立于 1983 年，是当前付费会员制零售的典型代表，但它并非付费会员制的首创者。早在 1976 年，一位名叫索尔·普莱斯（Sol Price）的商人成立的普莱斯俱乐部（Price Club）可以说是最早的仓储会员店。开市客的创始人之一吉姆·塞内加尔（Jim Sinegal）曾供职于普莱斯俱乐部。他非常认同这种零售理念，在 1983 年与杰弗里·布罗特曼（Jeffrey Brotman）合伙在西雅图成立开市客仓储量贩店。

普遍观点认为：开市客是一家收取会员费的连锁会员制零售企业。开市客在公司官网上也是这么介绍自己的：连锁会员制仓储量贩店。具体拆解一下，开市客的零售行为有以下几种表现：

（1）会员制

从成立之初，开市客就向消费者收取少量会员费，只有会员才能入场购物。会员费采取年费制，2017 年普通会员卡（GoldStar Member）的会费从之前的 55 美元上涨到 60 美元。除了普遍会员卡，还有一张高级会员卡（Executive Member），年费为 120 美元，高级会员卡按照会员的年度消费金额，享有 2% 的返现。开市客的会员卡可以在任何时候全额退卡，哪怕本年度已经过去 10 个月。

（2）仓储制与大包装

进入开市客，能感受到像个大仓库，下层货架卖货，上层货架仓储，仓储配送一体化（30% 货品直接由生产厂商送至门店，70% 送至中心库）可以降低成本。开市客的许多产品采用大包装方式，以盒装或箱装形式售卖，比如食品、饮料、日用品，像批发一样整箱售卖。这种大包装在开市客进入中国市场时曾引起争议：中国消费者多为三口之家，大包装是否符合中国消费者需求？

（3）有限品类

开市客产品涵盖食品、家用电器、玩具、服装、日用百货、五金、轮胎甚至汽车等多个领域，可以说包括了"吃穿用行"各类商品。但 SKU 数量有限，每家店通常维持在 3 700—4 000 个 SKU，较之沃尔玛等大卖场要少很多。每个品类通常只有一到两个品牌供消费者选择,如果消费者在沃尔玛可以找到 40 种牙刷,但在开市客通常只有 2 种。

(4)货物严选

开市客的买手,需要对产品品质进行严格把握,而且力求做到"现金进,现金出"(cash in,cash out)。现金流入和流出很重要,而不是产品的销售利润。买手需要以"消费者"的心态,去选择其认为"好吃、好玩、好用"的物品。

(5)自有品牌

开市客有一个自有品牌 Kirkland,包罗日常所需的多个品类,如咖啡、坚果、服饰、保健、美容、五金…… Kirkland 产品只在开市客销售。根据开市客的 2024 财年数据,Kirkland 品牌实现约 560 亿美元的销售额(2018 年为 390 亿美元,保持了快速增长),占公司总收入的四分之一。"Kirkland 旨在吸引各类消费群体,这与其他零售商的一系列自有品牌不同。"[①]许多零售商的自有品牌针对的是顾客对品牌不敏感且销售量大的快消商品,自有品牌通常有较高的利润空间。Kirkland 是为了能给会员带来低价格的高质量产品。

(6)严控毛利

开市客严格控制公司的毛利水平,产品平均毛利大约在 10% 左右,单个商品的毛利率控制在 7%—14%。如果某商品的毛利率超过 14%,就要上报 CEO 审批。开市客毛利远低于一般零售企业,甚至比折扣卖场沃尔玛都要低。沃尔玛毛利率约 20%,开市客毛利率约为沃尔玛毛利率的一半,见图 2—5。

(7)"宽松"的退货制度

开市客的退货制度对消费者很宽松,退货流程也简单。各地的开市客实施无条件退换货制度,如果消费者不满意,凭借发票和商品,就可以全额退货退款(除了特殊商品有退货时间和退货限制)。

(8)附加服务

开市客为用户提供很多项附加服务,有眼镜验光、听力检查、加油站、租车服务、酒店预订、换轮胎、处方药等。开市客近年来将信用卡合作伙伴改为 VISA 卡和花旗银行信用卡,要求银行为开市客会员提供与银行信用卡用户同样

---

① Christopher Durham:《开市客自有品牌年销售 580 亿美元,为何如此成功?》,《中国商界杂志》,2022 年第 2 期。

058 | 会员战略

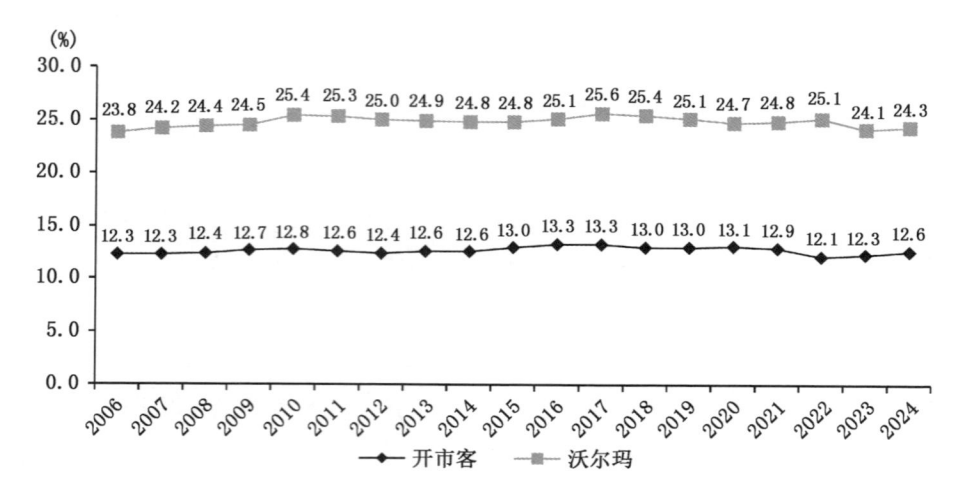

```
(%)
30.0
       23.8  24.2  24.4  24.5  25.4  25.3  25.0  24.9  24.8  24.8  25.1  25.6  25.4  25.1  24.7  24.8  25.1  24.1  24.3
25.0
20.0
15.0
       12.3  12.3  12.4  12.7  12.8  12.6  12.4  12.6  12.6  13.0  13.3  13.3  13.0  13.0  13.1  12.9  12.1  12.3  12.6
10.0
 5.0
 0.0
     2006 2007 2008 2009 2010 2011 2012 2013 2014 2015 2016 2017 2018 2019 2020 2021 2022 2023 2024
                           ◆ 开市客        ■ 沃尔玛
```

资料来源：同花顺数据库。

图 2-5　开市客与沃尔玛毛利率比较

的优惠和金融支持。

（9）运营治理

不打广告，重视提高周转率，稳定员工队伍，注重供应商管理。这一点与沃尔玛类似，相关运营管理内容将在后文解释。

表面上看，除了收会员费、大包装、有限品类等方面，开市客与传统的零售商似乎没有太大区别。一般的零售卖场也强调严格选品，也有自有品牌，也制定了相应的退货制度，也重视运营治理和客户服务。

但在企业的角色和价值观方面，开市客与传统零售商有些不同。

开市客的两位创始人坚称：自己不是商超也不是简单的中介（像房地产中介那样撮合卖家买家），而是希望开市客真正像客户商品顾问一样提供更高的价值。

从选品顾问的角度，重新审视开市客的行为机理，其自有品牌、附加服务、毛利控制等行为就被赋予了不同的意义。

第一，对顾客需求的深层把握。大多数零售企业仍习惯于传统的商品交易而忽略服务价值，也有一些企业开始重视与商品履约相关的服务价值（如退货、售后服务），但尚未关注更深层的决策难题。在传统零售企业购物，面对一排排货架和海量信息，消费者需要自行判断产品优劣，经常发生被诱骗和误导的购物。消费者需要"一双慧眼"，才能辨璞识玉。从这个意义来看，会员费是否可以视为帮助顾客选品的"顾问费"？

第二，对零售业"盈利方式"的改变。传统零售企业着眼于经营产品，销售价差是重要的收入来源，零售企业在进货时自然更重视高毛利产品，而非对顾客最有利的产品。这也是许多企业虽号称以顾客为中心却很难落地的原因。开市客严控毛利上限，而传统零售企业通常严控毛利下限。开市客将自己的"顾客选品服务"单独定价，以顾客付费的方式直接彰显出来，不再隐藏在产品/服务的背后。开市客每年实现的净利润额基本等同于其会员费总额（见表2－2），每年销售的大量商品并不能为开市客带来利润。开市客每年的利润＝付费会员人数×会员费，要保证利润就要保证会员第二年能够留存续费，经营会员与企业的生存发展息息相关。由此，开市客必须将顾客满意作为重心：只有顾客满意，他们才愿意支付会员费。

表2－2　　开市客2017—2023年利润与会员费、付费会员人员　　单位：百万美元

年份	2017	2018	2019	2020	2021	2022	2023
产品销售额	126 172	138 434	149 351	163 220	192 052	222 730	237 710
会员费	2 853	3 142	3 352	3 541	3 877	4 224	4 580
营业利润	4 111	4 480	4 737	5 435	6 708	7 793	8 114
净利润	2 679	3 134	3 659	4 002	5 007	5 844	6 292
付费会员人数(万)	4 940	5 160	5 390	5 810	6 170	6 580	7 100

资料来源：开市客年报。

第三，对零售业"游戏规则"的改变。传统零售模式下，进货成本是零售企业的商业秘密，零售企业需要猜测消费者的支付意愿，尽可能高价销售产品从而获取更高的利润。受此游戏规则的影响，消费者的不信任感在所难免，总担心自己被商家的伎俩算计。开市客的利润与产品销售无关，进货成本不再是秘密，进货成本加10%左右的运营成本，就是商品的销售价格，所以开市客需要严控运营效率和运营成本，目的不是为了扩大利润，是为了让售价更低。从开市客财报来看，开市客的营运费用率大约10%，这在同行中比较低，见图2－6。

附加服务、自有品牌对开市客同样不贡献利润,遵循平价进平价出的原则,更多的增值服务和自有品牌,相当于给会员提供了更多的"福利",让会员付出的60美元会员费显得更值了。

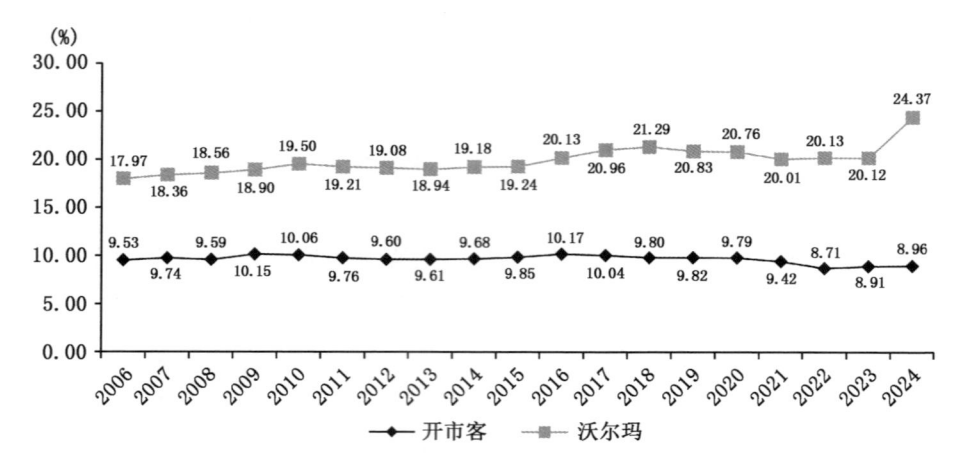

图2-6 开市客和沃尔玛的营运费用率(销售、行政与管理费用/总收入)

从这个意义上,我们似乎不应该把开市客视为单纯的零售商,它重新定义了自己的角色:以一个选品顾问的身份,帮助顾客解决"纷繁复杂"产品的选择难题。每个企业的经营策略将围绕企业角色定位而展开。亚马逊的贝索斯也强调:"我们不是通过卖东西赚钱,而是通过帮助消费者做出更好的购买决策而赚钱。"沃尔玛的定位与其他企业有所不同:"我们除了优质的产品和服务之外,必须帮顾客省钱。"前两者强调的是选品服务,而沃尔玛强调的是低价。

开市客的服务吸引了大批忠实用户,他们用续约率和购买力来表达对开市客的支持。截至2024年,开市客付费会员人数达7 740万人(总会员1.3亿人),全球会员续费率为90.5%,在美国和加拿大的会员续费率为92.9%,单店的平均净收入高达2.9亿美元。

小结:会员制模式与传统商业行为的一个最大不同在于它带来了一种全新的代理关系。会员制企业主动选择转换身份,从售卖产品转向成为顾客的产品选择顾问,帮顾客解决深层的选择难题。这意味着承担不同的责任;作为产品的提供者,企业只是为产品品质负责;作为顾客的需求代理人,要为顾客价值负责。

保险业：从保险代理人到保险经纪人

保险是一个古老的行业，源起于西方的航海时代。

由于航海风险太高，大量海陆贸易商人及船主需要找一些有经济能力的个体（后来成立了保险公司）担当他们远航出海的承保人。但是个体的经济能力有限，不足以为一次出海承担所有责任，这就需要找到足够的承保人，于是在承保人和投保人之间慢慢出现了一个中介群体，这些中介人有一定的保险知识并且了解航海风险，努力帮助航海船寻找足够的承保人，这就是早期的保险经纪人，据说早在 1575 年就出现了。

伴随着保险市场逐步壮大，越来越多的保险公司成立，另一类保险中介——保险代理人也开始出现并逐步壮大起来。1792 年一家名叫威斯敏斯特的保险公司为了拓展伦敦周围郊区的客户群体（当时交通不便，郊区客户到市中心成本高，员工也不可能到郊区去推销），开创了新的保险代理人模式，雇用一些来自郊区的人（如银行家、商人、律师等）作为公司的保险代理人，向郊区客户推销本公司的保险。

保险代理人和保险经纪人虽然都开展保险销售和服务活动，在保险公司和保户之间承担交易的链接者，但两者的角色和立场完全不同。

保险经纪人基于投保人的利益，为投保人和保险公司订立保险合同提供中介服务并依法收取佣金，而保险代理人则是根据保险公司的委托授权，代理保险公司经营保险业务并收取代理费用。

保险代理人的运作逻辑是：(1)代理人代理保险公司，把保险产品卖给投保人；(2)投保人在享用保险中获得价值感；(3)代理人从保险公司处获取销售佣金。

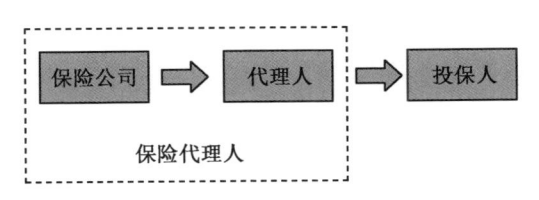

图 2—7　保险代理人的模式

保险经纪人的运作逻辑是：(1)经纪人代理投保人需求,帮助投保人选择保险产品；(2)投保人在使用产品中获得价值；(3)经纪人从投保人处获取服务佣金。

保险公司 ← 经纪人 ← 投保人
保险经纪人

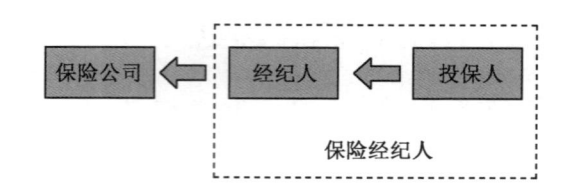

图 2—8　会员制零售的思维模式

表 2—3　　　　　　　　　　保险代理人与保险经纪人

公司	保险代理人	保险经纪人
服务对象	保险公司	投保人
代表利益	保险公司的利益；保险代理人与保险公司是代理与被代理关系	投保人的利益；投保人与保险经纪人是委托与受托关系
提供的服务	代理保险公司销售保险产品,收取保费；代理相关保险业务的损失勘查和理赔	为投保人提供风险评估/管理咨询；为投保人拟定投保文件,办理投保手续；为被保险人或受益人代办检验、索赔
承担责任	被代理保险公司仅对保险代理人在授权范围内的行为后果负责	如果因为保险经纪人的过错造成客户的损失,保险经纪人对客户承担相应的经济赔偿责任

从发达国家的保险市场趋势来看,随着保险市场趋于成熟,保险经纪人的比重不断提高,保险代理人则呈现缩减趋势。LIMRA 2017 年报告显示[①]：美国保险代理人与保险经纪人在 2007 年差不多各占 50%,2016 年保险经纪人的比重上升至 68%,代理人比重仅为 32%；根据加拿大 2017 年的寿险保费分布来看,保险经纪人的业务占 72%,寿险公司的专属代理占 28%。

在中国保险市场,1992 年友邦保险公司在上海成立,也带来了保险代理人制度,随后伴随保险业务的快速发展,保险代理人队伍也迎来大规模扩张。在 2019 年高峰时,中国保险公司在保险中介监管信息系统登记的代理制销售人员

---

① LIMRA：Canadian individual life insurance sale,2017 Annual,https://www.limra.com/en/research/research-abstracts-public/2017/2017-insurance-barometer-study.

有912万，但是最近两年人数呈现逐年下降趋势，2023年末缩减至281.34万人，减少630.7万人，减幅达69.2%。

相比之下，我国保险经纪人数量要少得多。虽然早在1998年中国人民银行就颁布了《保险经纪人管理规定（试行）》，但到2005年保险经纪人的业务占比不足2%。根据《中国保险年鉴2024》，2023年中国有保险经纪公司496家，保险经纪人占整个行业从业人员约6%。

尽管保险经纪人的比重较低，但不同的是，相对于大幅下降的保险代理人，保险经纪人呈现了缓慢增长趋势。市场上出现了一个有趣的现象，一些保险代理人正在考虑是否转型去做保险经纪人，也就是要从帮助保险公司销售保险产品，转向帮客户选购保险。一些保险公司的人才招募也从产品营销员向业务"多面手"转移，如平安人寿开发的保险康养顾问品牌，强调金融顾问＋养老管家＋家庭医生三个服务方向，加强代理人的技能培训和专业素养迭代。

保险经纪人能否真正为投保人服务，与其利润来源有很大关系。各国的佣金收取方式略有不同，比如英国经纪人的佣金率由保险公司和经纪人协商确定，如果投保人要求获悉佣金金额，保险经纪人应及时向投保人披露。在美国，保险经纪人佣金根据不同险种制定不同比例的佣金，一般按保险比例或赔付率支付利润分享佣金。我国保险经纪人的佣金收入与服务内容相关联，如果经纪公司应投保人要求代为办理投保手续或为被保险人办理索赔等手续，则从保险公司处收取佣金；如果向投保人、被保险人等客户提供风险评估及风险管理咨询服务，则由客户支付咨询费。

总体来看，经纪人的收入主要来自保险公司，客户支付的服务费占比不高，这不免让人产生怀疑，经纪人会不会也如保险代理人那样更愿意向顾客推荐高佣金的保险产品？佣金制度的透明化或许有一定的约束力，投保人清楚地知悉经纪人在合约中的收益来源，这使得经纪人在推荐产品时要更多考虑投保人的利益而非佣金率。

证券业：从产品代销到投顾业务

证券市场上同样存在着产品代销（卖方代理）和投顾业务（买方代理）两种模式：前者帮助证券发行人、基金管理人、债券发行人等销售产品，后者帮助投资人进行股票、基金、债券等产品的选择。

我国公募基金发展的 20 多年间一直采取"基金代销"模式。随着基金产品的增多，投资者在众多产品中挑选最合适产品的难度逐渐加大。2019 年，证监会发布了《关于做好公开募集证券投资基金投资顾问业务试点工作的通知》[①]，投顾业务模式开始起步。具有相关资质的投资顾问机构可以接受客户委托并在客户授权的范围内，按照协议约定为客户做出投资基金的品种、数量和买卖时机的选择，并且代替客户进行基金产品申购、赎回、转换等交易申请。从 2019 年的 5 家试点机构，到 2024 年已经有包括基金公司、券商、第三方投顾平台和银行在内的 60 家机构获得试点资格。

借鉴美国投顾业务的发展趋势，也曾经历从"产品代销"向"买方代理"的变迁。在 20 世纪 80 年代之前，美国居民资产配置的重要组成部分是银行存款和支付确定的 DB 型（Defined Benefit 固定收益）养老金等，卖方代销占主导地位，投顾服务的价值尚未凸显。20 世纪 80—90 年代，伴随着众多收益不确定、自负盈亏的基金产品的出现，居民需要面对更复杂的投资决策，大部分自身不具备专业知识储备的居民会选择向投资顾问咨询投资建议，对专业咨询服务的需求旺盛。目前，选择投资顾问进行基金投资是美国投资者的主流。根据 ICI 在 2018 年的数据，78% 的投资者会选择投资顾问来进行基金投资，其中 40% 的投资者仅通过投资顾问进行基金投资，仅有 14% 的投资者通过直销渠道投资基金。

在美国基金投顾法规体系中，"信义义务"是投顾业务的核心。美国 1940 年颁布了《投资顾问法》，其中第 206 条规定：禁止对重大事实的错误陈述或误导性遗漏以及与开展投资咨询业务有关的其他欺诈行为和做法。法规规定投顾不仅要按照客户投资目标，提供最符合其利益的投资建议，还要对客户绝对"忠实"，要消除并且披露一切可能影响投顾投资建议的利益冲突。比如，投顾机构在本该可以为客户购买低费用的基金份额时却购买了高费用基金份额的，就有可能被处以高额的罚款。

---

① 2019 年 10 月 25 日，证监会发布《关于做好公开募集证券投资基金投资顾问业务试点工作的通知》，有五家公司获得首批试点资格：华夏基金全资子公司上海华夏财富投资管理有限公司、嘉实基金全资子公司嘉实财富管理有限公司、中欧基金旗下销售公司中欧钱滚滚基金销售有限公司、南方基金和易方达基金。

与卖方代理模式获取销售佣金（申购费和客户维护费）的方式不同，在投顾业务模式中，客户支付的投资顾问服务费是基金投顾机构的收入来源。这就要求基金投顾必须真正立足全市场选好基金，力争为客户创造持续稳定的回报。同时，按照客户的资产管理规模来收取投顾费用，这使得投顾机构跟投资者的利益紧密联系在了一起，只有赢得客户信任并提供了良好的投资体验，才能促进资产管理规模的扩张[①]。

二手房交易：卖方中介与买方中介

二手房市场存在较强的信息不对称，需要专业的房产中介协助开展交易。

海外一些国家的二手房交易市场采取"单边代理"模式，市场上存在两种中介：卖方中介和买方中介。卖方中介服务于房屋的出售方，帮助房东寻找买主，代表房东与买方谈判协商；而买方中介则服务于买家，帮助寻找房源，勘探房情并谈判价格等。买卖双方各有自己的经纪人，与受托中介形成单边委托关系，双方中介"各为其主"。

我国多年来一直采取双边代理模式，买卖双方委托的是同一家中介机构，更多时候是同一名中介。房产中介为双边服务，也可以说不为任何一方负责，很容易为了促成交易而两边忽悠，甚至利用掌握的不对称信息谋利。二手房市场交易过程中曾出现各种各样的问题：中介和卖家联合起来抬高房价（尤其是在供小于求、房屋抢手的情况下），让买方处于弱势地位；还有中介吃差价，侵害买卖双方利益。2021年深圳尝试推行"单边代理"模式，尝试改变中介行业的游戏规则，更好地保护买卖双方的利益。

面对房产市场信息的不对称性，迫切需要掌握信息的专业性中介公司协助买卖双方寻找房源、促成谈判并顺利完成交易。当二手房交易为供不应求的卖方市场时，卖方中介的谈判地位更加强势；但随着房产市场下行，越来越多的二手房入市，市场逐步趋向供求平衡甚至供大于求，买方中介的力量将不断增强。

链家的探索

链家创立于2001年，正是房产中介业的草莽阶段，企业众多，良莠不齐。

[①] 肖雯著：《理解买方投顾体系》，《北大金融评论》2022年第11期。

创始人左晖认为,这个行业的乱象并非小修小补能解决,而需要一场彻底的变革。链家自2008年开始建设楼盘字典,搭建一个房源数据库;2011年提出"真房源"行动,以"真实存在、真实价格、真实在售、真实图片"践行链家的经营理念。推行初期遭遇过房源量下滑和一线经纪人的抵触,但很快就迎来了流量的回升,并且强化了链家品牌。真房源不仅仅改变了链家的成交效率和客户体验,还对整个房产经纪行业产生了深远影响。

2018年成立贝壳找房,左晖在其公开课上强调,要从"成交为王"进化为"消费者至上"[①]。片面的"成交为王"是打着满足消费者利益的幌子,满足企业获利的目的;而消费者需要真实、准确、丰富、及时的信息,需要专业、诚实、努力、友善的经纪人,需要可体验、可评价、可衡量的服务标准。经纪人除了确定可以交易的房屋和可以允诺的交易条件,更要披露不能交易的房屋、不能承诺的交易条件以及交易中的风险。

链家强调要回归消费者需求。在改善房产中介服务的同时,链家的线下门店悄然变脸,比如增加简易书架和长桌搭建的阅读区;员工办公电脑被藏在门店里侧,更大的空间让步给客户;店里提供充电、饮水、雨伞、打印、咨询等便民服务。上海淮海中路的一家门店还增加了健身房和瑜伽室,免费对居民开放。北京的一些门店开始试推社区便利店服务。

2025年7月,上海链家正式推行"房客分离"服务模式。链家经纪人必须在"房源维护"和"客源服务"中二选一,这一调整被视为国内大型中介机构向"单边代理"转型的尝试。

"客户至上"初心的坚守是一个长期工程,需要激励制度和组织文化的保障。佣金支付方式会在很大程度上影响中介能否认真履责。

国外二手房产交易过程中,佣金一般采用卖方支付方式(即获利方支付),但是按照固定比例分配给双方中介并且信息是透明的。也就是说,中介费看似由卖方给付,实际上是从买方支付的购房款中扣除,买方了解买方中介从交易中获得的佣金额。信息对称性可在一定程度上约束所有参与者的行为。

---

① 左晖:《贝壳的七面旗帜》,https://baijiahao.baidu.com/s?id=1616919935827049265&wfr=spider&for=pc。

教育业：从"教为中心"到"学为中心"

教育应该以谁为中心？

19世纪德国哲学家约翰·弗里德里希·赫尔巴特在1806年出版了《普通教育学》，标志着教育学作为一门规范、独立的学科正式诞生。赫尔巴特提出了教育的三中心——教师中心、教材中心和课堂中心，这一思想对现代教育产生了深刻而又广泛的影响。

美国哲学家约翰·杜威在1916年出版了《民主主义与教育》，再提"教育是什么"这个命题，认为"教育即生活，教育即生长"，提出了教育应该以儿童、经验和活动为中心，由此形成了新的三中心论——学生、学习和效果。这一观点强调了学生在教育过程中的主体性，教育的任务是发现各人的特长并帮助他们发展其特长。

教师的"传道、授业、解惑"功能固然重要，但俗语说："师傅领进门，修行在个人。"叶圣陶先生也说过："教是为了不教。"要培养的是学生的自主学习、自我成长。

互联网、信息技术、人工智能等技术手段的普及，给知识/信息的获取提供了更丰富多元的通道。ChatGPT、Deepseek等大语言模型的迭代，进一步改变了人类获取知识的方式。教育也在不断的变革中反思：教什么？怎么教？还是让学生"学什么""怎么学"？

李希贵校长在其著作《面向个体的教育》中，聚焦于如何真正实现以学生个体为中心的教育，强调因材施教、关注每个学生的独特性；强调"教育不是注满一桶水，而是点燃一把火"。根据学生的特点和兴趣，为学生提供个性化的教育服务，帮助学生实现自己的梦想和目标。他在高密一中和北京十一中学任教时，围绕"学为中心"，从课程设置、教学方法、评价体系、校园文化等多维度推行了一系列举措，比如：给予学生更多的自主权，设置学生的自治组织，参与学校管理事务；鼓励学生开展项目学习，学校和教师则提供丰富的学习资源和指导。

美国高科技高中(High Tech High,简称HTH)[①]

HTH创办于2000年,位于美国加州的圣地亚哥,以其创新的教育模式和STEM教育的卓越成就,成为教育改革的先锋。一部名为《极有可能成功》的纪录片详细介绍了这所学校所采用的"项目制学习"(PBL)。

HTH强调跨学科学习,采用项目方式实现无边界的学科整合。项目内容与真实生活紧密结合,鼓励学生更多关注现实,着手将知识应用于当下存在的问题。学校实行有教无类的政策,确保每个学生都能在平等的环境中学习和成长。在HTH,学生是绝对的中心,教师在整个过程中承担支持者和引导者的角色。教师设计的课堂模式就是为学生提供丰富的机会和挑战,激励他们积极学习,分享观点,并共同构建知识体系。在课堂上,没有老师参与,课堂的座次、发言顺序和课堂节奏全部由学生自己来完成。

HTH代表了美国教育改革的一次新尝试,旨在培养科技领域的未来领导者。学校不遵循加州的标准化课程,不以考试为中心进行教学。学生不依赖传统的教科书,没有固定的上下课时间,学生每天都在参与自己选择的项目,在真实的世界中探索问题解决方案并创造自己的成果。

可汗学院

可汗学院是由孟加拉裔美国人萨尔曼·可汗创立的一家教育性非营利组织,利用在线视频进行免费授课,目前制作了数学、历史、金融、物理、化学、生物、天文学等科目的教学影片超过3 500多部,还在不断扩展中。

可汗网站的视频中没有主讲人,只有一块写字板,上面有一堆文字、数字、公式等,偶尔配上一些颜色鲜艳的线条。在网站学习的人,更像在自学。可汗说:"我选择这种形式,是希望能更好地带领观众跟着我一点一点地思考。"网站还开发了练习系统,记录了学习者对每一个问题的完整练习记录。教学者参考这些记录,可以很容易得知学习者哪些观念不懂,从而随时进行调整。

根据YouTube网站的统计,可汗的课程非常受欢迎。2012年以来,可汗学

[①] 京领新国际:《项目制学习的先驱,这所学校如何成就创新典范》,https://mp.weixin.qq.com/s?__biz=MzI1MjEyOTI3MQ==&mid=2660267102&idx=1&sn=4e4a9ec31713348b2c03c6a2783309cc&chksm=f3c5fc3f713a34e0e1f71ebf47e704c28e13cc54cd30571c8515960feb41d1d6e97b256d3c6f&scene=27。

院的课程被许多公立学校采用，成为正式课程的一部分。比如富兰克林小学自 2012 年开始在六年级、七年级和八年级的数学课上使用可汗的课程。老师们觉得它能帮助更好地评估学生能力，聚焦于学生最需要帮助的地方。纽约 Minola 学区的中小学生在 iPad 上观看可汗学院的视频，玩与数学相关的游戏。学生从老师那里得到学习目标，达到目标后能以自己的步调进入新目标。这对那些在数学方面需要帮助的学生和想要提前学习的学生来说都很有帮助。

"我希望我所成立的是一个独立的虚拟学校，所有人只要想学习，就可以来到这个平台，从最基本的东西开始，不断前进。他们可以在这里得到反馈、评价和训练。学生可以按照自己的步调学习，而老师更像是教练。"[1]这是创始人可汗对可汗学院的定位。

早在 2012 年，MOOC（幕课）这种在线学习方式就开始大规模流行起来，edX、Coursera 和 Udacity 等 MOOC 平台相继成立。我国的高等教育课程资源共享平台"爱课程"网站于 2011 年开通，相继推出中国大学视频公开课、中国大学资源共享课和中国大学 MOOC，涵盖近万门课程，全国 700 多所高校参与课程建设。

在线课程为学习者提供了新的知识获取通道，但依然更多地承担了"教"的职能，如何实现更有效的"学"？如何根据学习需求组合知识、对遇到的问题反馈调整，对学习效果进行评价？这需要以"学为中心"进行授课内容和学习体系的重新建构。日趋丰富的在线知识库以及 ChatGPT、Deepseek 等通用大模型的出现，为学习打开了一种新通道，知识的获取将变得简便快捷，将推动教育方式进一步向"学"倾斜。

保险行业、投顾业务或房屋中介企业中代理人/经纪人角色的变迁，看上去是政策推动的结果，实际上是市场竞争的趋势使然。随着保险产品、基金产品的纷繁复杂及房屋交易中的信息困境，选择就成为难题，利用专业知识帮助客户做选择会变得更有价值。随着越来越多的行业市场趋于供大于求，尤其是顾客对服务价值的认可，企业将不得不转换身份，从产品代理转向顾客代理，从经营产品转向经营顾客。教育的"学为中心"模式在现实中一直存在，面对 AI 的快

---

[1] 萨尔曼·可汗：《可汗学院的成长故事》，TED 演讲 2011 年 3 月。

速进步，这个议题变得更加迫切。

小结：角色定位是底层逻辑，角色的重新定位会推动企业发生根本性转变。企业能否真正"以会员为中心"，首先取决于企业将如何定义其角色，真正的会员制企业从顾客立场重构商业模式，顾客价值提升成为企业努力的目标，企业价值只是顾客价值实现的自然结果。其次，"顾客至上"不仅仅是价值观，更重要的是围绕顾客需求本质进行产品设计和组织构建，用激励制度保证自己坚决地站在顾客一端，帮助顾客解决问题。

经营会员：做顾客的代理人

与大规模的生产组织相比，个体消费者的力量是单薄的。然而滴水成河、聚沙成塔，尤其当许多产业/产品进入供大于求的存量市场时，谁能够把个体消费者聚合起来，谁将拥有强大的市场力量。

互联网技术为顾客力量的聚合提供了技术支持。20年前大批在线零售、搜索或社交类互联网企业的快速崛起，正是得益于它们对"顾客的聚合"。谷歌、亚马逊、阿里、腾讯等通过聚合全球消费者，激发"网络效应"，不断扩大规模。近年来移动互联的发展催生了团购类网站、生活服务类平台、短视频媒体等不断涌现，它们同样是通过聚合消费者，渗透进入各个传统商业版图。

网红播主、KOL（意见领袖）、影视明星或企业家等也在利用个人魅力聚合用户，每次带货直播有上百万人观看，带货能力超强。比如李佳琦2021年双11预售首日的成交额高达115.39亿元[①]，2022年"6·18"一日带货的销售额也有2个多亿；罗永浩的首次直播也达到了1.1亿元的销售额；董明珠2020年带货一年，也给格力带来了476.2亿元的销售额。

然而，他们是站在生产者一端，帮助厂商卖货，还是站在消费者一端，帮助消费者提高价值？这个价值主张的定位将决定公司的模式和未来方向。

---

① 数据来源：国金证券研究所。

李佳琦在 2021 年双 11 期间，因为一款面膜价格与欧莱雅发生争执，为此暂停与欧莱雅的合作并且向消费者做出承诺，抗议欧莱雅给粉丝的优惠不够，对"2021 年 10 月 20 日在直播间购买巴黎欧莱雅安瓶面膜的消费者给出相应的补偿方案"。保证其直播间顾客也能享受同等的低价优惠，为顾客争取了权益。欧莱雅事件传递了一个信号——李佳琦会帮助其直播间消费者，跟品牌商争取更大的权利。

从顾客的聚合者到顾客的管理者，再到顾客代理人，是会员制不断进化的过程。会员制并非简单的顾客力量的聚合，更重要的是把消费者力量真正组织起来，承担起代理会员需求、帮助会员解决问题、提高会员价值的职能（见图 2—9）。

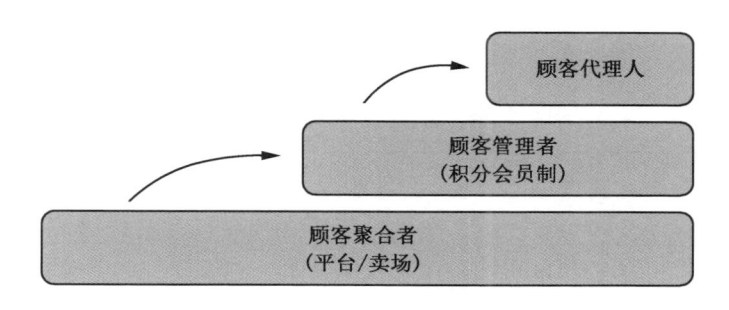

图 2—9　会员制的进阶

早年间，通过聚合顾客发展起来的互联网企业，比如阿里、京东、Groupon 等，虽然也重视顾客价值，但更显著地承担了新型"渠道平台"的功能，以"低价"推动了产品线上化的大规模销售。然而，"因利聚合"的顾客如果不能有效地组织起来，就像一群"随机游走的鱼"。每当出现新的流量入口，企业就会烧钱补贴、抢流量、抢客群时，顾客也会逐价而游，涌向新入口。

随着流量红利逐渐消失，市场竞争进入存量时代。互联网企业日趋加强了对存量用户的组织和管理：建立数据分析平台，利用大数据对顾客群进行更深入的颗粒化画像；建立不同顾客的分类管理制度，加强对顾客的挖掘，识别潜在的价值空间。

然而，如果只是通过对顾客的组织来谋取分类管理的价值，这跟以顾客为中心的会员制还有很大距离。会员制企业更希望做顾客的代理人，真正将顾客视为服务主体，将顾客价值视为首要任务，在提升顾客价值中实现企业价值。

亚马逊自2005年开始了Prime会员的建设,京东大会员、阿里的88VIP都在探索付费会员制,并且为会员制投入大量资本。阿里88VIP业务负责人路微曾说:"这是一个不会盈利的项目,而且完全不是出于财务角度考虑。""基本上做会员的企业都要补贴很多钱。88VIP业务也给予会员巨大的投入,而且这些投入的规模会逐年增长,以获得更好的用户口碑。"互联网企业的会员制是否会从组织者走向代理人,不同的企业将有不同的答案,我们会继续观察。

除了这些典型的大企业,李佳琦等大大小小的直播播主,抖音、快手上不断增生的带货播主,以及各种类型的KOL们,都面临自身定位与角色选择问题:选择做一个产品代言人,有可能推动产品的销售或产品品牌的推广;选择做一个顾客的代理人,就需要站在顾客一边,为顾客利益去选择商品、去跟供应方博弈(见表2—4)。

表2—4　　　　　　　　聚合者、管理者与代理人

角色	顾客的聚合者	顾客的管理者	顾客的代理人
企业与顾客的关系	松散	有组织/体系化	一体/共同体
顾客规模	可大可小	可大可小	有限
持久性	不确定	按类型不等	相对持久
顾客参与性	随机	持续交易	主动参与
企业核心资源	稳定性和规模	产品力、组织力	产品力、公信力
价值实现	规模价值	顾客分类价值	复合价值
典型形式	平台、商场、展会	积分会员制	会员至上理念的付费会员制

何帆在《变量4:大国的腾挪》中讲述了一个农村青年贾胖子的故事,描述了移动互联网、直播对农村带来的影响,而更有意义的是贾胖子在这个过程中的角色转向。

贾胖子[①]:我选择站在农民的立场

贾胖子本名贾占峰,吉林四平人,贾胖子是他在快手上的注册名。贾胖子从事玉米收粮业务15年,旺季的时候每天能收一百万斤玉米,家里还有100亩

---

① 何帆著:《变量4:大国的腾挪》,新星出版社2022年版。

地,无论是种植玉米还是应对玉米行情变化都有丰富的经验。面对农民对玉米种植和销售中的难题,贾胖子想把自己的经验教给他们。

"这么多年的收粮经验和田间管理技术,一个个去教速度太慢了,东北农村刷快手现象很普遍,做一场直播能让几万人甚至几十万人看到。"从2019年12月24日开始,贾胖子每天都会在快手直播,免费传授种玉米、保存玉米以及卖玉米的一整套技巧,包括如何驱虫防害甚至施肥的半径都解释得清清楚楚,慢慢地吸引了60多万的农民粉丝。贾胖子会分析玉米价格趋势,传播一手的粮食收购价格信息,帮助农户卖个好价格。当有农户问能不能直接把玉米卖给贾胖子时,可省却传统中间商的分利,贾胖子开始直接从农户手里收粮,帮助农户更快捷地卖粮。由此,贾胖子从一个传统的粮贩子,变成了一个帮助农民种粮、卖粮的代理人。

除此之外,贾胖子逐步向农民提供更多的服务,如帮助农民选择农用设备、农用耗材等。贾胖子前往甘肃知名育种基地,让玉米种子、化肥等优质农资能直接面向农户。贾胖子还在快手开启直播,带货镰刀、手套等农用品。一场直播下来,有30万人次点击观看,1 000多人下单[1]。

"我原本是一个商人,现在选择站在农民的立场上",这是贾胖子对自己的角色定位。

做顾客的代理人——这是许多企业给自己的定位。但是,顾客愿不愿意"被代理"?会不会是企业一厢情愿的游戏?

罗振宇在启发俱乐部中曾分享过自己作为消费者的感受,源自一个"泉水柑"带来的启发。

泉水柑背后的顾客需求[2]

前两天我回家,就吃到了我老婆买的一种叫"泉水柑"的水果,非常好吃。皮儿薄,好剥,汁水丰富,口味也正。我问,这是哪儿来的?我老婆说,是小区业主群里组织的团购。再一打听,这是湖北钟祥市的一种特产。

---

[1] 何帆著:《变量4:大国的腾挪》,新星出版社2022年版。
[2] 罗振宇:《消费者会成为上帝吗》,得到App启发俱乐部。

我知道，小区业主群里爱干这种事的业主有好几个，他们总能打听到稀奇古怪的好东西。每次听他们的话买了东西，都没有错。当然，群里面也有一两个专门的水果商人。请注意，他们不是开水果店的。他们没有店面，就是一个摊点，天天跑各种批发市场，为这个小区的业主选货、谈价，组织团购，然后批发来给各家送货。他挣多少钱，几乎是明面上的。虽然业主都知道他并不是邻居，但是因为需要这样的服务者，所以，他们在群里面也就待下去了。

那么请问，他们和水果摊贩有什么区别吗？有。我不仅把组织货源、谈判价格、物流送货的责任给他了，我还给了他一项特别的任务：探索新世界。你想，在这个初冬的北方，我有什么需求？我其实是不知道的。这样的消费组织者给我推荐了泉水柑，这是帮我探索了新的世界。但是，如果他给我推荐的是一种很好吃的柿子、梨，或者压根就不是水果，而是很好的螃蟹、水产，我也很欢迎啊。我只是因为家里有小孩，我希望她能吃到新奇的好东西。

如果他是一个专业的水果渠道商，那他就不能很好地承担起这个使命。他只会给我推销水果，而我需要的是一个四季新奇食品的探索者。如果他获得了我充分的信任，他推荐电子产品，我也不会拒绝啊。我清楚地知道，他们是坐在我这一头儿的，这非常重要。

也就是说，如果企业真心为顾客着想，承担起为顾客解决问题的功能，顾客是愿意被代理的。

站在顾客（会员）这一边，帮助顾客去探索商业世界，寻找产品，甄选供应商，讨价还价，尽可能给顾客提供不同类型的好产品；这个价值共创的空间很大，不仅增加了顾客价值，也会给企业带来全新的生意空间。前面提到的贾胖子，现在他的直播间已不仅仅为农民普及信息，还吸引了许多玉米收购者。比如一位自称付哥的粮商提到，贾胖子直播间为他提供了丰富的货源和销售渠道，他再也不用担心收不到粮或收来的玉米没有销路了，需要承担的风险显著下降。贾胖子的直播间逐步具有孵化平台的功能：有人在这里学技术种粮食，有人在这里收购产品进行深加工，有人在这里提供农辅用具。

前文提到的开市客，除了给会员提供日用百货等领域的商品，还拓展了旅游、租车、加油、眼镜、体检等一系列服务，后文还会详细分析开市客的生态。以房屋中介起家的链家（贝壳）还进入长租房、装修、搬家、保安、房产开发等领域。

作为代理人的会员制企业，正在有意无意地扩大他们的代理服务版图，这引发了对企业边界的深度反思；许多企业正在跨越传统的产业边界或能力边界，成为"无边界企业"。

小结：不论是传统企业或新兴互联网企业，要实现由经营产品转向经营会员，企业在商业体系的角色与身份将发生根本性变化。企业的业务从表象看没有变化，但在本质属性上将完全变了。当服务顾客成为企业的核心诉求，企业的业务活动和产品选择都将围绕顾客需求而展开，这才是会员战略的核心。会员制模式所带来的并不仅仅是"聚焦会员"，而是围绕会员开展的模式重构。

利益基石：赚会员满意的钱

"以会员为中心""全心全意为顾客服务""为消费者代言"，这种宣言在当前的企业界很普遍，大多数公司都在倡导这一理念，在实践中却很难一以贯之。许多企业在创业和成长初期坚守信念，壮大后反而不能坚守初心。究其原因，其利益基石决定了"你真的以会员为中心吗？"

2023年9月，曾经为顾客争取低价而不惜宣战品牌商的李佳琦因为"79元眉笔"事件，引发粉丝们的不满并触动全网讨伐。起因是直播间一位消费者认为79元钱的眉笔有点贵，李佳琦反应强烈，反问"79元的定价哪里贵了"，进而要求粉丝反思自己，"是不是这几年工资没涨，是不是自己工作不够努力"。这让曾经拥趸他的消费者倍感失落。

在市场话权语转向消费者的时代，李佳琦曾坚决站在消费者这边，承担买方代理人的角色，共情粉丝心态，帮粉丝谋益，为此不惜与欧莱雅等大品牌硬杠；也曾贴心地提醒粉丝，要理性购买，不要冲动，甚至要求14岁女孩退出直播间，不要乱花父母的钱。这些行为深深打动了消费者，让上千万的大众消费者将李佳琦视为自己人。一贯站在粉丝这边的李佳琦怎么就转换阵营，转到商家那端了呢？这让粉丝们接受不了，"屠龙少年终成恶龙"的事故最令人伤心。

对李佳琦事件的解读非常多。许多人认为"李佳琦飘了"、"收入提高后无法体谅普通消费者心态"（在2021年度中国网络播主年度净收入百强榜中，李佳琦以18.55亿元的收入高居第一）；也有人认为是垄断的恶果，当李佳琦积聚了庞大的顾客流量（李佳琦粉丝量3 000多万，每次直播的活跃人数上千万）之后，在市场上拥有太强的市场力量，难免出现"店大欺客"的情况；还有人认为李佳琦陷入情绪困境[①]，直播间给粉丝提供的并非单纯的产品还有其情绪劳动和情绪资源的付出，这会大量消耗李佳琦本人的心理能量，长年累月会形成情绪亏空。他说"坐在直播间里头痛到死"，所以某一天情绪失控爆发了出来。

李佳琦事件是个偶然现象还是必然结局？除了李佳琦，市场上还有众多的播主或商家，他们起步之初所秉承的全心全意为消费者服务的理念能否坚持？如果仅仅凭借个人或群体的人性特征、情绪控制来保证初心，这种模式具有太大的不确定性。

商业模式的背后是利益关系和利益分配制度。利益分配制度在很大程度上影响了商业模式的最终走向。任何一个参与者（即商业模式中的利益相关者）的行为选择和价值取向，都会受利益分配机制的影响。一家企业或一个商业模式是否真正以"会员为中心"，能否长期坚持以服务会员利益为主旨，最终取决于其利益分配机制。

零售企业的盈利模式比较

结合三家知名零售企业的案例，我们来认识一下不同零售企业的盈利机理：一是家乐福，二是沃尔玛，三是开市客。

从表象来看，它们都是零售企业，为消费者提供琳琅满目的商品，但本质上截然不同。大卖场的利润来源主要包括三方面：

一是商品的销售价差，即商品的售价与成本之间的差额，企业财务报表中通常划为零售业毛利。

二是销售商品衍生出来的各种收入，比如进场费、堆头费、广告费、促销费、信息费等；还有超市摊位变现收入，如转租收入等，这些收入在企业的财务报表

[①] 蔡钰著：《借李佳琦—花西子事件，聊聊市场阵营与情绪》，蔡钰商业参考3，得到App。

中通常被划为服务收入或其他业务收入。

三是会员收入,即向消费者收取的会员费,财务报表中通常单列为会员收入。

家乐福的进场费

家乐福1959年创办于法国,主营业态是大卖场、超级市场以及便利店。目前在全球30多个国家和地区拥有上万家店铺。其大卖场数量在2015年达到峰值1 481家,2016起数量逐步减少。

表2—5是家乐福2020—2023年的利润表数据。2023年家乐福的收入来源有两部分:一是产品的销售收入。2023年实现销售收入822.76亿欧元,占总收入的96.9%。二是其他收入。2023年其他营业收入26.32亿欧元,占总收入的3.1%。

表2—5　　　　　　　　家乐福2020—2023年财务数据　　　　　　单位:百万欧元

年份	2020	2021	2022	2023
产品净销售收入	70 719	72 958	80 543	82 276
其他收入	2 183	2 181	2 546	2 632
总收入	72 150	74 286	83 089	84 908
销售成本	(56 705)	(58 766)	(66 776)	(68 278)
毛利	15 445	15 520	16 313	16 630
销售、一般行政管理费用、折旧摊销	(13 272)	(13 247)	(13 936)	(14 367)
可持续营业利润	2 173	2 272	2 377	2 264

数据来源:家乐福年报。

2023年家乐福的可持续营业利润为22.64亿欧元,与其他收入基本相等。2022年的情况基本类似,其他业务收入为25.46亿欧元,营业利润为23.77亿欧元。这意味着近千亿欧元的产品销售对公司营业利润的贡献几乎为零,公司的利润主要来自供应商的进场费、促销费等。

这种以进场费等其他服务收入为主导利润的模式,依托的是渠道垄断优势和流量资源,也被称为资源变现模式。该模式存在对上游供应商利润的挤占。各类衍生费用的收取比例取决于零售商与供应商的市场地位:零售商规模越大,渠道垄断力越强,对供应商的议价能力越强,收取的各类服务费用也越多。家乐福的利润基本来自这类服务收入。中信证券的研报同样显示,家乐福其他营业收入与税前利润之比大多维持在100%以上,见图2—10。

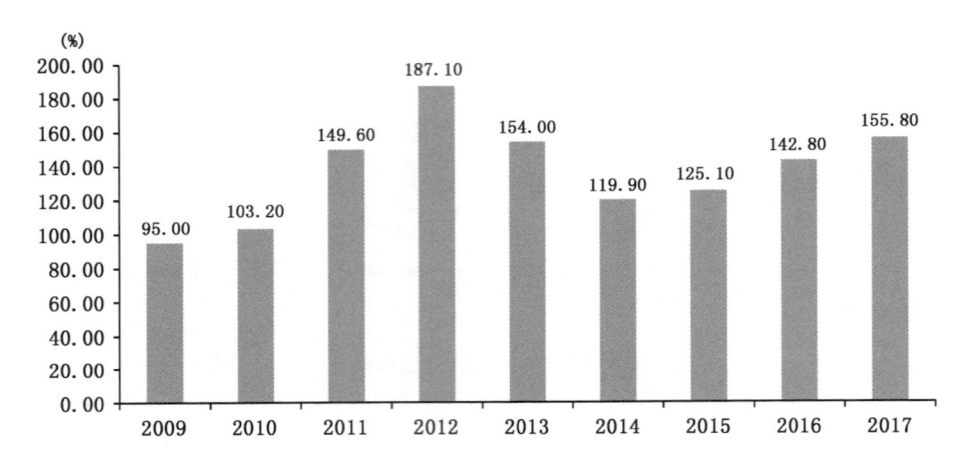

资料来源:公司公告,Bloomberg,中信证券研究所。

图2—10　家乐福其他收入/税前利润

在全球各地,家乐福采取了类似的"进场费"模式,但在亚洲尤为突出。2021年亚洲地区的其他收入占经营性营业利润的比重高达115%,高于全球的95%(2022年后不再单独披露亚洲数据),见表2—6、表2—7。

表2—6　　　　　　　　家乐福2023年全球收入分布　　　　　　　单位:百万欧元

	全球	法国	欧洲	拉丁美洲	其他地区
产品销售收入	83 270	38 220	23 650	21 399	
其他收入	2 632	798	623	1 144	66
折旧前营业利润	4 559	2 010	1 454	1 181	(86)
折旧与摊销支出	(2 295)	(1 022)	(850)	(418)	(5)
可持续营业利润	2 264	988	604	763	(91)

数据来源:家乐福年报。

表 2—7　　　　　　　　家乐福 2021 年全球收入分布　　　　单位：百万欧元

	全球	法国	欧洲	拉丁美洲	亚洲	其他地区
产品销售收入	72 598	35 283	21 283	13 895	2497	
其他收入	2 181	759	567	699	90	67
折旧前营业利润	4 550	1 797	1 560	993	243	(43)
折旧与摊销支出	(2 277)	(1 040)	(843)	(224)	(165)	(6)
可持续营业利润	2 272	757	718	768	78	(49)

资料来源：家乐福年报。

若企业的利润主要来自进场费等服务收入，这意味着渠道资源变现是企业盈利的根本点，产品销售或顾客满意度并非第一要义。垄断性渠道是获利的根本。在渠道为王的时代，大卖场控制了产品与消费者见面的通道，颇有"此路是我开，留下买路财"的架势。

但大卖场的空间面积是给定的，货架空间在某种程度上也是有限的。进场费的收取是一次性的，如何才能实现货架资源的重复变现？来做一个简单推理：如果生产商的产品售卖非常好，零售商则无法再次收取进场费（当然，零售商会定期或不定期地推出促销活动，要求生产商参与并支付活动费）；如果产品销售状况不佳导致生产商经营不善而退出大卖场，则空置的货架就有了再次变现的机会。在这种逻辑下，零售商有强烈的动机不断清退生产商，从而清空部分货架，达到吸纳新品上架的目的。

总之，进场费模式会激励零售商更关注"货架周转"而非产品销售，由此很容易造成生产商与零售商的矛盾。当出现电商等其他与"消费者见面的通道"时，生产商便纷纷转向电商平台，以"渠道资源变现"为主的大卖场是这场电商风波中受冲击最大的。

沃尔玛的"进销价差"

沃尔玛的盈利模式与家乐福不同，其利润主要来自商品运营——产品的进销价差。

根据沃尔玛的财报数据，其主要收入来源主要包括两部分：一是产品销售收入；二是会员费。其中，产品销售收入占比高达99%，会员费约占1%。沃尔玛的会员费收入来源于旗下的山姆会员店；沃尔玛超市本身并不收会员费，主要赚取商品的进销价差。2023年公司营业利润为294亿美元，扣除54亿美元的会员费，产品销售产生的营业利润约为250亿美元，见表2—8。

表2—8　　　　　　沃尔玛2021—2023年的财务数据　　　　单位：百万美元

年份	2021	2022	2023
产品净销售收入	555 233	567 762	605 881
会员费	3 918	4 992	5 408
总收入	559 151	572 754	611 289
销售成本	420 315	429 000	463 721
一般行政管理费	116 288	117 812	127 140
营业利润	22 548	25 942	29 428
利息支出（收入）	2 194	1 836	1 874
其他损失（收入）	（210）	3 000	1 538
税前利润	20 564	18 696	17 016
税收支出	6 858	4 756	5 724
其他支出（收入）	（196）	（267）	388
净利润	13 510	13 673	11 680

以商品运营为主的模式，重点在于：第一，商品的精选和进货价的控制，零售商需要事前买入厂商产品，如果选品不当，零售商需承担进货损失；第二，提高运营效率，比如大规模采购、去除中间环节、加强货物流转和损耗管理，尽力压缩成本，降低运营费，从而以低价吸引消费者，促成产品售出而获取商品价差。

若企业的盈利基石是商品运营，必然促使企业狠抓商品选择和运营效率，这是企业生存的必要条件。沃尔玛多年来深耕"成本控制"，在物流配送、分销系统、行政管理等领域推行全方位的低成本文化，以求在竞争中赢得优势。

开市客的会员费

开市客的模式又是一个特例，区别于家乐福和沃尔玛，其利润主要来自会员费。如图2—10及图2—11所示，开市客的收入来源中，产品销售收入非常大,比如2020年产品销售收入为1 632亿美元,占总收入的比重高达97.9%;但产品销售收入的毛利仅为11.2%,产品销售及一般行政管理费占销售收入的比重为10%,两者基本相同,这意味着产品销售几乎无法为开市客贡献利润。

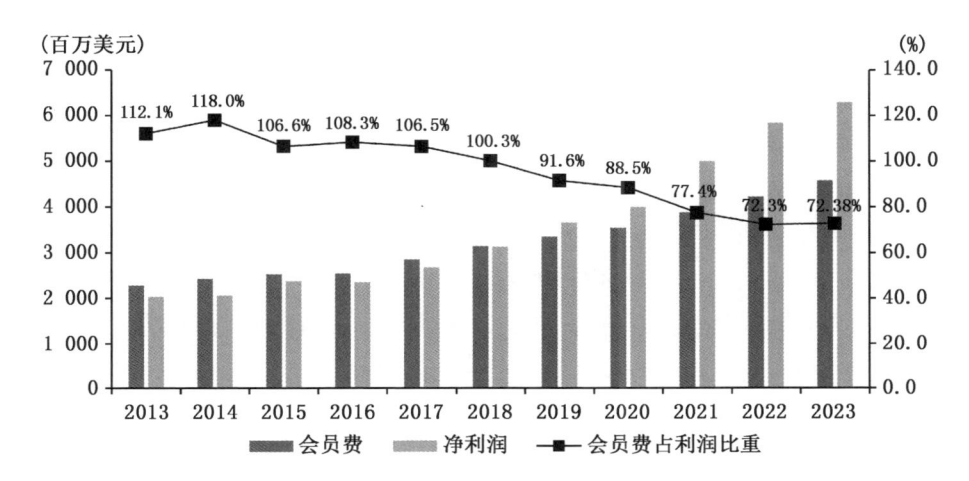

图 2-11 开市客会员费与净利润比较

数据来源:开市客公司年报。

2020年开市客会员费收入为35.4亿美元,归属于开市客的利润约为40亿美元,两者基本相等。将2011以来开市客会员费与归属于开市客的净利润进行比较,其利润的主要来源是会员所支付的会员费。2011—2019年,开市客的净利润额小于会员费收入,收取的会员费贡献了全部净利润的同时还覆盖了部分其他费用,高额的产品销售额并没有给公司带来任何的利润贡献。2019年以后会员费对净利润的贡献有所下降,但仍然是核心构成部分,2020年占88%,2021年占77%。

从2019—2022年的报表数据来看,产品销售带来的净利润贡献在逐步增加,从2019年的9%上升到2021年的23%,2022年为28%,2023年为27.3%。这究竟是一个好现象,还是暗含了某种隐患?

当企业利润主要来自会员费时,会员才是企业最重要的资源,会员是否愿意持续支付会员费,是决定该模式能否稳健经营的关键。开市客历年来极其重视会员的留存率。如图2-11所示,历史上开市客的会员留存率非常高,在北美地区高达91%。可以说,开市客倾其所能,尽量为会员提供各种服务,都是为了实现会员的持续留存。如前文所述,开市客竭力为顾客提供优质的低价产品,如果第三方商家无法达到开市客的"低价优质标准"时,开市客就要亲自下场养牛、制作保健品,推出各种自有品牌,不是为了提高盈利,而是为了让会员满意。开市客还为会员提供各种增值服务(如旅行、租车、加油、体检等),都不以盈利为目的,是让消费者觉得拥有一张开市客会员卡很值,它可以带来很多好处。

在会员制盈利模式下,会员满意是企业运营的核心点,只有满意的消费者才会继续支付会员费;当产品销售成为企业的重要来源时,企业在不自觉中会将产品视为关键资源,努力把产品售卖出去实现盈利,经营产品成为企业的核心。随着产品运营利润在开市客利润中占比的提高,这是否意味着开市客将改变其盈利模式,这也是令人担忧的转变。

盈利模式与系统性风险

结合上述对不同零售企业盈利模式的分析,进一步思考两个问题:
(1)进场费、商品价差、会员费,哪种利润易赚?哪种难赚?
(2)哪种利润早赚到,哪种利润后赚到?

相比之下,进场费是最容易赚取的利润,零售商在产品卖出之前先从供货商处获取了利润;商品价差次之,价差是在产品销售且无退货之后才能实现的利润,但在此之前需先行支付生产商成本;会员费最难,会员费是在付完生产商成本、经销运营费之后且只有当顾客满意时才能赚到的钱,赚取的是"难而正确的钱"。

在渠道为王时代,许多零售企业选择了赚取"进场费"的快钱模式。当电商突起开辟了产品与消费者见面的新通道,大卖场的垄断优势不再,进而导致众多大场的陨落。选择"会员费"模式的开市客,得以在电商的冲击下保存实力且发展壮大,是因为所有商业的终点(不论电商还是实体商店)都是让最终端的消费者满意,任何产业链前端的利润如果不以最终消费者的增值为基础,就只是上下游之间利益分配的零和博弈,存在巨大的非对称风险。

赚取会员费的盈利模式更具持久性和稳定性。面对买方市场和消费者话语权的崛起,家乐福 2022 年启动了"会员制"转型的计划。对于赚惯了快钱的家乐福来说,这个转型的难度极高。

进场费、商品价差、会员费,哪种利润早赚到,哪种利润后赚到？表面上似乎是会员费先赚到,因为会员要先给商家交会员费,零售商在产品销售之前先赚到了会员费。实则不然。最先赚到的是进场费,零售商在生产商产品进入卖场之前先要收取"进场费",这是赚了生产商发展性投入。进销价差则在产品售卖之后才能赚取。而会员费如果设置"不满意可退费"的条款,则是最后才能赚到的钱,即只有消费者满意,他们才会继续留存,否则要求退还"会员费"离场。

"是否给予会员便捷退费的选择权",是商业模式是否真正以会员为中心的验证准则。根据开市客的政策,如果会员不满意,可以退卡并退还全额会员费,即便会员卡明天到期。许多直播电商或内容播主也开通了打赏功能或送礼物机制,有些消费者因为一时冲动打赏了过高的金额,是否愿意给冲动消费者以"退费权"？

当然,开市客的"会员费退还"也有一定的限制。如果消费者两次退卡之后(存在明显的"薅羊毛"之嫌),开市客有权不再接受其会员申请。所以,会员费在某种程度上是一个筛选机制,选择那些认可开市客的经营理念、价值观一致的消费者,排除热衷"薅羊毛"的消费者。

利益机制的非对称风险

在一个商业系统中,企业的决策和行为、行为和结果、结果和责任/风险之间存在必然关联。如果决策和行为、行为和结果、结果和责任/风险之间呈现非对称性,或者需要很长时间、很长链路才能完成反馈回路,就可能导致非对称风险。

制度设计是一个商业系统的运作保障,对系统中参与者的决策和行为给予激励或规制。越是明确的权责关系,越是清晰的反馈回路,越有助于增强系统的韧性和适应力。

3000 多年前的古巴比伦王国留下一部《汉穆拉比法典》。其中,最广为人知的一条法令是这样规定的:"如果建筑师建造的房子倒塌了,并导致房屋主人死亡，那么建造房子的建筑师应该被处死。"还有一条法令："如果建筑师建造的房子倒塌了，并导致房屋主人的儿子死亡，那么建造房子的建筑师的儿子应该被处死。"这些在今天看来简单粗暴的法令恰恰体现了人类文明的古老智慧。建筑家作为专业人士，他们最清楚房屋中存在的隐藏风险。如果他们为了赚钱而有损质量，而客户在购房时根本无法觉察，让建筑师和房屋主人承担完全相同的后果，就可以更好地规避非对称风险，杜绝"豆腐渣工程"。

企业利润与顾客满意度之间是否存在密切关联，且这种关联能否得到直接反馈，暗含了顾客能否真正地成为上帝。一个良好的价值主张，需要利益分配制度的保障。当企业利益与会员满意度一致且直接相关，这种激励制度对"顾客中心化"是激励相容的。也就是说，只有当会员真正获得了长期价值，企业利益（还有员工及其他参与者）才能得以实现；否则，行为与结果很可能出现"事与愿违"。

激励相容：哈维茨（Hurwiez）创立的制度设计理论中提出，在市场经济中，每个理性经济人都会有自利的一面，其个体行为会按自利的规则行动；如果能有一种制度安排，使行为人追求个体利益的行为，正好与企业实现集体价值最大化的目标相吻合，这一制度安排就是"激励相容"。

进场费模式下，零售商利益与顾客满意之间的关系链条很远（是一种弱关联），两者之间的反馈回路漫长。只要渠道是垄断的，不管顾客满意与否，商家的进场费都已落袋为安，垄断渠道的重要性远大于顾客满意度。零售商通过适当的产品组合，比如用部分质优价廉的必需品、生活日用品引流，维护消费者的满意度，用其他产品的"货架倒卖"获利，就能在较长时间内保持盈利，顾客不满意的反馈机制很难发挥作用或需要很长时间才能发挥作用。

进销价差模式下，零售商利益与顾客满意之间的关系链趋近，顾客满意才会产生持续购买，企业才能产生持续的进销价差收益。但由于"进销价差"与顾客所获得的价值（顾客感知价值扣除价格的差额）之间存在矛盾，所以零售商与顾客之间一直存在成本和价格上的博弈，这也容易引发顾客的不信任，"买家不如卖家精",顾客总担心自己会被零售商算计。

付费会员模式下,零售商利益与会员满意度密切挂钩,不但商品退货流程简单宽松,而且承诺不满意可随时退赔会员费。这意味着只有当会员实现了满意度,零售商才能获得会员费带来的利润贡献。这种盈利制度将迫使零售企业务必以会员为中心,否则就无法保住会员费和企业利润(见表2—9)。

表 2—9　　　　　　　　　　不同盈利模式的比较

盈利模式	进场费	运营费(进销价差)	会员费(不满意可退)
获利的难易程度	易	难	更难
获利的时间	早	晚	更晚
获利条件	渠道垄断	运营效率	会员满意
风险矛盾	供应商矛盾	管理压力	管理压力与会员维护
行为激励	货架周转	选品/降本	服务好会员
与顾客利益的关系	远	较远	近
非对称风险	大	中	小

回到李佳琦事件,这是个偶然现象还是必然结果？大火的直播赛道本质上是一种零售通道,是在生产商与消费者之间搭建起的产品销售新通路。播主们的盈利模式选择,决定了该模式的系统性风险。播主的收入来源包括：

(1)坑位费也就是进场费,这个名称形象地展现了播主的位势。根据网络资料,不同播主代言不同产品时,坑位费从几万到几十万不等;有带货明星曾被商家哭诉"5分钟坑位费80万"。

(2)带货佣金,根据销售额计提销售提成。有媒体报道,直播业内平均返佣比例在20%左右,部分播主可得高达60%—80%的返佣。

(3)广告代言。随着粉丝量的增加和播主引流能力的提高,播主为品牌商做代言可获取广告收入。

(4)打赏和礼物。在直播中,粉丝们可以根据自己的喜好和经济实力给播主打赏,或者赠送虚拟礼物。

坑位费类同于进场费,是渠道(流量)垄断的获益,与顾客满意度的关系不密切。佣金提成依赖于带货总额,有些播主的提成基数中不扣除退货款,这会激励他们尽可能增加每次带货的GMV而不是顾客满意度。打赏和礼物与顾客的满意度有一定的关系,但大多没有退返选项。

基金公司的激励制度比较

基金公司的收费通常有两大类:一是管理费;二是超额收益分成。由此就会出现三种不同的收费模式:

(1)只收管理费。基金公司通常根据投资项目的风险程度不同,收取0.5%—2%不同比率的管理费。目前市场上公募基金大多采取这种方式。

(2)不收管理费,只根据超额收益获得分成。巴菲特的伯克希尔采取这种方式——零管理费,此外确定了6%的投资者优先回报。伯克希尔每年对超过6%的超额收益提取25%作为业绩报酬,同时要求把不足6%的投资者回报在以后年份盈利后优先补足投资者[①]。

(3)管理费+收益分成:基金公司收取一定比例的管理费,此外还根据业绩收取一定比例的分成,也称业绩报酬计提或佣金。私募基金多采用这种方式,按1%—2%的比例收取一笔固定管理费,再按20%左右的比例收取超额收益分成。

第一种只收管理费的激励制度中,基金超额收益与基金公司无关,基金公司的收益取决于基金规模,自然助长营销行为和销售动机而降低对基金增值的重视度。

后两种激励制度,超额收益与基金公司挂钩,使基金公司与基民的利益有了更直接的绑定,尤其当不收管理费而只能收取超额收益分成时,基民与基金公司的利益完全一致。只有使基金实现收益,基金公司才能获益。伯克希尔还对投资亏损设定了补偿承诺,这进一步促使基金公司要关注长期投资业绩。

除了收益制度,跟投制度及赎回约束对基金公司与基民利益的一致性同样有影响。巴菲特选择将自己所有的资金放入自己管理的基金。2024年6月10日,中国证券投资基金业协会发布了《基金管理公司绩效考核与薪酬管理指引》,要求:公募高管、主要业务部门负责人应将当年绩效薪酬的20%以上买自家基金,且权益类基金不得低于50%;基金经理应将当年绩效薪酬的30%以上

[①] 伯克希尔股东大会(2000年)摘录,https://xueqiu.com/4041738962/315717889?_ugc_source=ugcbaiducard&_md5__1038=n4RxBiiQ0%3DKYwwDBqDwmxAxqjhDfOuox7I62dx。

买自家基金,且优先买本人管理的公募基金;绩效薪酬递延支付期限不少于3年,高管、基金经理递延支付金额原则上不少于40%……

目前的《基金管理公司绩效考核与薪酬管理指引》对基金公司(基金经理)的基金持有期限未加规定。设想一下,如果要求基金公司(经理)只能在基金产品清盘或基金经理不再任职时,其认购的资金才能赎回,对基民利益会有何影响?

实际上,在当前基金公司披露的相关信息中,季报中"谁持有自家基金""持有多少""下个季度是否继续持有"都反映了基金公司的经营理念和运作信号。

小结:制度对参与者行为有很强的规制和驱动作用。会员中心制理念的落地,需要一个"以会员为中心"的激励制度保障,这是会员制模式设计的核心命题;首先是参与者的利益相容;其次反馈链路不能太长;最后是会员利益受损的返还或赔付。

创造会员的复合价值

企业站在顾客一边,为顾客创造价值,从而赢得顾客的长期追随,这将给企业带来多层/多维利益。顾客是一个多元需求的集合体,若能与顾客建立多维度的长期交易关系,企业就可以从中实现横向和纵向的多维收益,我们称为会员的复合价值。

会员复合价值表现在多个方面:一是从时间维度上,顾客能够给企业带来未来收益,这被称为顾客终生价值(Customer Lifetime Value)。二是空间维度上,顾客存在多种需求,衣食住行全都要,能够给企业带来多种产品的组合收益,也就是顾客多元价值,即满足顾客多种需求带来的收益。三是规模维度,会员数量越多,企业价值越大。四是共创维度,会员参与生产运营,将缩短流程,提高效率,还会带来新产品,提供新价值(见图2—12)。

多元价值	共创价值
规模价值	终生价值

图 2—12　会员的复合价值

——会员终生价值

会员终生价值也称生命周期价值,指的是企业在长期业务关系中可以从单个顾客处获取的合理预期收入的总和。假如企业与顾客只发生一次业务交易关系,那企业就只能从顾客处获取一次性收入;假如企业与顾客的业务关系贯穿一生,企业就可以获得顾客整个生命周期中的全部业务交易收入。

张三是小区居民,李四是小区门口的面包店店主,张三每天从李四的面包店里买早餐面包,每次 5 元。每天的消费额虽小,但一年的面包消费总额为 365×5＝1 825(元)。假如张三将在小区生活 20 年,那么张三从李四买面包的金额大约 1 825×20＝36 500(元)。一个面包购买量为 3.6 万元的消费者,算不算一个大客户?是不是应该为他提供更好的服务?

上述假想来源于一个真实的故事:河北廊坊的靳先生开包子店 18 年,一位老顾客连续 16 年光顾,每次都是 15 元包子、一碗粥。16 年内,共付款 1 426 次,超 2 万元。靳先生说:"我们不用说话,都很默契;但我很感谢他,感谢他这么多年来对我的支持。"

遗憾的是,在短期利益驱使下,许多企业更愿意将精力放在那些一次性交易额大的大客户身上,那些长期的小额购买者很容易被怠慢。持续的小额交易是个巨大的长尾,给那些重视长效价值的会员制企业提供了机会。会员制连接当前与未来,通过与会员建立持续交易关系,将顾客的逐笔小额交易累积起来,最终带来了可观的终生价值效应。

$$会员终生价值 = \sum（会员未来产生的收入）/ 贴现率$$

丽思·卡尔顿酒店将长期的忠诚客户称为"终生客人"。丽思酒店员工服务准则的第一条就是"建立良好的人际关系，长期为丽思·卡尔顿创造终生客人"。根据丽思的数据统计，酒店约 78% 的业务是由 22% 的长期客户贡献的，也就是说，每 50 位客人中，其中一位给公司带来的总收入比其他 49 位的总和还要多。丽思酒店的高级领导力总监 Brian Grub 认为，"我们顾客终生的平均消费为 120 万美元"。他的推测来自其在海滨圣地加州半月湾的丽思酒店工作时的经历，有一天他在餐厅接待了一位带着两个孩子的普通客人，Brian 尽心地接待了父子三人。可以看出，父子三人非常喜欢这个地方。退房之际，客人出手订下了 8 间海景套房。在接下来的 5 年时间，每到暑期这位客人都要带着家人在这家酒店住上近 4 个月，每次都住在那 8 间面向大海的套房中。①

顾客终生价值的实现条件是长线主义。顾客终生价值的大小，一方面取决于单位顾客的贡献，另一方面就是顾客的留存率和持久性。

——会员的多元价值
最近一家名叫南城香的社区餐厅受到业界的关注。

南城香成立于 1998 年，现在北京有 100 家直营店，在 2022 年餐饮业一片哀鸿的情况下新开 26 家店。南城香定位于社区居民，这有助于老顾客的光顾。不仅顾客的回购率为 42%，更重要的是，南城香的餐厅中有 10% 的店铺一年的流水超过 2 000 万元，单店日均流水达 35 000 元，是全国快餐店平均流水的 5 倍。

传统的社区餐饮大多专攻一个品类，比如包子铺、拉面馆、饺子店、麻辣烫、烧烤等，南城香根据顾客的多元需求，选择了馄饨、饭、羊肉串的有限品类组合（注意：是有限品类，不是无限品类）。传统社区餐饮主要满足一个时段的顾客

---

① 《丽思·卡尔顿:是如何创造出忠诚顾客人均 120 万美元的终身消费的》，https://www.huxiu.com/article/7435.html。

用餐需求，如专营早餐、正餐（午餐＋晚餐）、下午茶、夜场用餐等，南城香面向居民的早中晚需求，提出做全时段社区餐饮：早餐时有茶叶蛋和豆浆，中午、晚上可以吃肥牛饭和馄饨，下午有奶茶和鸡翅等小食，深夜还可以吃烤串。

南城香打破了传统餐食的产品分工模式，根据社区居民的用餐需求重新组合产品，重新规划场景服务，满足居民一天五顿饭的快餐需求。有限的厨房面积和员工成本被"全时段供应"分担，这极大地提高了店铺流水和坪效，尤其是对顾客的多元需求的满足，也有助于提高顾客的重复进店率和消费频次。

消费者是个多元需求的综合体，所有产品的最终指向都是消费者。传统以"经营产品"为主导的社会分工体系，过于强调产品的生产效率，也确实带来了专业化的成本控制优势，但使商家陷入高度细分的特定经营领域，忽视了顾客需求的复杂性。近年来涌现出的各种"跨界打劫"现象，比如全家推出即食快餐食品、盒马同时提供堂食和食材零售，突破了传统的零售店、餐饮店、菜店的分工界限。其实是站在"经营顾客"的视角，为满足顾客多元需求而提供一揽子解决方案，未来会有更多立足于"顾客"视角的新业态组合。

$$会员多元价值 = \sum（原业务收入 + 新业务收入）\times（协同效应）$$

——会员的共创价值（会员参与价值创造）

传统产业链体系中，消费者游离于生产之外，只是作为产品的最终裁判，用"手中的钱"做出最后的购买投票。结果有可能是，生产商和消费者都很累，做了大量无用功却得不到回报：生产商花了大量研发投入来分析需求、创新产品，却不被消费者认可；消费者花了大量时间来搜索产品，却找不到满足要求的心仪产品。

服装业最大的痛点是库存，摸不清消费者口味而产生的滞销几乎吞噬了企业利润和现金流。犀牛智造将信息技术、大数据与制造业深度融合，通过人工智能和数据搜索，从淘宝天猫、社交资讯等大数据中获取消费需求信息，给服装企业提供产品建议和销售预测，指导服务商生产适销对路的产品，将起订量从1 000件降为100件，交付周期从15天缩短至7天，还可以根据产品销售和反馈，决定是否追加订单或调整款式。

耳钉切切是一个定制饰品的小程序，小程序上有许多几何图形，用户通过一画笔把几何图形切开，分开的两个图形就成了一对耳钉，用户可以通过小程序试戴，系统会随之进行价格估算，消费者可以决定是否付款制作自己设计的"作品"。游戏化的切画方法吸引了年轻人的兴趣，而对于设计出来的耳钉产品，许多人给予了较高的评价。自己参与设计的产品凝聚了更多的情绪价值，耳钉切切使顾客主动参与到价值共享过程。

弹幕文化把用户参与的共创价值推向更深层次。传统的动画、影视剧都是典型的单向价值传递，在流媒体观影条件下，用户有了评价功能，但也仅限于事后的观感体验。弹幕功能的开通，使用户在观影的同时看到其他用户的弹幕内容，这增加了大家讨论的动力。一个人在观影时看到很多人留下的弹幕，感觉像很多人在和自己同时看视频，这在很大程度上降低了个人的孤独感。而且弹幕中不乏精彩评论和点睛之笔，让观影者可以获得剧情之外的乐趣，极大提高了人们的观看体验。哔哩哔哩网站（简称B站）受到广大用户的喜爱，跟它将弹幕发扬光大有很大的关系。许多观看视频的用户有很大的原因是冲着"有趣"的弹幕，弹幕带来的快乐甚至超过了视频本身。

$$会员共创价值 = \sum(创新增值 + 效率提升)$$

——会员的规模价值

毋庸多言，会员规模越大，企业价值就越大。大规模顾客被集中起来容易形成合力：易于创造爆款，降低并分摊固定投入成本；在双边市场或多边市场上，规模是激发网络效应的基本元素，达不到顾客基础规模的平台企业很难生存；顾客规模还有助于形成市场势力和品牌传播力，激发其他潜在用户的尝试，带来滚雪球效应。

从过去到现在，企业一直热衷于扩大顾客规模基数。在会员经济中，企业虽重视会员规模数量，但并不会过于强调扩大规模，甚至为了保证现有会员的满意度而适度控制规模总量。会员规模是一个筛选累积的结果。会员规模再叠加会员的终生价值和多元价值，会产生乘数效应。

会员制：谋求价值共识

会员流失的个性原因甚多，究其根本还是会员的需求是否被有效满足。个体在交易中的感受将左右其后续的行为选择。要长期留住顾客，企业需要提高顾客的持续满意度，这是一个长期不懈的系统工程。持续满意度由数次的单次交易体验构成，即使前期合作挺愉快，但接下来的某次交易或某几次交易令会员不满，就可能造成会员的流失，而一旦流失，再次吸引其参与的成本往往比吸引新会员的成本还要高。

会员的持续满意度

会员的满意度受多方面因素的影响，比如企业售卖产品的特质、企业对会员提供的服务和保障，还有会员彼此之间带来的体验等。

不论是经营产品或经营会员，产品属性都是最重要的满意度影响因素之一。当消费者去超市购物，如果产品品质差、性价比低，即使店家服务热情，也很难激发消费者的重复购买欲。开市客吸引会员的重要因素之一就是产品的高品质和低价格。开市客为了帮会员寻找高性价比产品煞费苦心，当合作品牌商无法提供高性价比产品时，开市客就会亲自下场，用自有品牌的 Kirkland 产品来替代之。

购物过程或消费体验过程中，消费者总会遇到各种各样的问题，比如后续使用中的难题及产品瑕疵、退货、技术升级等问题，企业能否提供相应的便捷服务和保障？由于服务满意度的易感知性，使之成为当前影响满意度的主要因素。网络购物的 7 天无理由退货，开市客的便捷退货制度，都是为了消除产品体验的不足，保持客户对公司的持续满意度。

产品满意度和服务满意度，在产品经营时代被广泛重视，但这两种体验主要发生在企业与顾客之间。互联网时代会员之间的互动而产生的消费体验，正逐步成为影响会员满意度的重要因素，尤其对于动画、视频等内容性产品，会员间的互娱正成为满意度的重要影响因素。视频网站的弹幕，游戏玩家间的互动,用户的互享,逐步成为消费体验的一部分,吸引或减弱了会员的参与动力。

各种满意度影响因素综合起来,共同影响了会员的整体满意度,而且这个满意度是动态的,每一次交易、每一场服务的体验都可能影响其满意度的持续性。保持会员的持续满意度,是会员制模式的重要议题,是一件"难而正确的事",需要长期坚持。

消除不满意因素

首先要区分满意因素与不满意因素。赫茨伯格的双因素论拆解了影响员工满意度的两类因素——激励因素和保健因素,前者是指容易带来满意度的因素,而后者是指容易导致不满意的因素。

借用这个分类结构,可以把影响会员满意度的因素分为两大类:一类是容易激发满意感的激励因素,比如超出预期的产品功能和服务体验及视频网站的弹幕,许多金句令观者忍俊不禁,很容易带来观影的满意感;另一类是容易导致不满意感的保健因素,比如购物后的退货,店家若不能及时有效处理,会大大折损顾客体验。

满意和不满意并不是两个对立的维度,因为满意的对立面并非"不满意"而是"没有满意感";不满意的对立面则是"没有不满意",并不是"满意"。也就是说,如果企业更多地采用激励因素,可以提高会员满意度;如果不采用,会员的满意感没有,但不会不满意。保健因素恰恰相反,容易招致不满意,但对激发满意感的作用相对较小。

满意感是吸引会员选择本公司或本品牌的重要因素,但导致他们离开的重要原因往往是不满意感。作为产品经营者的企业,通常热衷于创造满意感,比如通过低价促销、试用优惠等方式,吸引大规模顾客的选购,引发爆款;会员经营者则更注重消除不满意感,打消重复购买的顾虑,维持长期的持续交易。

开市客超市有一个埋宝行动,即提供一些超高性价比的产品,让消费者找寻,或者不定期对一些产品采取较大幅度折扣,使消费者每次购物都能发掘一些"超出预料"的产品。这些购物体验产生的"惊喜",能给会员带来满意感。但促使会员真正续约的,却是开市客稳定的产品质量、恰当的售后服务、帮会员解决问题的快速响应。

要识别并控制影响消费体验的不满意因素,比如:性价比不合理,售后服务麻烦且不规范,产品品质的不稳定性,被欺负(辜负)感或不尊重感。这些因素的把控,对于留住会员可能更重要。

会员转移的心理成本

会员从一个品牌转向另一个品牌(或从一个商家转向另一个商家)需要付出的时间、精力、金钱等各种成本的总和,被称为转移成本。

转移成本的构成因素很多,可简单地分为两大类:一是经济上的付出,比如:强制性合约限制与违约的罚金,搜索成本,学习成本(经验成本),累积积分的收益损失,预交损失等。二是心理上的投入,会员在交易关系中除了金钱付出,还会投入时间、精力、情感寄托,比如因相互信任、相互尊重带来的"放心""松弛""愉悦"等情绪感受。转移会产生关系断裂或情感代价,这成为限制会员转移的重要力量,本文称为转移的心理成本。

现实中,经济成本是企业锁定会员的惯用手段。一旦客户与房东签订租房合约,提前退租就要扣除押金或支付违约金;习惯了使用微软的Office系统的客户,不愿转向新公司的软件,因为新软件需要付出重新学习的成本;东航会员在东航累积了大量航行里程,出行时往往首选东航,否则会丧失积分会员的特殊优待。预交了一年的健身费,不去健身的话无法退费,只能承受损失。这些方式一方面能够在某段时间内阻止顾客的转移;另一方面也正是因为这些限制(如罚金等)引发的矛盾不少,反而恶化了企业与客户的关系,让会员感到压迫或不适,不利于维护长期关系。

经济利益的背后有着很深的心理学渊源。企业与顾客存在天然的质量信息不对称,顾客购买前不掌握产品品质和成本信息,无法确保企业的承诺能够兑现。企业只有通过长期行为坚持——如履行承诺的一贯性、产品/服务品质的稳定性、勇于承担责任等——来彰显质量信号,让顾客放下戒备,产生信任感,产生"自己人的归属感"和"受尊重感"。

心理成本源于企业与会员在长期互动中形成的内在心理感受,潜移默化中影响会员决策。心理成本可能是隐形的,会员在不知不觉中被心理成本锁定;最强的心理成本就是"杀心"——对企业和品牌的无条件偏爱,这种会员从未有过转移的想法。

(1)经济账和心理账

会员在商业交换中所获得的,并非单纯的产品价值,还有强烈的归属感和被尊重感。理查德·萨勒的心理账户发现,等额的钱被人们放在不同"心理账户"后,就产生了显著的差异。面对产品的功能属性和情绪感受,人们的价值感大不相同。商品交易一旦叠加了情感因素,其锁定效应大大增强:迪士尼乐园不只是一张门票,它承载了一家人的快乐;马里奥并不仅仅是个游戏,而是成长的陪伴;炸酱面不只是一碗面,是小时候的记忆。

(2)确定性与不确定性

人们对不确定性的厌恶程度要远远大于风险。经济付出导致的沉没成本是一笔确定性的损失,而朋友关系、伙伴关系的损失是不确定的。许多人不愿轻易更换手机号码或联系方式,就是担心可能失去联系或丢失客户。许多人选择连锁店或品牌店而不愿尝试新品牌,就是不想面对可能的"踩雷"。

(3)拥有之前与拥有之后

禀赋效应指出,人们一旦拥有某项物品,他对该物品的评价要比未拥有之前大大提高。顾客对产品的喜爱因为参与程度而改变,当人们参与产品设计、生产或销售过程,好感度会大大提高。越来越多的企业尝试吸引顾客参与产品运营过程,如小米的新品测试、狼人杀的角色征集、美团的"外卖判官"吸引了大批会员的积极参与且认真履职,形成了大批拥趸。

长期关系:利益互惠还是价值共识?

"天下熙熙,皆为利来;天下攘攘,皆为利往。"促成企业与会员长期关系的基石是利益互惠吗?

"志合者,不以山海为远;道乖者,不以咫尺为近。"促成企业与会员长期关系的纽带是"价值共识"吗?

企业与会员的关系,首先建立在利益互惠的基础上,这是所有长期交易的基石。任何一方若以攫取对方利益为目的,都很难维系持续合作关系。但是,会员制长期关系的背后还有强烈的"价值共识",这比利益互惠更坚实。

会员制为何频频被用做营销手段并且奏效,源于会员制首先表现为一种利益互惠关系,企业给予参与者足够的利益上的优惠,以获取他们的长期参与;会员因为与企业间的长期交易从而获取超过单次交易总额的利益。刘润称之为价量之约:我给你低价,但你要经常来。健身房、美容院、培训机构等常用之作为促销手段招募顾客。

但以需求代理人身份出现的会员制则不同,比如开市客,表象的价量之约背后是企业对会员利益的深层考虑,以及会员对企业顾问(或需求代理)角色的认同。会员所看重的不仅仅是交易中的优惠和福利,而是"为我服务"的承诺履约,这是双方达成的内在心理契约,需要企业与顾客的相互尊重和价值认同。

2019年开市客在上海开业之初,因为入店会员太多、购货疯抢而上热搜,随后大量会员排队退卡也引发广泛关注。据相关网络信息,退卡跟低价茅台等酒品以及爱马仕等高端产品的售空有关。排队退卡现象也曾引发人们对会员制在中国会不会水土不服的疑虑。

开市客的退卡政策很宽松:在会员卡有效期内,会员有任何不满意可随时取消会员卡,即便明天到期,开市客也将全额退还当年度会员费。办理了会员退费的消费者,6个月后方可再次申请成为会员;如果会员退费累计达到两次,开市客有权不再接受其会员申请。对开市客来说,退卡虽然损失了当期利润,但也是一个会员甄选过程。传统营销理论强调目标客户选择,而会员制模式更重视双方在价值观层面的相互尊重。开市客以低价高质为其会员选购产品。认可这一理念同时也尊重开市客选品服务的消费者,才有可能与开市客长期共存。

价值观是指导企业实践的原则,也是构筑长期会员关系的基础。

对客户来说,公司仅仅提供好产品或好服务是不够的。来自 Salesforce 2022 客户链接报告的数据显示,近90%的客户希望公司明确表达其价值观,价值观对购买决策的影响越来越大,66%的客户已经停止从价值观与自己不一致的公司购买产品,2020年这一比例为62%,提高了4个百分点[1]。

对企业来说,选择并服务具有同样价值观的消费者,更有可能形成长期关

---

[1] 《Salesforce 客户链接报告》,https://www.salesforce.com/resources/research-reports/state-of-the-connected-customer/。

系。正所谓"物以类聚，人以群分""道不同，不相为谋"。

2022年5月，转型做电商的东方甄选突然爆火，董宇辉用流利的英文和轻松幽默的授课方式卖牛排，寓教于乐的直播方式吸引了大批粉丝进入直播间，迅速提升了东方甄选的带货业绩。有顾客对东方甄选的价格偏高提出疑问，俞敏洪强调："东方甄选不是找最便宜的农产品，而是找最好的农产品，是想扶持新农人和农村产业""东方甄选之所以叫东方甄选，不叫东方便宜，是因为平台选出的都是没有被污染的农产品，种植这些农产品的成本本来就很高。"能够与东方甄选一同走下去的，也将是认可这一理念的人。

从这个意义上，企业与会员之间不是简单的产品交易关系，也超出了价量之约[①]，是一种更深层的情感上的价值认同。

小结：会员制的核心价值不是为了多卖货，而是用你的核心价值和权益挑选到那些认可这些价值观的人。然后根据他们的需求，反向为他们设计多种满足他们需求的产品，才能牢牢吸引并绑定这些顾客，并以此为基础，通过一轮轮的扩散吸引更多的忠实顾客。会员制是在做忠诚度的培养，不一定是短期效益的提升，这一点跟简单的会员制营销有着本质不同。

[①] 刘润认为，会员制是一种价量之约：会员承诺在商家更多地消费，商家也承诺给会员更多的利益。

第三章

会员制商业模式设计

将"以顾客为中心""顾客至上""以顾客为上帝"的理念落地并非易事,这不是单纯的从理念到行动的系统创新,而是商业观察视角的转向。会员制商业模式设计,需要从会员代理人视角重新审视商业逻辑,从价值主张、价值创造到价值实现都迥异于传统的产品主导模式。

价值主张:站在会员角度

会员甄选与分类

会员制运营:共创价值

盈利模式设计

价值主张：站在会员角度

分析或设计商业模式的首要步骤是明确价值主张。

价值主张是公司通过其产品和服务能够向顾客提供的价值，直白一点，就是公司对顾客来说有什么意义，能够帮顾客解决什么问题。这个话题说起来简单，实则不易；有些价值主张太宏大或太笼统，执行时缺乏抓手容易错位；更多的是企业的主观设想，偏离了会员的需求本质。

传统的战略愿景和目标，往往从企业角度探讨未来的发展："企业想做什么""企业想成为怎样的公司"；价值主张务必从顾客出发，站在顾客的角度，甄别会员面临的痛点、难点或痒点，"帮助顾客解决顾客面临的问题"。价值主张展现了企业对会员的态度，也是对"我（企业自身）是谁"这个定位的反思。

感受以下两句话的差异："我们提供低价优质产品"和"我们为顾客省钱"。前者强调企业作为供给者的属性，突出其产品和服务特色；后者站在顾客角度，看重的是为顾客带来的价值。

遵循"为顾客省钱"的价值主张并将之贯彻落地，成就了不少企业的发展壮大。

山姆·沃尔顿在其自传体《富甲美国》中，给了沃尔玛非常清晰的定义："我们就是顾客的代理人，以最低的价格出售质量上好的商品与服务，替顾客节省每一份钱""我们的理念很简单，当顾客想到沃尔玛时，他们能够非常确定，自己不再可能在别的地方找到更低的价格，而且，要是他们不喜欢自己买的东西，可以拿回来退换。"为了帮顾客省钱，沃尔玛不断创新和改造价值链和产业链，坚守"天天低价"的承诺以换取顾客的持久信任。

美国家居建材零售商"家得宝"的创始人伯尼·马库斯常对员工说："我可不愿意把客人不需要的东西推销出去，我们要做的就是为顾客省钱。"面对一位来店购买新水龙头（原来的水龙头坏了）的顾客，店员没有直接卖给他水龙头，而是问了原水龙头的损坏情况，得知是水龙头的开关把手发生了断裂，于是建议顾客："只要换掉水龙头上的把手就行，换把手只要 5 角钱，而换水龙头要 15

元钱。"此后这位顾客经常来店里买东西。"我们需要的是让大家懂得如何去培养我们的顾客,而不一定要做成这笔买卖,这才是最重要的。"

Gainsight是一家硅谷的管理软件公司,其创始人尼克·梅塔提出一个问题[1]:"我们为客户提供设备或技术支持"还是"我们协助客户获得成功"?梅塔强调,与传统被动式的"客户服务"不同,"协助客户成功"是以客户为中心展开的、帮助客户通过使用产品实现业务目标、最终成为企业长期客户的一系列主动服务。短短几年时间,"协助客户成功"成为全球许多ToB企业的指导原则,并推动了众多管理软件服务公司商业模式的全方位转型。

2010年华为公司的销售收入和利润都很好,员工奖金也发得多,华为内部上下都很开心。董事长任正非却忧心忡忡:"我们今年利润多,说明我们从客户那里收的钱太多了,客户没有钱投入未来,客户的风险加大,客户没有钱了,那华为从哪里挣钱呢?""决定企业命运的,是企业的客户。客户购买的华为商品,一定是能为他盈利的商品,他才能活下来。""让客户更好地活下来,华为才能活,才能活得更好!"[2]总之,"协助客户成功"才是真正的成功。

"让以顾客为中心成为一种信仰。"切实站在顾客角度思考问题,这不是对外的营销口号,而是对内经营的理念传达,是会员型企业商业模式设计的根本原则。对于习惯了产品理念的传统企业来说,要真正推动从产品中心化到顾客中心化的转型,这是一个必须经历的理念转型。

当今社会,以顾客为中心的理念虽然被业界普遍接受,但企业的运营模式仍然是工业革命时代的产物,不论组织结构还是运营流程都是围绕"如何生产"组织起来的,而不是"如何满足顾客需求"。对企业价值的考量和经营活动的激励,仍然以产品或生产效率为主旨,这其实是一个巨大的矛盾:企业理念是为顾客创造价值,考量的却是生产效率和产品,如何保证"顾客至上"?

既然要"帮顾客解决问题",考量指标能否回归到:"帮顾客解决了哪些问题"?在"多大程度上帮顾客解决了问题"?"为顾客创造了多少价值"?这是会员制模式设计中的一个关键问题。

---

[1] 尼克·梅塔和艾莉森·皮肯斯著:《客户成功经济:为什么商业模式需要全方位转换》,电子工业出版社2022年版。

[2] 快科技:《任正非:华为活下来走到今天要感谢乔布斯》https://baijiahao.baidu.com/s?id=1648722299650652717&wfr=spider&for=pc。

前文我们曾分析了迪士尼财报中收入结构的变化，或许是这家百年企业对考量指标的反思。自1928年成立至今，迪士尼已经97岁了。近百年的发展历史中，迪士尼不断扩展其产品和业务范围，从一家动画公司发展为集电影、电视、主题公园、生活衍生品、流媒体等多业务于一体的公司。未来的迪士尼，面对滚滚向前的商业长河，还将不断做出版图的调整。这是每一个持续成长公司都要面对的课题。在基础业务稳定且拥有大量资金的情况下，企业扩张欲望可能会膨胀，如何保证不忘初心？保证公司继续贯彻"让人们快乐"的价值主张？迪士尼选择从顾客视角考量收入来源——娱乐、体育和体验，公司的绩效将取决于是否为顾客带来了娱乐、体育和体验上的满足。

探寻需求本质

价值主张建立在对顾客真实需求的精确把握基础上，只有躬身入局，切实站在顾客视角，才能剖开产品的功能表象，真正把握顾客的需求本质。

顾客要锤子还是"挂一幅画"

"锤子与图画"是管理学中的一个经典故事：一个人来到商店，他需要一个工具，因为他想在墙上挂一幅图画。锤子厂商想到的最佳方法就是卖给他一把锤子，用锤子在墙上钉一颗钉子来挂画。但顾客真正想要的，是一个能够便捷、牢固、便宜地把画挂在墙上的方式——一片强力粘胶、一个无痕挂钩、一条吊顶丝线、店家提供的挂画服务，或许都能解决他的问题。

产品/服务只是解决顾客问题的手段。产品商（锤子商）往往只盯着自己能提供的产品；当你成为顾客，才能真正理解顾客需求，才有可能发现更多的解决方案。

顾客要 iPod 还是音乐？

史蒂夫·乔布斯是一个洞察顾客需求的高手，他能在深刻理解需求后通过产品展现出来。他认为顾客要的不是 iPod 音乐播放器，而是便捷流畅地听自己喜欢的音乐，所以要把1 000首歌放在口袋里，并且把传统的整盘音乐打散、单曲售卖,每个人可以根据偏爱只下载自己喜欢的歌曲(传统的音乐卡带都是捆绑售卖),iPod一经推出就受到消费者的欢迎。

顾客要汽车还是出行?

人们为什么买车,汽车帮人们解决的根本问题是什么?大多数人的答案是出行。

作为一种出行方式,顾客的基本诉求有哪些?排序较靠前的诉求是"舒适、便捷、安全、便宜"。电动汽车较之燃油车,能更好地满足上述诉求吗?这也是它能否赢得顾客跑赢燃油车的理由。

100多年前,电动汽车与燃油车就曾经展开过一场竞争。1900年的燃油车和电动车在"舒适、便捷、安全、便宜"方面各有千秋,也各有支持者。然而在后续竞争中,燃油车通过技术创新,逐步解决了致命的手摇启动(不便捷)、行驶中的巨大噪声和难闻的废气(不舒适)、石油业的发展降低了油价(不便宜)等难题。遗憾的是,电动车一直无法解决电池既昂贵又低效的问题,面对价格高且无法长途出行(不便捷)的电动汽车,市场最终选择了燃油车。

这个问题100年后又被摆上了牌桌。今天的电动汽车和燃油车、氢能源车等要想赢得顾客,仍然需要围绕"舒适、便捷、安全、便宜"——这个出行的需求本质下功夫。政策补贴使电动车暂时显得"便宜"了,随着政策优惠的消退,最终要回归满足顾客基本诉求的能力之争。

但是,当下的牌桌上还出现了一些新玩家——网约车、低空飞行器等。回到"出行"这个根本问题,相比较于汽车(不管是新能源车还是传统燃油车),如果"叫车出行""低空飞行"等其他出行方式能够更加舒适、便捷、安全、便宜,顾客是否还会买车?

聚焦需求本质的创新会改变产品/服务的创新方向。网约车把产品(汽车)变成了服务;低空飞行把"地面"变成为"空中",都可以帮顾客实现从A地到B地的位置迁移。

企业要软件还是提高效率

20世纪70年代以来,办公自动化、管理信息系统市场需求不断扩大,SAP、

Autodesk、甲骨文、微软等大批软件企业快速成长。那么,管理软件(人力资源管理软件、客户管理系统、财务管理系统、ERP系统等)帮企业解决了什么问题？企业对管理信息系统的基本诉求是什么？

近年来,越来越多的管理软件公司正在转变商业模式：Workday(一家人力资源管理软件服务公司)从人力资源软件销售转换为SaaS解决方案；Salesforce从客户管理系统(CRM)起步,搭建起SaaS平台和PaaS平台；微软、Adobe也都从原来的软件销售公司转换为SaaS订阅服务。

回到顾客需求的第一性,企业为什么购买软件？其最终目的不是为了拥有一套管理信息系统,而是基于管理信息系统搭建自己的运营体系,提高自己的经营效率。

顾客要电影还是娱乐？顾客要咖啡还是朋友闲聊？顾客要酒店还是快乐回忆？顾客要冰箱还是新鲜食材？

克里斯坦森[1]的焦糖布丁理论(Jobs to be done)：顾客购买一件商品,并不是想拥有这件商品,而是想"雇用"这件商品帮他完成一个现实世界中的任务。

针对当下产品,站在顾客视角再次追问缘由：顾客为什么买车？顾客为什么用手机？顾客为什么打游戏？顾客为什么旅游？这样才能确定产品存在的真正意义：

(1)帮顾客解决的问题是什么？

(2)顾客的根本诉求是什么？

相较于不断变化的技术、法律等影响因素,顾客的需求本质上相对稳定。越来越多的企业家强调以顾客需求本质这个"不变要素"作为基石来构建商业模式,因为这种商业模式相对长效持久。在此理念下,企业商业模式创新呈现出以下趋势：

——从产品到服务

如上所述的软件业、汽车业,从提供产品转向提供服务,为需要软件的公司

---

[1] 克莱顿·克里斯坦森、泰迪·霍尔、凯伦·迪伦、戴维·S.邓肯著：《与运气竞争》,中信出版社2018年版。

提供 SaaS 服务，为需要出行的顾客提供出行服务。

——从工具到方案

当产品或服务专业化程度高（难以驾驭）或者需要组织多种资源时，就倾向于从为顾客提供工具，转向提供解决方案。IBM 从一家硬件企业转向为顾客提供一揽子解决方案，茑屋书店从卖书转向提供生活方式提案，阿那亚从卖房转向提供一个生活社区。

——从功能到体验

当玩具商不再聚焦于好玩、智益等功能价值，转向收藏和情感寄托，就变身为潮玩商家和设计者，消费者也从玩偶中感受到共情；当养老院从满足老年人的基本生活到提供美好的晚年生活，它会变成什么样子？需要组合哪些生活、娱乐、康养设施或服务？餐饮店除了给顾客提供美食和饮料，要不要做一个惬意的放松空间或学习空间？肯德基在 2023 年推出"肯学习室"的尝试。

警惕商业短期症

产品有生命周期局限，产品视角的价值主张极有可能陷入商业短视症，就连石油、铁路、电力事业等长周期行业也可能在经历了康波周期后陷入困顿。哈佛大学教授西奥多·莱维特（Theodore Levitt）[1]在其《营销短视症》一文中揭示了铁路公司、电影企业等在 20 个世纪 50 年代面临的经营困境，并提出了深击人心的提问："铁路公司应该是什么公司？""好莱坞应该做什么？"

20 世纪初，铁路业大发展成就了许多大型铁路公司。到了 20 世纪 50 年代，美国的客运量或货运量随着经济复苏呈现爆发式增长，高速公路运输和航空业增长迅猛，而铁路业及铁路公司却面临着增长停滞和需求衰退。与此类似，20 世纪 20 年代兴起的电影业也面临着电视等新型媒体的冲击，华纳兄弟、派拉蒙等好莱坞电影公司市场低迷，经营维艰。"铁路停止增长，是因为客运和货物运输需求萎缩了吗？""好莱坞全军覆没，是因为电视的大举进犯吗？"莱维特指出，铁路公司和好莱坞需要反思的是："我应该做铁路生意还是运输生意？""好莱坞应该做电影业还是娱乐业？"

如果铁路公司定位于做铁路生意，其结果是，它们现在完全退出了客运市

---

[1] 西奥多·莱维特著：《营销短视症》，《哈佛商业评论》1960 年。

场(高峰时曾占客运周转量的98％),货运量剩下不到40％(高峰时曾占总货物运输市场的77％);如果定位于做运输生意,在高速公路、汽车业和航空业兴起时,铁路公司或许就应该布局这些领域,因为它们都是运输生意。若从顾客的需求本质来考虑铁路业的选择,那就是"顾客想要的不是铁路服务而是运输服务"。

莱维特指出:市场的饱和并不会导致企业的萎缩,造成企业萎缩的真正原因是决策者目光短浅,不能根据消费者的需要变化而改变经营政策。

电影公司的结局更是沧海桑田。曾经风光无限的派拉蒙、华纳兄弟、米高梅、哥伦比亚、福克斯、迪士尼、环球、联美等电影公司历经浮沉,各有殊途。联美1980年破产后被米高梅收购,哥伦比亚于1989年被索尼收购成为索尼影业的一部分,华纳1990年被时代并入麾下,米高梅在2010年申请破产保护并在2021年被亚马逊收购,福克斯2018年被迪士尼公司收购。

迪士尼是一个例外,经过近百年的发展已成长为美国最大的电影公司。2019年迪士尼实现票房收入132亿美元,远远超过其他电影公司。迪士尼在北美影视市场份额占比为33.15％,差不多是后面三家公司份额的总和(华纳兄弟13.91％,索尼影业12.18％,环球影业11.55％)[1]。华特·迪士尼自创办公司之时,或许就没有将之限定为一家动画公司,"它所带给你的将全部是快乐的回忆,无论是什么时候"。迪士尼除了动画、电影,还进入电视业、主题公园和度假村、家庭娱乐(电影发行、家庭娱乐以及电视及订阅点播视频)、消费品和互动媒体等,2019年4月又启动独立流媒体平台"Disney＋"。疫情期间在线视频和流媒体满足了众多用户的家庭娱乐需求。仅推出一年,Disney＋用户达到8 400万。

总之,企业的价值主张要注意商业短视症:不能认为自己是生产产品的,而要以提供价值满足、创造客户为己任。这种理念(以及它所包含和要求的一切)必须渗透到公司的每个角落,而且必须坚持下去,并以此激励公司的人员。否则,公司只是一系列分门别类的部门,没有统一的目标或方向感[2]。

---

[1] 华谊兄弟研究院:《北美影视公司2019财报分析:迪士尼称雄,新"五大"格局已定型》,https://www.jiemian.com/article/4129083_qq.html。

[2] 西奥多·莱维特著:《营销短视症》,《哈佛商业评论》1960年。

会员甄选与分类

确定了为会员服务的价值主张,接下来要仔细定义并寻找会员这个最为重要的群体。那么,企业如何定义会员群体?如何从众多用户中找出自己的会员?"正确"的会员画像长啥样?

谁是我的会员

在甄选会员之前,企业首先要确定"谁是我的会员",尤其是核心会员——这是企业长期发展的基础。

每个企业都有自己的价值观,自然也有其心仪的目标客群。用什么样的标准去寻找正确的会员,是每个会员制企业首选的必修课。如前文所述,"价值观一致"、达成"价值共识"很重要,这样才能保证企业与会员的相互尊重、双向承诺。

亚马逊的 Prime 会员

亚马逊的价值观是:一是奉行长期主义。贝索斯每年给股东的信中一直强调这一点,不要看重短钱,"在很长一段时间内,我们无利可图;这就是我们的策略"。二是强调底层逻辑。对于零售业,消费者长期的不变需求是"更低的价格、更多的选择和更好的便利性",企业发展不是盯着对手,而围绕顾客的需求本质,确保每一个决定最终都会为顾客带来价值,零售的全部意义就在于为顾客服务。三是重视创新和联动,强调业务飞轮联动与基础设施夯实,强调坚持不懈、勇于创新。"我们(每)做一件非常重要的事情,"贝佐斯说,"都容许冒极大的风险,其中有些成功了,但大多数都没成功"。

市场上是否有一群人高度认可亚马逊的价值?亚马逊希望做到的,就是把市场上的这批人找出来,更好地服务于他们[1];多听听他们的声音,多了解他们

---

[1] 张思宏著:《用户经营飞轮:亚马逊实现指数级增长的方法论》,机械工业出版社 2021 年版。需要说明的是,这些人群中包括客户也包括投资者,他们都认可亚马逊的价值观,才可能长久合作。

的需求；然后带到公司内部去，反向为他们设计产品，践行自己的使命。从这个意义上，企业与顾客是一体的。亚马逊自 2005 年推出 Prime 付费会员，初期定价为 79 美元/年，现在涨至 119 美元/年，选择那些更愿意使用亚马逊服务的用户。至 2023 年底，亚马逊 Prime 用户总数已达 1.76 亿，长期会员的续约率超过 95%。

在此简要讨论一个小困惑：企业是在培养会员还是甄选会员？这个问题背后的迷思是：会员能否被培养。企业能在多大程度上改变会员态度和价值观？企业每年都会花费大量的营销支出，通过各种软硬广告向客户宣传自己的产品和理念，究竟起到了怎样的作用——推介了产品还是改变了观念？

亚马逊的广告调研显示，79%的消费者表示更愿意从与自身价值观一致的品牌中购买产品和服务[①]。"真正推行会员制"的企业也是这种心思，更愿意为那些与自己的价值观一致的客户/用户提供长期高品质服务。

大量营销活动短期内可能引发热议或购买，而能够长存的还是那些与企业理念契合的人。本书认同的观点是，会员制不是来培养会员的，会员本来就在市场上，企业需要通过一定的机制把他们甄选出来。当然，本书并不否认，或许通过长时间的接触，有些客户会慢慢改变心态和观念，从黑粉变为忠粉。

站在"价值共识"角度，会员制这种商业模式的主要目的不是培养和说服会员，它更适用于寻找会员并维系关系。会员甄选是一个漏斗过程，用于逐层筛选价值共识者。会员制在建构初期就要明白[②]：

(1)会员制不是用来解决产品销售问题，企业不应该因为产品不好、流程不好而选用会员制来促销。

(2)会员制也不是用来做利润增长，更不是为了把有价值的顾客锁住，促成他们的更高频次消费；而是通过多维服务，实现会员未来的持续追随。

(3)会员制对会员的分化或分层，不是为了"掐尖"现有顾客价值，而是为了差异化服务不同需求的顾客。

---

① 数据来源：2022 Higher Impact, Amazon Ads。
② 张思宏著：《用户经营飞轮：亚马逊实现指数级增长的方法论》，机械工业出版社 2021 年版。

亚马逊坚持"站在用户视角"，不断寻找和甄选市场上的"价值盟友"，用持续的产品/服务创新满足用户需求，这已成为亚马逊长期发展的助推器和加速器。

巴菲特的"贝蒂"们

巴菲特强调，不要奢望吸引所有人，要选择那些跟自己价值观一致的人合作。在2024年的股东信上，巴菲特明确阐释了其目标客户群："将储蓄托付给伯克希尔且不存在任何转卖期望的投资者（这类似于通过储蓄购买农场或出租物业的人，而不是喜欢用多余资金购买彩票或"热门"股票的人）。"

巴菲特通过对妹妹贝蒂的描述，对目标客户所具备的具体特征给出了框图。

"在想象伯克希尔期望找到的目标股东这个问题上，我幸运地拥有一个完美的心理模型：我的妹妹贝蒂（Bertie）。"

首先，贝蒂聪明、睿智，喜欢挑战我的思考方式。但我们从未有过大吵大闹，关系也没有出现过裂痕，以后也不会。贝蒂和她的三个女儿都有很大一部分积蓄购入了伯克希尔的股票。她们的持股时间跨度长达数十年，每年贝蒂都会阅读我写的信。我的工作就是预测她可能会问的问题，并给她以诚实的回答。

贝蒂像你们大多数人一样，虽然没有参加CPA考试，但了解许多会计专业知识。她关注商业新闻，每天阅读四份报纸，但她不认为自己是经济专家。她很理智，可以说非常理智，本能地知道不应该过分相信专家。毕竟，如果一个人能够准确地预测明天的话，她会随意分享她的宝贵见解给别人来增加竞争吗？投资就好比找金子，只是把标有金子位置的藏宝图递给邻居。

贝蒂了解激励的力量（无论好坏）、人类的弱点，并根据可识别的信息观察人类行为。她知道谁在"推销"，谁可以信任。简而言之，她不会被任何人愚弄。

巴菲特坚持的价值投资，从长期来看，最终能吸引的就是像贝蒂这样的价值观一致的人——他们相信巴菲特，相信伯克希尔，并且愿意长期持有伯克希尔。但这些人不傻，他们可能是外行，但很理智。如果巴菲特（或伯克希尔）不能坚持其价值观，一旦做出不值得信任的事，他们就能察觉。

星球健身的"普通民众"

星球健身（Planet Fitness）是一家有别于传统健身房的健身房。

对于健身人士来说，星球健身有很多奇怪的规定：禁止批评任何人，不准健身时发出嘶吼（用力）的声音。不欢迎你流太多汗，也谢绝顾客秀身材和肌肉，不准肌肉男或辣妹在店内自拍。原因在于：星球健身的目标群体只是普通民众。

星球健身的 CEO 克瑞思·彭迪欧（Chris Rondeau）在一次彭博周刊的采访中提到："我发现健身俱乐部大多把注意力集中于健身爱好者身上，使这些人更爱健身。说实话，星球健身致力于动员全体民众健身，成为他们加入的首个健身俱乐部，从而增强这些人的体质。"

星球健身的调研数据显示，美国人中大概有 15% 的健身爱好者、50% 的普通民众和 35% 的健身弱势群体。传统的专业健身俱乐部通常面对的是 15% 的健身爱好者，这些健身爱好人士喜欢用各种方式"秀肌肉"。这造成普通民众不愿意也不敢去传统健身房，因为在一群体型超棒的健身人群中，普通民众的身材相形见绌，很容易产生挫败感。

星球健身的想法是帮助"一般民众"找回自尊，让健身成为一件轻松愉悦的事。星球健身力求营造一个无压力、无歧视的健身环境，吸引那些健身需求不高的顾客。星球健身会员的数据显示：四成以上的现有会员在加入该健身房之前都是无运动习惯的人，没有加入过任何健身俱乐部。

小米的米粉

小米公司是一个重视会员的企业。在小米公司的发展历程中，秉承着"和用户交朋友"的价值观，吸引了大批拥趸。虽然在 2018 年才推出正式命名的会员制，但实际上小米自成立之初就在用"会员理念"对待用户，小米的追随者有一个形象的称呼——米粉。

米粉是怎样的一群人？小米官方或雷军的公开发言对米粉并没有一个严

格的清晰定义,早期时笼统地描述为"年轻人",后来更强调"追求时尚、喜欢科技"的人群。

2011年小米切入手机市场时,强调自己为"发烧友而生",为追求"科技生活"的人群提供产品或服务。2024年小米汽车发布时,雷军是这样描述的:"小米汽车的目标用户是喜欢先进科技、有品位、热爱生活的人,他们是这个时代的时代精英",更进一步解释说,"是那些追求创新科技、注重品质生活的人群,他们代表着这个时代的主流价值观和消费趋势"。

不管是手机用户还是汽车用户,这个群体的共同特点是"不甘于平庸、还在为梦想奋斗、向往先进科技、追求幸福生活"。从这些表述看出,小米对用户群体的描述更侧重于"用户的渴望"而非身份资质,所有认为自己"喜欢科技、注重品质生活"的人都可以成为米粉;反过来,正是有这种想法的人,才可能被小米公司的理念打动。

思考:"用户渴望"与"身份资质"

用户渴望是用户对自己的角色定义或者对生活方式的向往:有人认为自己是"爱冒险的人",有人说自己"追求性价比",有人渴望"自在、舒适",有人想做"驴友""时尚潮人",有人"不断提升自己,让生活更丰富多彩",等等。

身份资质是每个人的外在标签,比如职业、年龄、身份属性等。传统企业据此进行客群细分,从不同维度对顾客做标签归类,从中选择意想中的目标客群,开展精准营销。大数据和人工智能更是能够做到千人千面,甚至对用户进行颗粒度画像,识别不同场景的偏好差异。然而,这些特质标签并不能真正反映顾客的内在渴望。

"用户渴望成为什么人""用户如何定义自己",这是用户的私有信息,企业与用户之间存在严重的信息不对称。即便企业设定了目标会员,也拥有大数据画像技术,要把符合要求的会员找出来,仍是一件非常困难的事。

2001年诺奖得主斯蒂格利茨的"信号甄别"模型,给出了信息劣势方先行动的指导策略。对于客户私有信息(比如客户的购买动机、偏好和支付意愿等)的掌握,企业是信息的劣势方。在这种情况下,企业可以先出牌:制定一个制度,也就是一种筛选规则,这个制度(筛选规则)通常包括多种分离选项(斯蒂格利茨称为分离合同），让顾客在各种可选项中自己选择一个最适合他的选项；顾客的选择过程其实就是顾客的分类过程。比如化妆品公司的高端品牌与低端产品、地产商的不同房型、保险公司的不同服务合约等。这是用有差别的产品和服务满足不同渴望的人群。当顾客选择适合自己的产品时，也就实现了客群的自动分类。

小结：会员制保证长效的基本条件是"找到那些同频共振者"，价值观一致，彼此相互尊重。会员制并不完全迎合消费者，而是利用专业知识，更好地为价值观契合的会员提供更好的服务。正所谓物以类聚、人以群分，如何设计适合公司业务特色与会员群体的分类机制是一门艰深的艺术。这套制度能否成功的关键，就是能否甄选并维系住那些价值共识者。

会员分类/甄选机制

甄选会员是一个难题，也是会员制模式的关键任务。前文所述的各种会员模式——资格会员制、积分会员制以及付费会员制等，就是甄选会员的不同方式。看似简单的制度背后通常有着精心设计的策略动机，衍生出不同的甄选机理。

深入这些机制的背后就会发现，上述各类会员制遵循的甄选机理和数据基础不相同：它们分别在回答"用户是什么""用户做什么""有户想什么"。

1. 资格会员的甄选机制

资格会员的甄选机制比较简单，根据用户的身份属性和资质信息做出分层，设定相应的入会门槛，必须符合所规定的资格才能入会。资格会员的甄选过程就是资质审核。比如工商银行的黑金卡，必须先成为工商银行的私人银行客户才能申请，而成为私人银行客户的条件是：在工商银行的金融资产达到等值 800 万元人民币（含）以上。

2. 付费会员的甄选机制

付费会员的甄选似乎更简单，付费即可成为会员。背后的机理却很复杂，这是信息不对称条件下的选择逻辑——让用户展现自己的偏好，企业只管制定甄选制度，然后将选择权交给用户。

3. 积分会员的甄选机制

积分会员制的初始门槛最低，用户只要完成注册或达成一次交易即可成为会员。随着后续消费的增加，用户就一步步地踏进了一个精心设计的系统里：你会随着消费频次和消费累积的增加，获取更多的积分和优惠，体验不断提升，商家也会适时地提醒会员升级服务；积分越多，用户越有动机留下来与企业长期往来；当你习惯了高级别的会员服务时，通常变得非常忠诚了。

积分会员的甄选机制最为复杂：一是将历史沉淀与未来交易相结合，大多数交易关注的是当期收益，积分会员会顾及过去和未来；二是利用行为数据，对会员过去的消费行为进行追踪，进行顾客的精准分层，对需求偏好的把握度更高；三是渐进式的引力作用，根据积分累积制定的一套奖励机制，将用户拉入一个升级体系，实现"由浅尝到深交"。

国航的常旅客计划

1980年美国航空公司首次推出里程计划后，各大航空公司相继推出了自己的旅客积分体系。中国国际航空公司于1994年推出"凤凰知音"常旅客计划，面对的客群是个体消费者（公司和法人实体不能参加），所有年满12周岁的旅客均可申请，不满12周岁的儿童可以申请成为"知音宝贝"会员（2—12周岁）。

"凤凰知音"常旅客计划根据已在账的定级里程和定级航段情况，达到升级标准即可成为"凤凰知音"相应级别的会员，主要有银卡、金卡、白金卡、终身白金卡以及卓越终身白金卡。除终身白金卡和年度卓越终身白金卡达到标准后可直接升级外，其余贵宾会员级别均为逐级升级。在当前贵宾级别到期前，根据已在账的定级里程和定级航段情况，按当前级别的保级标准进行保级评定，如表3—1、表3—2所示。

"凤凰知音"会员在乘坐国航系各成员航空公司和星空联盟成员航空公司航班时，可享受相应的贵宾专享服务，如额外里程奖励、优先候补、额外免费行李、优先办理登机、专车接送、休息室等。

表 3—1　　　　　　　银、金、白金升级评定周期和升级标准

级别	银卡	金卡	白金卡
评定周期①	自当前月(含)起以往的连续 12 个整月		
正常升级标准	4 万公里定级里程或 25 段定级航段	8 万公里定级里程或 40 段定级航段	16 万公里定级里程或 90 段定级航段
级别有效期	自升级为贵宾当月起至之后第 24 个月月底有效		

资料来源：公司官网。

表 3—2　　　　　终白、年度卓越终白升级评定周期和升级标准

级别	终身白金卡	年度卓越终身白金卡
升级标准	100 万公里或 200 万公里	年度 30 万公里终白里程
升级评定周期	自入会起	上一年度的 1 月 1 日至 12 月 31 日
级别有效期	终身有效	自成为年度卓越终身白金卡起，至当年 12 月 31 日有效

资料来源：公司官网。

华住的会员

华住集团是国内最大的酒店集团，拥有中国酒店业最多的会员，根据 2023 年报数据，华住现拥有 2 亿的私域会员。自有会员的酒店预订占比超过 70%。

华住的"成长型会员"入会没有门槛，只要在华住会 App 通过手机号注册，即自动激活成为会员。根据成长值（即住店的历史消费金额，也就是消费积分，交易成功后都会获得一定的积分，累计一定数量即可实现升级）的变化，对应升级为不同等级会员，享有不同权益。华住集团对其会员系统进行精细化设计，按照级别设置星会员、银会员、金会员、铂金会员四个等级。不同等级设置了阶梯性的使用权益，包含价格折扣、赠送早餐、入住预定保留、延迟退房等权益。

但是华住也提供了付费后快速升级的选择，如表 3—3 所示，会员若累积消费不足，可以购买会员升级。

---

① 以最近一次飞行记录入账之日，仅查看您账户中评定周期内已累积飞行记录。

表 3—3　　　　　　　　　　　华住的会员体系

申请地点	华住酒店集团各店前台		华住网站	
获取方式	购买	升级	购买	升级
华住星会员			免费注册	
华住银会员	28元	华住星会员累计1 000积分兑换/补28元升级	28元	华住星会员累计1 000积分兑换/补28元升级
华住金会员	198元	华住银会员累计2 000积分兑换/补170元升级	198元	华住银会员累计2 000积分兑换/补170元升级
华住铂金会员	—	华住金会员符合铂金会员标准自动升级	—	华住金会员符合铂金标准自动升级

资料来源：公司官网。

积分会员制在探索过程中，一直在"大众用户"与"会员用户"之间做平衡。单纯的积分会员制存在"激励滞后"，顾客成为会员之后无法马上享受到会员福利，需要积累到一定的消费记录后才能享用。从加入会员到享受会员福利的滞后性，会降低一部分消费者的入会兴趣。

这背后是沉没成本效应和即时满意效应的矛盾。

• 沉没成本效应：如果人们已为某种商品或劳务支付过成本，便会增加该商品或劳务的使用频率。从理性决策的角度，人们的行为不应该囿于已经发生的不可回收的沉没成本；现实中，人们却经常为了避免因损失带来的负面情绪而沉溺于过去的付出中，选择了非理性的行为方式。

• 即时满足效应：人们偏好立即获得奖励，而不是等待未来的更大奖励。所以会要求即刻得到投入的直接产出，在尽可能短的时间获得好处，否则就倾向于放弃参与。

"付费＋积分"的双重制度

越来越多的积分会员制企业开始探索一种复合的制度设计，即在传统积分制的基础上增加付费制——采用付费＋消费积分的双重制度。如上所述的华住，用户除了通过历史消费累积积分进行升级外，还可以直接购买不同等级的会员资格。

2019年9月，华夏航空也推出了付费会员制：消费者可以通过付费方式快速升级会员,享用兑换升舱、逾重行李以及免费机票等会员福利。付费会员制在航空业并不普遍,华夏的付费会员制也是一种尝试。

"付费＋积分"的双重制度在团购网站和生鲜电商领域很普遍,如阿里、京东、唯品会等都在推行双重会员制:在用户注册后即开始累积消费积分,或者选择付费购买会员卡。

全家会员制:从不收费到收费

全家会员制从最初的积分会员转向"积分＋付费"模式。

2014 年,全家在上海首推集享卡——普通的积分会员卡,半年发放了 249 万张卡,有效注册会员 208 万人。受积分制激励,2014 年全家便利店会员消费比达到 23.5%,客单价 13.5 元,高于非会员客单价 2.1 元。

2016 年 1 月,全家推出 100 元年费的"尊享卡",首年会员过 100 万。公司相关数据披露,尊享卡会员月消费额约为一般会员的 2.66 倍,客单价是普通会员的 1.14 倍、非会员的 1.66 倍,到店频次更是普通会员的 2.33 倍[①]。

全家随后提出,将发展尊享会员作为全家会员体系的核心,最大程度地将普通会员转为尊享会员,2017 年的目标是在 1000 万普通会员里升级 150 万尊享会员。2016 年全家上线的网络运营——O2O(online and offline),针对尊享会员推出了线上精选超市——甄会选,专为会员提供更低价、更多样的线上商品。

2023 年,全家进一步推出了"新尊享卡",将会费提升至 128 元/年,新增了全场 88 折、尊享消费奖励、尊享抽奖集点等专属活动及开卡专属福利等权益。全家在会员服务上从 VIP 服务向 SVIP 服务进阶。

全家在会员管理上的变革,展现出更明显的分级制度:对高黏度的尊享会员更为重视,也确实带来了更高的消费频次和客单价。但从公司管理层的发言中,也能感觉到他们相对克制,比如"不能贪心,客单价提升 2 元就是成功"。

星巴克:从收费到不收费

星巴克会员体系走了相反的路径,它经历了从收费到不收费的转变。

[①] 朱宏涛:《便利店新本业在于会员经营力》,《商业观察家》,https://www.iyiou.com/news/2017051245155。

2009年星巴克推出忠诚顾客计划——星享卡，2011年开始在中国实施。该计划中，顾客需要支付88元购买一张星享卡，才能注册成为"星享俱乐部"的会员（银星级），此后每消费50元即可得到一颗星，积满5颗星就升级为玉星会员，积满25颗就升级为金星会员；不同等级拥有相对应的会员权益，如买三赠一、生日券等。

2018年，星巴克调整了会员计划，新计划不再设定准入门槛，用户注册就可以直接成为银星级会员，但还需要通过消费积攒星星实现升级，并且下调了升级条件和不同等级的会员权益。

新计划放松了进入门槛，可以吸引更多的普通会员和新会员，也是对下沉市场的关注。相关数据显示，星巴克中国现有注册会员人数超过1.27亿人次。但一些老会员认为，新计划中玉星会员（积攒4颗星）和金星会员（积攒20颗星）更容易升级了，但权益也下降了，原玉星和金星会员的"买三赠一"和"买十赠一"被取消，这似乎展现出星巴克在某种程度上想绕开价格战。

思考：初期筛选 OR 后期筛选

上述不同类型的甄选方式，体现了会员甄选观念的不同：交易初期即筛选会员还是随着交易的进行在后期慢慢筛选？后者也被称为漏斗法则。

付费会员模式下，人们在进入企业的初期已被筛选。真心喜欢咖啡且频繁喝咖啡的消费者，会选择购买88元星享卡的会员，肯定是咖啡的重度爱好者，偶尔消费咖啡者不会看重星享卡的赠送福利。如此一来，偶然性消费者和重复购买消费者明显地区分开来。

积分累积是后期筛选制度，充分利用了使用过程中的利益递增或成本递减。当某用户的积分数量达到一定规模时，汇集而成的积分不仅为消费者带来好处，也可以为商家带来利益。后期过滤机制方便了新用户的尝试，对于不被人熟悉的新品牌，减小初次接触的顾虑；相对容易的进阶通道，逐步对差异化用户进行更细致的分层，缺点是太细致的分类难以让重度会员享受到独特性；从数据的角度，后期过滤机制有助于扩大数据规模，但可能有损数据质量。

思考：显性信息与隐性信息

信息是开展会员分类和筛选的重要依据，上述各种甄选机制所依赖的信息性质不同。

资格会员制与积分会员制，利用资质信息和行为信息来分别筛选会员。这两种信息相对"容易获取"——可以追踪搜集的外显数据，随着大数据和信息技术的加持，企业获取显性信息的能力不断加强。

- 特质信息

利用用户特质信息甄选会员是传统营销学的基本策略。早些年代，囿于信息技术相对落后，企业所掌握的顾客数据有限，只能通过相对易得的特质信息分类消费者。该方法简便易行，但缺点是：

一是无法把握顾客的真实需求，两个身份特质相同的人，需求偏好却可能差异巨大；

二是说服成本可能很高，企业筛选出来的目标用户对企业未必感兴趣，企业需要花较大的营销成本来说服之。

面对大众市场时，这种甄选法日显不足，特质指标太少则筛选过于粗犷，指标太多则过于复杂，而且往往是企业"一厢情愿"的选择。面对小众市场和组织客户（B端客户），仍是一种不错的甄选方式，比如银行黑卡会员、企业家俱乐部、企业协会等。尤其当会员名额有限时，企业会拥有较大的选择权，还可通过提高门槛或推荐邀请等方式，控制会员人数。

- 行为信息

行为信息正因为互联技术的加持而不断强大，对顾客行为的记录趋于全面化、及时化、系统化，将来每个人都会有一个数字分身，这对会员经济将产生巨大影响。

大数据可以全面了解顾客的行为特征和消费习惯，比如一个人的衣食住行等消费数据，一个人的聊天、游戏、慈善等社交数据，一个人睡眠、娱乐、闲逛等生活数据，都将随着数字化建设而更加系统化且动态化。数据给会员的精细化管理提供了条件，但是行为信息反馈的是历史数据，并不能呈现顾客未来的真实心理特征。

- "用户渴望"

资格制和积分制都是利用相对易得的显性信息来分类顾客并甄选会员。而接下来的甄选原则，则将甄选的主动权交给了顾客——设计一种机制，让顾客展露其内心的真实需求，自动选择是否与企业建立会员关系。只有顾客才更了解自己的真实需求。面对用户渴望的差异，企业要做的是提供有差别的产品、服务或定价，然后让顾客根据偏好自行选择，进而完成客群区分，这就是斯蒂格利茨的"分离合同"原则。

——利用需求偏好的差异
（1）支付意愿的差异性

航空公司面对支付意愿不同的乘客，设置了头等舱、商务舱和经济舱等不同选项，支付意愿高的人通常会选择头等舱，而支付意愿低的人选择经济舱，由此实现顾客的自动分离。保险公司提供了不同条款的合同文本，让愿意承担高风险的人和不愿意承担高风险的保户，可以选择不同的合同文本。

（2）时间上的差异性

在产品生命周期的最初阶段制定较高的价格，将那些"追求创新产品"的顾客甄选出来，也被称为撇脂定价。手机、汽车等新技术产品上市时，都曾利用这种时间上的差别定价来区分用户。撇脂定价这个称谓听上去有些刺耳，感觉是利用消费者的狂热来赚取高利润。不可否认，新产品在早期阶段由于产量不足存在成本偏高问题，实际上，高定价更大程度上识别出了"求新者"或"忠粉"客群。这批人往往对公司产品或品牌有更高的认可度，也能够容忍早期产品的瑕疵和不完美。

电影院的日场与夜场，定价存在明显差异；拥挤路段的高峰时间收费，都是为了区分对时间敏感度和定价敏感度不同的用户。使用滴滴打车的用户，遇到下雨天或高峰叫车需求时，系统就会弹出加价之后快速排车的提示，也是同样的筛选逻辑。

斯威夫特的音乐粉丝

美国歌手泰勒·斯威夫特（网称霉霉）拥有巨大的听众基数。对自己的音乐定价，霉霉坚持时间上的错位，布局了相应的付费方式：一是坚持先销售唱片、后上线网络（流媒体）再开演唱会的顺序；二是坚持有偿服务，开启音乐付费模式，网络歌曲也不免费，对此不惜与音乐平台对抗。面对演唱会的"黄牛"，则建立了类似飞机票售卖的"慢速票务模式"：把演唱会售票周期拉长，降低卖票速度，临期票比"早鸟票"更贵，但保证演唱会开幕前一晚仍有票放出。

这种时间上的错位帮助霉霉筛选了忠实粉丝用户，越是喜爱霉霉音乐的歌迷，往往在出唱片时就会选购；次之的用户，可能选择便宜的网上音乐；不愿付费的用户，通常对霉霉音乐无感，这也不是霉霉想取悦的人群。演唱会的慢速售票和保证供给，则将时间敏感和价格敏感的粉丝进行了分类，也打击了"黄牛"对粉丝购票价格的影响。

（3）价格的差异性

利用价格差别甄选目标会员，是一种极简单的策略，它将选择权交给顾客。比如开市客的付费会员制度，一是付费才能入场，这样将看重品质且认同开市客选品服务的用户从一般用户中甄选出来；二是设置了普通会员（60美元的会员费）和高级会员（120美元的会员费，享受2%的商品折扣），将购买潜力不同的用户进行了区分。

价格差别是分类会员的有效方式。但是，完全同质的产品向不同顾客索取不同的价格，会引发顾客的强烈不满，近年来被人们频频吐槽的"杀熟"就是典型现象。所以，价格差异通常不会单独采用，而是伴随着产品的差异性和时间的差异性。此外，面对非标产品或服务，用价格差异来区分顾客更为有效，如律师/法律顾问、管理咨询、医生诊疗/健康服务、中介代理等服务。

——利用考核机制完成甄选

考核机制被普遍用在筛选学生、招募员工、选拔人才等领域，在顾客甄选方面比较少见。但近年来也出现了一些有趣的会员筛选考试，B站是一个典型案例。

B站的会员考试

成立于2009年的B站，早期是一个ACG（动画、漫画、游戏）内容创作与分享的视频网站。初期的B站为了维持"调性"采用限制注册方式(邀请码注册制),2013年5月20日推出注册答题制,总共100题,内容包含弹幕礼仪篇以及动画、漫画、游戏的相关知识,晋级考试限定60分钟,达到60分及格线才能成为正式会员。

正式会员属于社区的核心群体,可以在B站自由发弹幕、留言或投稿。这一举措让B站拥有了独特的用户群体(也被称为二次元用户),从而保留了独特的网站风格和社区氛围,B站因之实现了其他视频网站所不具有的极高用户黏性。2018年B站上市招股书显示,平台用户日均使用时长为76.3分钟,正式会员第十二个月的留存率超过79%。

"入学考试"在很大程度上阻止了不了解动漫知识或不喜欢动漫的人群,提升了注册会员的质量,但也将多数用户挡在会员制之外。2018年IPO之后,B站开始一定程度的规模扩张,首先放开了非正式会员在B站发弹幕的限制;其次推出了付费"大会员"服务,支付月费或年费(不需答题)就可以获得大会员资格;2019年B站还降低了答题难度,以吸引更多的用户增长以及非二次元用户。

随着大量新用户的涌入,B站用户群体趋向多元化,老用户对核心二次元文化被稀释感到不满。如何平衡新老用户的关系,让新用户和站内原有用户相互融合?如何保障老用户获得更优质的体验环境,提高老用户黏性?都是B站需要不断探索的问题。2022年3月21日,B站再次强化了"考试制度",用来区分深度爱好者——"硬核会员",符合条件的现有会员通过一系列"严格"的测试才能获得硬核会员资格,进而获得更多的专属权限,如出题人资格、硬核会员弹幕等。

平台性公司的会员

平台性公司具有极强的网络外部性,其顾客(用户)呈现双边或多边属性;双边用户互为促动,相辅相长,大多数平台将双边参与者视为会员,根据参与者的功能属性或力量强度制定不同的管理方式。

平台双边的参与者是不同的利益群体,比如电商平台上的商家与顾客、招聘平台上活跃的招聘者和应聘者、相亲平台上的男女双方。参与者在平台网络中的地位不同，会员制度也有很大差异。

智联招聘对双边会员收费。早期将企业一方设为付费方，根据发布岗位和服务时长设置了月度会员、季度会员、半年度会员、年度会员。近年来针对个体求职者进行了区分，设置了免费服务和增值服务，尝试向求职者收费。百合网对相亲双方都收费，但对男女双方的收费标准不同，并按付费高低细分为普通会员（心悦会员）和高级会员（水晶会员）等。

滴滴作为服务平台，收入来源于客户支付在平台和司机间的分配。一方面需要吸引客户重复消费，另一方面也要保证司机的稳定性和履约能力。根据口碑和完单表现，滴滴将司机分为 8 个等级（有些城市分为 6 个级别）。在客户端，根据客户在滴滴平台上的月度积分累积量分为 6 类，分别对应不同的权益。

双边参与者在互为联动的同时也面临利益上的矛盾。比如乘客享受低价优惠，会压榨司机的收入；司机减少，乘客的及时履约质量也会下降。平台企业不得不在"谁是核心会员"上做权衡。同为在线零售企业的阿里和亚马逊，阿里以服务企业为使命，"让天下没有难做的生意"；亚马逊则强调"客户至上"，将消费者视为公司的核心会员。

会员共享：联合会员制度

2024 年，星巴克与希尔顿开启了联合会员活动，双方会员可通过各自旗下的 App 等渠道，加入对方的会员体系，享受对方的特色福利。这次改变被称为星巴克会员计划的"破圈"。"这是星享俱乐部成立以来最突破自我的一次升级。"星巴克执行副总裁兼星巴克中国联席执行官刘文娟表示："今天的'破圈'只是一个开始。未来，我们将继续突破星巴克的生态体系，携手更多志同道合的品牌，打造大家真正喜爱的好礼与服务。"

破圈——不同企业间的会员共享，正成为一种流行趋势。支付宝与中国移动联合推出"双 V 会员"，会员可以同时享受中国移动和支付宝的双重优惠。星巴克曾与携程在 2019 年推出"咖啡＋旅行"的双重权益卡。携程在 2020 年还与洲际酒店集团开展合作，双方打通会员体系和相应优惠权益。

会员共享体系有多种类型，主要是积分共享和联合付费。积分共享指双方相互认可对方的积分，给予对方会员以相应的权益。上述案例多为积分共享，尤为典型的如茑屋书店。联合付费主要发生在订阅制企业中，它们推出的订阅计划中可同时享用多家企业的权益。

积分共享计划

茑屋书店在 2003 年推出 T-card 会员体系（简称 T 卡），方便用户通过它来借阅、购买图书。随着茑屋书店业务规模的扩大，茑屋与跨行业企业建立通用积分卡，进行跨行业的积分兑换服务。T 卡会员不但可以在各家茑屋门店消费，还可以在加盟合作的企业中消费并享受积分。

目前，茑屋书店 T 卡会员约有 7 000 多万人，T 卡也接入了日本 164 家公司、10 万家以上的加盟企业和超过 100 万家店铺，包括日本最大的加油站、消费者身边高频的宅急送、全家便利店以及酒店、银行等。通过 T 卡购买的商品种类达 1.2 亿，几乎覆盖各个行业的消费场景，实现了一卡通用——不仅享受积分，租借书籍，部分积分卡还有信用卡功能，其功能类似一个覆盖衣食住行的通用货币。

T 卡已成为一种跨平台、跨企业、跨领域的积分体系。这些被 T 卡连接起来的店铺形成了一个巨大的"产业共同体"。正因如此，茑屋书店可以直接追踪到半数以上日本人的消费数据，大数据生成的用户行为预测和判断便更加准确。以此为基础，茑屋书店对每个门店进行陈列更新、选品规划，实现千店千面的运营设计。

联合年费

联合年费则更像"捆绑销售"。2019 年携程与京东 PLUS 会员推出联合会员卡，年费 148 元，用户不仅能享受京东 PLUS 会员现有权益，还能成为携程超级会员，享受机票无忧退票、酒店专享价等出行待遇。唯品会和腾讯视频 2022 年推出联合会员活动，198 元便可享受到唯品会和腾讯视频两份 VIP 权益……内容网站如音乐、视频、音频等网店以及信用卡公司，都热衷于与其他企业实行联名卡活动。

联合年费计划中的双方或多方,它们的目标会员有较大的重叠。联合年费有助于降低营销成本,扩大彼此的用户群。有些企业借助于暂时的联合方案实现促销,比如百度的网盘SVIP年卡加赠喜马拉雅的季卡,使百度的会员获得了福利,喜马拉雅则收获了新的用户群。阿里的88VIP除了旗下电商版块可以提供红包、包邮等权益外,还融合了饿了么、网易云音乐、芒果/优酷等,形成一个会员生态体系。

小结:构建会员制模式的第一步,是要确定核心会员,也就是"放在第一位"的会员群体。星巴克、华住酒店以及开市客等产品型公司,核心会员就是它们的长期用户——价值观一致的长期重度用户。对于招聘、美团、滴滴、阿里等双边或多边平台,由于双边客户性质不同,维护双边或多边的稳定才能保证整个模式的稳定性,当面对双边客户利益矛盾时首要维护的是核心会员关系。

构建会员制模式的第二步是甄选会员,这需要一个完善的制度和适当的甄选手段。资质、消费记录、用户渴望、定价,都可以充当甄选工具。俱乐部式会员乐于用资质、关系图谱等作为会员选择依据,有些还采取邀请制。消费记录是积分会员制的常用方法,根据消费金额的历史累积给予会员以不同的等级。用户渴望完全改变了筛选思维,让会员主动选择是否加入。

会员制运营:共创价值

前文一直在强调"价值主张"的重要性,接下来,我们分别从运营管理和会员管理两个方面,拆解价值主张的落地策略。

产品运营:产品力与公信力

首先要强调的是产品/服务的重要性。

"好产品/好服务是企业的灵魂",这一原则适用于所有商业模式。在会员制模式中,这一点更加重要。能否服务好会员,关键在于产品力和公信力:产品力是企业向顾客提供的高质量产品的竞争力;公信力是企业向顾客传递的高质量信号,能在多大程度上被顾客接受并相信。

切记:千万不能因为会员制而忽略了产品力;相反,正因为会员制及其长效性,反而要更加重视产品、死磕产品(见图3—1)。

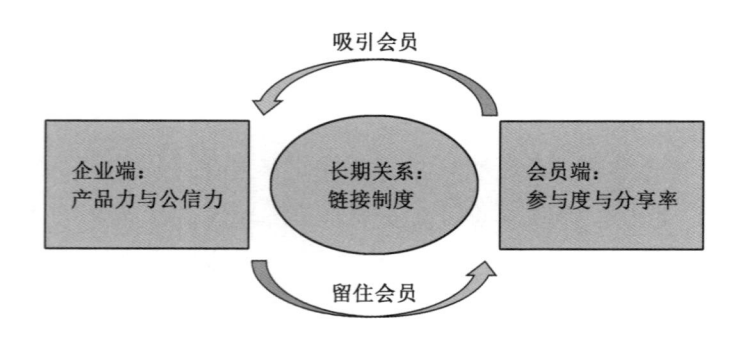

图 3—1　会员制运营:企业端与会员端共创

1. 产品力是第一要义

产品力是个老话题,从木村的苹果、小野二郎的寿司到极紫外光刻机、英伟达芯片,都强调用"工匠精神"或技术创新做出好产品。在产品过剩时代,产品力本身更是吸引顾客的名片。

产品力是一个综合体验的结合,除了设计精良的产品,还有一流的客户体验。苹果的产品经常引发果粉的尖叫,性能、科技、设计都会带来超出顾客想象的惊喜,新品发布会备受果粉期待。近年来苹果产品力下降,也让果粉感到失望。亚马逊不断扩品并开放 Marketplace 平台,将业务范围从书扩展到百货、食品、流媒体,其高效的仓储物流分拣技术就是为了满足会员的综合性需求。小米追求极致产品和"性价比",将硬件综合净利率控制在 5% 以下。财新周刊面向政府、产业和商业领域的管理层,聚焦于经济、时政以及其他社会领域的新闻资讯,提供专业、客观、及时、深度的独家报道,培育了 70 多万付费订阅用户。山姆和开市客更是以高品质低价格赢得会员的持续购买。

2. 公信力:传递高质量信号

产品力固然重要,面对层出不穷、眼花缭乱的竞品,如何让顾客相信本品牌的质量?公信力表现为被大众认可的产品力,除了品牌信誉,还有行业标准的意味。

来自大众点评、淘宝京东的客户反馈中，一个广为提及的重复选购理由是"不踩雷"。满怀期待的尝新后留下的失望以及信任被辜负的心伤，使会员丧失续约的勇气。

坚守承诺是一种有效的高质量信号传递方式。阿里、京东等电商平台都给会员提供了"宽松"的退货政策。罗振宇在2015年承诺要做时间的朋友，举办20年的跨年演讲；何帆承诺用30年时间，记录每年中国经济的变化。"信守承诺＋长期坚持"给予顾客以确定性预期。胖东来将服务做到极致，因质量问题登门道歉并退还货款，卖海鲜会倒掉塑料袋的水分，产品降价后主动给顾客返还差价等，这些行为经过20多年的坚守赢得了公众的认可。

会员管理：参与度与分享率

近年来，不论在线机构还是实体组织，都日趋重视会员的联系。一些实体店的老板也在悄然改变惯有的坐商姿态，积极与常客互加微信，建立沟通群，关注彼此的需求。

这反映了会员管理的全新理念：价值创造过程不再是企业的单向输出，而是企业与顾客共创的结果，需要双方的共同参与。顾客不再是单纯的消费者，正在变身为产销者[①]。

价值创造不仅发生在产品/服务的生产过程中，还生成于会员使用产品或分享产品的过程中。会员管理的新命题是：通过吸引会员的积极参与和双向互动，打造双方共创价值的场景。激发会员的参与与分享，这是会员制关系长期维系的关键点。

对企业来说，这就需要全新的运营能力——互动、共情、听劝。企业必须创造条件、开放空间与顾客互动；企业要具有共情能力并且愿意接纳顾客意见；让顾客能在创造共同体验中表达需求，使企业与顾客有机融合在一起。

[①] 阿尔文·托夫勒著：《第三次浪潮》，三联出版社1983年版。

B站:弹幕文化

"弹幕"是一种将评论即时显示在视频上的方式,最早产生于日本的线上影片分享网站Niconico动画,在中国被B站(哔哩哔哩)发扬光大,成为B站锁定会员的独特力量。2024年6月,B站的弹幕达到200亿条。

弹幕为观影者提供了一个共同讨论剧情的空间,它具有参与性、娱乐性和社交性等特点。用户在观看视频时,可以根据视频内容和场景,实时发表自己的看法和评论,可能是赞赏,也可能是吐槽,以滚动的形式出现在视频播放界面上,让用户有了参与感和主动权(不只是单纯地观看视频,而是主动地鉴赏内容)。

用户浏览其他人的发言后,可以对其他人的评论发表意见;点赞喜欢的弹幕,回复他人的观点;与其他观影者共同讨论剧情,形成一种社交体验感。这种互动和共享有助于增强用户黏性和建立社群关系。观看视频时,面对一条条飘过的弹幕,感觉有很多人在和自己同时观看,就像参加一场讨论会,降低个人孤独感的同时产生较强的归属感。弹幕上会不时地出现一些"神评论",幽默、深刻、容易引发共鸣,给用户带来超出视频本身的趣味和体验。剧情虽然不变,弹幕却常看常新,这极大地扩展了剧情的丰富度。

看弹幕已经成为一部分消费者的重要诉求,弹幕评论不仅是对视频内容的直接反馈,更是用户个体和群体文化认同的体现,展现出在价值观念、文化倾向、偏好特征等方面的情绪共鸣。B站充分利用了弹幕功能,鼓励用户发弹幕,推出弹幕大赛、发布年度弹幕等,加强了公司与用户之间、用户与用户之间的情感联系。

当然,也有人不喜欢弹幕,认为弹幕影响观感,弹幕的质量也良莠不齐。B站实施了相应的管理制度,如历史弹幕查询和删除,UP主可以查询其视频下的弹幕发送者,便于进行粉丝运营。B站还提升了搜索功能,设置了弹幕请求功能、弹幕屏蔽关键词等,进行弹幕的批量管理,控制屏蔽效果。

跳海酒馆:用户的酒馆

2020年成立的跳海酒馆对酒馆这个业态给出了不一样的定位。酒店的核心不再是酒这个产品,而是"开心""和顾客一起玩""如何让半熟不熟的朋友熟起来,玩起来"①,开心起来。

营造一个"你自己来"的氛围。跳海酒馆不像一个酒馆,更像一个"顾客链接"空间,有消费者称之为"城市年轻人的庇护所""互联网人收容所"。运营团队名义上是酒馆的主人,实际上更像一个组织者,酒馆提供一个供用户相聚、社交、休憩的空间,具体的活动则放权给顾客,这被称为"去中心化"的服务。

在跳海酒馆,你会看到,许多吧台上贴着小告示:"本店允许客人自己服务自己,别跟我们客气。"你会看到,"两个女生桌上摆满了烤串、小龙虾的外卖盒,边吃边自己收拾",颇有自家客厅的自在。

提供多种"顾客参与"的路径。跳海酒馆员工很少,一家酒馆通常只有2名全职服务员,许多工作都由顾客来做。

(1)跳海推出打酒师计划②,让顾客兼职做打酒师。啤酒的打酒师操作相对容易,培训两到三天即可上岗,他们白天在各自公司上班,晚上到跳海做"打酒师"。打酒师的工作准则只有一条:像在家招待朋友一样招待客人,让酒馆有人味儿。除了打酒报酬外,打酒师在所有跳海酒店都能享受酒水85折,打酒当天酒水免费。

(2)除了打酒师,跳海建有多个线上社群,社群管理员都由粉丝自荐。跳海会将这些社群管理员组建成"掌群人峰会",定期把想要传递的关键信息发在峰会里,再由每个掌群人决定具体的表达形式和内容。这样做同样也是因为想更具有"人味儿",越熟悉当地酒馆的掌群人越能传递出内容的温度。

(3)跳海营造了一个自在松弛的空间,每个进入空间的客人都被视为朋友,可以把这里当成家(或家的客厅),活动发起人可以在这里组织活动、招待朋友。跳海每年有200多场活动,都是和顾客共创完成(顾客也可以是活动发起人),比如万圣节的模仿秀、跨海的酒鬼运动会、中秋节包饺子、音乐会、即兴演讲等,还有企业选择在跳海举办招聘会。顾客可以带着电脑来,可以带着孩子来,可以做交换市集,搞厨神争霸,还鼓励客人自带食物与大家分享。

北京跳海的吧台上有一本共创小说,鼓励每个翻看的人接着上个作者再续

---

① 蔡钰:《跳海酒馆:把用户卷入内容和情绪共创》,蔡钰商业参考3,得到 app。
② 《小酒馆的两条路:跳海做社群,海伦司走下沉》,https://baijiahao.baidu.com/s? id=1774907275581261300&wfr=spider&for=pc。

写一段。跳海酒馆有一个贴有二维码的打火机,任何人扫一下二维码就会问三个问题:你是谁?你在哪里?你身边有什么?扫码人可以回答问题,也可以翻看打火机在多人间传来传去的漂流故事。

一位博主分享了在上海店看到的情景[①]:

(1)"愿望悬赏令"。在酒馆点单处右侧的墙壁上贴有一张手写的"愿望悬赏令",任何顾客都可以在跳海写下愿望,留下联系方式,放到下面的愿望收集盒里。顾客可以翻看别人的愿望清单,帮助想帮助的人,而跳海则负责把每一个实现过的愿望留档。

(2)跳海"共创歌单"。一张贴在墙上的A4纸,每个顾客可以在上面手写自己喜欢的歌,结合顾客的推荐整理出歌单,每天店里放什么歌是顾客推荐出来的。

(3)"不一样的照片墙"。店里不太起眼的一面墙上,贴有很多图文并茂的小海报,图片是很多发生在跳海的人和事,文字记录了拍照时的人物、细节、心情。

美团:从"点评"到"判官"

互联网为消费者体验和点评提供了一个便捷的空间,几乎所有网站都开通了用户的评论和反馈功能。美团2015年并购大众点评后成立了美团大众点评,强化用户的参与和分享功能。

大众点评是一家独立第三方消费点评网站,供用户网站上发表对商家的评价和看法。2024年,大众点评的注册用户突破3亿,店铺约有3 300余万家,涵盖了餐饮美食、购物、生活服务、美容美发、家装、酒店、汽车相关、休闲娱乐、学习培训、医疗健康等多个类别。由于各类生活服务信息来自用户消费后的体验感受,所以容易赢得信任感。根据点评信息选餐馆或商品,已经成为许多人的一种消费方式。

点赞和评论作为用户互动的重要指标,对消费者选购行为的引导作用越来越大。大部分用户倾向于选择评分更高些的商家,这也促使商家日趋重视"好

---

① 咖门:《火爆京沪的"跳海酒馆",我建议所有开店的老板都去看看》,https://zhuanlan.zhihu.com/p/663035535。

评率"和"用户打分",由此带来的"点评"矛盾不断增加。如何解决"差评争议"或"恶意差评"? 美团在2021年推出了一个公共评审机制——小美评审团,引发了美团判官(也被称为"赛博判官""网络判官")的兴趣和参与。

美团判官来自消费者:在美团平台注册时间超过3个月、近90天在美团有消费记录的实名认证者,通过"评审团审核规则"的考试后,就可以上岗。他们扮演着"终审法庭"角色,负责对商家与用户之间的评分纠纷进行评审;根据用户和商家双方提供的材料,审视用户给出差评的合理性,对争议问题进行投票判定,帮助商家和用户解决点评上的矛盾;判定差评不合理的话,会在商家网页上清除该差评。

2021年参与评审投票的用户数超过400万,20至30岁年轻用户是主力,占比超过60%。其中,95后表现更为积极主动,多次参与评审投票。小美评审团每月处理的外卖争议差评案例超过10万件,每月有约5万外卖商家通过公众评审的方式申诉成功。

评审案例一:一位顾客在一家名为Nana的商家点了一份青辣海鲜意面,收到餐后认为餐品与宣传图不符,且误认为青辣是青咖喱,太辣吃不下,Nana给客户解释后做了退款处理,但仍收到客户的差评。商家Nana认为客户的评价不合理随即提起申诉,小美评审团最终以4 642票(支持商家)对2 152票(支持顾客),申诉通过,该条差评被删除。

评审案例二:一位外卖用户下单了一杯少糖的百香果饮品,饮用后认为甜度过高,留下"糖都不要钱"的差评。商家回复称购买页提示了"少糖是八分糖",并且还有"三分糖"和"不额外加糖"的可选项,认为是用户下单错误导致的问题,提交了争议差评申诉。美团规则议事厅发起了"商家提供了饮品口味选择,但顾客还是不合口味,因此差评是否合理"的讨论,超13万名评审员参与投票并发表观点,其中74%的人选择了"差评不合理"。

阿那亚:"共同治理"

阿那亚创始人马寅的理念[1]是:房子不仅要满足用户的物质需求(住得舒

---

[1] 以太创服:《阿那亚创始人马寅:阿那亚成功之道,是将客户服务做到极致》,https://jy.usx.edu.cn/news/view/aid/295361/tag/。

服),还有情感需求(人与人的关系)和精神需求(社区给予人精神生活的服务)。为了提供这三种类型的服务,阿那亚开展了一系列服务管理上的创新①。

开盘第一年,有100多位业主购买了阿那亚的房子。担心业主对收房不满意,阿那亚公司派人跟随业主收房,记录业主遇到的所有问题(曾有业主在收房中提了500个问题),以求服务好业主避免退房。基于业主提出的问题,阿那亚开始建立社群来反馈问题的解决进度,并在群内就"解决了哪些问题""有什么新问题"与业主互动;沟通、信任就在这个互动过程中逐步建立起来。业主入住后,阿那亚保留了这一互动机制,围绕生活中的一些矛盾或极端问题尝试实施共同治理。

- **业主投诉的共商制度**

面对业主在阿那亚社区提出的各类投诉,采用共同协商、共同决策、共同参与机制,来看以下事件的处理:

有业主投诉:"小龙虾川菜馆开业后,油烟太重。"这栋楼本来就是商住两用,一层专门规划做餐饮,在房产销售合同中也明确列示。但餐馆开业后还是遇到了投诉,业主的意见也不统一,有人同情业主,有些认为开发商占理。经过业主的讨论,最后拿出了一个折中方案,找一个独立空间给油烟重的小龙虾川菜馆,原位置上引入一家"椰子鸡火锅",大家互为妥协,最终接受了这样一个解决方案。

有业主投诉:"农民工来食堂吃饭,由于一般是搞装修的,衣服会比较脏,对其他业主造成影响。"社群内的几百名业主展开了激烈讨论,这并不是单纯的农民工能否用餐问题,而是衣冠不整者是否对其他人造成影响,有些业主也可能穿着泳衣或光着膀子来吃饭。几百名业主讨论后给出的决定是:衣冠不整者别去食堂吃饭。但是,食堂会准备一些服务人员的工作服,如果愿意换衣服是可以进去的。

业主共同制定的解决方案,比由企业制定规则后去督导执行的方式,更容易得到业主的理解和认可。

---

① 修己治心:《阿那亚:靠客户反馈驱动企业成长》,https://weibo.com/ttarticle/p/show?id=2310474671506893636166。

- **社区活动的集体参与**

随着交往的深入,阿那亚社群逐步从投诉处理功能转向了更广泛的业主间的信息交流,成为阿那亚与业主、业主与业主之间的资源整合和社区自治的平台。

阿那亚的所有工程,同等条件下优先给业主来做,通过这个平台,业主还有可能获得事业发展的机会。比如阿那亚酒店,有业主感兴趣,出资跟投做合伙股东;业主对夏季沙滩上垃圾桶数量有争议(太少了不够用,太多了不美观),阿那亚社工群顺势成立,定期开展社区义务劳动,清理沙滩垃圾……

阿那亚社群分化出了近百个兴趣群,从公益、话剧、时尚、投资到美食、团购,还有业主互助群……业主在群里共同商议公共事务,寻找同伴,结交朋友。阿那亚一年中大大小小的活动近千场,很多是由业主提议且主导的。

- **员工成为业主**

马寅鼓励员工成为阿那亚的业主。阿那亚有很好的房子,也有大批热爱生活的居民,服务方面就有很多创业机会。当员工也成为业主,成为各类服务提供商,就能长期伴随客户;而且能真正从客户视角做事,与其他客户一起,践行阿那亚的理念。"房子是员工盖的、员工卖的,服务也是员工提供的,而员工就是业主的一分子。"

总之,服务的特质是:做的不是交易,是交情。

会员的分享率

分享是一种普遍的心理状态。当人们遇到自己喜欢、有趣或讨厌的物品,看到有感触的信息或知识,产生有价值的体验或感受时,就想传达出去、分享给他人。当然,如果感受到失望或委曲,也会想办法宣泄愤懑、吐槽,分享不满意。分享具有"一传十""十传百"的效应,"感召力"和"杀伤力"巨大。

互联网更是催生了社交媒体的大发展,各种社交网站、微博、微信、博客、论坛、播客为分享提供了便捷的传播通道。分享这种重要的信息传播方式,成为当代商业模式设计的重要命题。淄博烧烤、哈尔滨旅游等"泼天的流量"因为一件小事,在互联网上形成蝴蝶效应。两会入场期间,雷军与问候者的互动竟然带火了站在他身后的海尔总裁周云杰。

"会员分享"正以不容忽视的力量,深度且广泛地渗入商业活动,成为引导需求甚至改变企业运营的重要力量。

用户分享有不同的动机:一是主动分享,将从商品或信息中感受到的超值愉悦(尤其是意料之外的惊喜)或失望愤怒(尤其是感觉到的不公平)分享给他人。二是受利益刺激而分享,认识到用户分享的宣传裂变作用,越来越多的供给方(产品或内容的提供者)会设置相应的激励制度,给转发者提供一些好处和利益,从而激发用户的分享行为。三是社交行为,比如看到周围朋友或熟人的产品或信息时,为了表达支持和群体性,乐于在朋友或熟人圈里转发并分享。

产品/内容质量是诱发分享的基本动因,高品质、趣味性、有共情力容易引发共鸣和分享。2024年11月12日下午4点30分,李子柒的最新视频——"漆器"非遗作品全网发布。截至2024年11月13日下午6点,一天之内李子柒在微博、哔哩哔哩、抖音、微信视频号和小红书等平台发布的两条新视频累计转发量超过268万次[①]。

抖音、快手、小红书等短视频网站或社交媒体,将分享率视为衡量内容爆款程度的重要指标之一,比如成图率——每一百个购买产品的用户中有多少会自发地拍照分享。相关数据显示,要成为爆款短视频,分享率需要达到0.06%。

设计一个鼓励分享的机制,对推动裂变非常重要。内容平台或视频博主非常重视转发机制,设置了转发红包、分享积分等物质激励措施,鼓励观众刺激转发,或恳请观看者将有启发的信息转发朋友圈。即使开市客这种仅服务于会员的商家,也鼓励会员带朋友(开市客允许每次带两位朋友)来逛店。

注意:会员制模式中,分享应该是顾客满意后的自愿行为。分享是一个结果,而不是手段或目的;若过于强调转发后的好处,就会本末倒置。所以,会员制设计中不应过于强化分享转发的激励功能。刺激分发更像是将会员制视为营销手段,还有以赚取"下家收益"为目的的"金字塔式销售",都会极力突出分发的物质性好处。

---

① 《李子柒,谁的白月光回来了》,https://www.sctv.com/news/detail?id=1856512301380853761。

Salesforce 的客户分享[①]

Salesforce 提出的 SaaS 模式，颠覆了传统的软件售卖模式。但在成长初期，要让 B 端客户接受这种全新的订阅模式，面临不小的市场教育成本。Salesforce 为此投入了高额的营销费，用以拜访客户、举办线下活动或组织研讨会等。

在一场"城市之旅"线下活动的产品提问环节，原本应该由 Salesforce 的工作人员负责回答的环节却被现场的客户"抢"着回答。Salesforce 发现，当潜在客户和已采购客户聚集在一起时，潜在客户最想听的并不是主办方的"自卖自夸"，而是采购客户的真实感受。他们会自发地聚集在一起研究 Salesforce 的产品，分享自己的产品界面和最佳实践。于是，Salesforce 重新安排"城市之旅"每一场线下活动，充分给予客户自由发言的机会：一是新增现场的自由交流环节；二是新增现场随机抽点环节——随机抽取一名客户分享其使用产品的经验；三是确保线下"客户问答"交流。

Salesforce 会事先邀请客户并与之确定分享的主题，鼓励客户畅所欲言，不论是好的还是坏的方面。对于这些积极分享的客户，Salesforce 将他们称为"客户英雄"。

2004 年，Salesforce 为客户构建了线上社区，打破原有的地域限制，任何客户都可以在社区内分享自己的产品使用经验，发表自己对产品的建议。随着客户的提问和建议越来越多，Salesforce 在社区内开发了一个名为 IdeaExchange（创意交流中心）的功能。客户可以通过 IdeaExchange 发表自己对产品的想法，并且可以对自己或者别人的想法投上"赞同"（加分）和"反对"（减分）。如果客户渴望某个想法被产品化，还可以分享到 Twitter、脸书或领英进行拉票。产品经理会根据这些想法的综合得分和可行性，将想法纳入开发流程，还会在 IdeaExchange 中向客户告知开发进度和预计上市时间。

传统软件基本都是"秘密"进行产品研发，产品使用者几乎没有发言权。Salesforce 采用与客户共创产品的模式，不仅能有效收集来自一线的产品创意，还能极大地提升客户的参与感，增强客户对产品的满意度。

---

① 罗兰运营笔记：《Salesforce：英雄主义＋游戏化》，https://www.woshipm.com/chuangye/5819288.html。

2014年，Salesforce推出了Trailhead，这是面向所有人开放、免费的在线游戏化学习平台。注册成为Trailblazer社区的成员后，社区成员可以自定义学习路线，或者按照Salesforce的规划选择模块或项目进行学习。Salesforce为社区成员提供了1 000多个模块和200多个项目的学习内容。学习内容主要围绕Salesforce的产品专业知识和实操技能，还有如项目管理、数据分析等通用技能，主要面向销售人员、市场人员和研发人员等Salesforce的产品使用者和学习爱好者。

社区成员通过学习和测试，能够获得积分和勋章，用来兑换Salesforce的众多周边礼品。积分和勋章还有"战绩"排名，社区成员可以看到自己在全球的排名。勋章和积分累积到一定数量会升为不同等级。

UGC平台的机会

近年来快速发展的UGC网站，天然地具备了"共同参与、一起成长"的属性，源于用户的参与和分享，构成了网站的发展动力：一类是好友社交网站，有Meta、微信、开心网、人人网（校内）等；二是视频和图片分享网站，视频类如哔哩哔哩（Bilibili）、抖音、快手、微信视频号等，图片类如Flickr和又拍网；三是信息和知识、文学分享网络，如小红书、大众点评、知乎、喜马拉雅、起点中文等；四是社区和论坛，如百度贴吧、豆瓣、天涯社区、猫扑、微博等。UGC网站基于双边用户的参与而产生，由用户生成内容并分享信息。这种共同构建的网络生态，培育了一大批忠诚的铁杆粉。

分销型会员

分销型会员是一种兼具消费者与分销者功能的特殊模式，因分销层级的差异被分为直销型或传销型。

1886年，大卫·麦肯尼在美国创立"加州香氛"公司（即现在的雅芳公司），聘用女性作为兼职销售员（被称为雅芳小组）；产品不再通过传统的进出口商、批发商和零售商来销售，而是通过这些兼职销售员直接向其所属社区销售香水，这标志着单层次直销模式的诞生。雅芳小姐只负责推销产品，没有吸收新的雅芳小姐的权力。截至2023年,传统直销模式对雅芳的收入贡献仍高达92%,电商销售占5%,线下零售店仅占1%[①]。

20世纪40年代,纽崔莱公司在推销维生素的过程中,开始实行新的激励制度[②]:直销员发展下线来销售产品,建立多层次销售链条,从下线直销员的销售额度中计提奖金,这就产生了几何倍增的多层次直销模式(也称传销模式)。1949年,特百惠采用"家庭聚会"(Home Party)销售模式,将成千上万的家庭主妇发展为特百惠的销售员,主妇们通过聚会来传播产品并销售产品,还可以发展新的销售员建立多层次销售。到1954年,特百惠的直销网络已超过2万人。此后,传销模式进一步发展,安利(1959)、玫琳凯(1963)等公司纷纷成立,保健品、家庭用品、化妆品等领域涌现出大批直销/传销企业。

传销模式在20世纪60年代引发了诸多纠纷,Holiday Magic等(靠猎人头来赚取差价和介绍费)事件的发生,促使美国政府于1975年出台《反金字塔式促销法》,将非法传销定义为"金字塔式销售"并予以管制。中国也在2005年出台《禁止传销条例》。1973年来自9个国家的直销公司的代表共同倡议成立了世界直销联盟,1978年正式命名为"世界直销协会联盟"(WFDSA),成为全球直销业的权威代表机构,汇集了52个成员国或地区的直销协会。

这种诞生于100多年前的销售模式,目前依赖互联网和大数据的支持,开始了基于社交电商的新探索:企业利用社交平台、微信、微博、App等媒介,通过社交互动进行产品信息转发和分销,实现产品在众多社交群体中的销售。

云集微店

云集微店是一家成立于2015年的社交电商平台,创始人是肖尚略。云集成立之初,采用"店主—导师—合伙人"模式:店主缴纳一年365元的平台服务费后,就可以成为云集微店的"店主",店主能够按会员价购买平台上的产品供自己使用,也可以通过朋友圈推荐产品并赚取销售提成。

店主还可以邀请其他人员加入成为新"店主"。店主邀请新"店主"人数满

---

① 《138岁的雅芳,走在十字路口》,https://weibo.com/ttarticle/p/show?id=2309405004249288540549。

② 1945年美国加州心理学家威廉·卡斯伯瑞(William Casselberry)和推销员李·麦亭杰尔(Lee Mytinger)为美国纽崔莱营养食品公司设计了一套特殊的奖金分配制度。

160名(直接邀请30名和间接邀请130名),即可成为"导师";当团队总体人数达到1 000名,即可申请成为"合伙人"。每个"新店主"缴纳的365元服务费,按一定比例分配给该"新店主"所在团队的"导师""合伙人",其中"导师"获得170元,"合伙人"获得70元,剩余归平台。这种分配机制引发了传销质疑。

早在2016年上半年,云集就开始对其中有争议的部分进行整改[①]。2017年1月起,云集将平台服务费改为注册大礼包,顾客要成为云集店主,需要通过老店主邀请且购买398元的注册大礼包(这是一套在云集上销售的名为素野的护肤品,素野是云集肖尚略创立的护肤品品牌)。将运营模式改为"店主—主管—经理"模式,晋级制度也进行了调整:邀请新店主满100人(直接邀请20人+团队邀请80人)即可成为"主管";培养"主管"30位,团队人数达到1 000名,即可申请成为"经理"。店主销售大礼包的398元中,主管可以获得150元,经理获得80元,这在店主群内称为"培训费"。此外,主管可获取店主销售利润的15%的提成,称为服务费。

云集委托第三方公司与"主管"和"经理"签订劳动合同,每月在固定日期统一发放培训费和服务费(这属于劳动报酬所得)。成为主管之前,云集店主每邀请一名新店主,自己和新店主都可以获得一定数量的云币(1云币等值于1元人民币,可在云集微店直接使用),但没有大礼包的分成。店主(店主Ⅰ/主管Ⅰ)邀请的新店主(店主Ⅱ)若再邀请新店主(店主Ⅲ),店主Ⅲ与店主Ⅰ暂时没有销售利益关系,但属于店主Ⅰ的团队成员;当店主Ⅱ晋级到主管,便可将自己发展的团队从原来的团队(店主Ⅰ的团队)中独立出来,已独立主管(店主Ⅱ)的销售利益与原主管不相关,但发展的新店主都属于原主管(店主Ⅰ/主管Ⅰ)的团队成员,这是为了晋升经理。由于云集与主管和经理都签订了劳动合同且不超过三级,这一模式不违反《禁止传销条例》的规定。

2017年5月,云集收到杭州市高新技术产业开发区(滨江)市场监督管理局的处罚通知,认定"云集微店"2016年2月以前的经营行为中存在"入门费""拉人头"和"团队计酬"等行为,涉嫌违反《禁止传销条例》第七条第三款("组织者或者经营者通过发展人员,要求被发展人员发展其他人员加入,形成上下线关

---

① 王高、阮丽旸编:《云集:社交电商黑马的崛起之路》,中国工商案例库,https://www.chinacases.org。

系,并以下线的销售业绩为依据计算和给付上线报酬,牟取非法利益")的相关规定,处于行政罚款958万元人民币。

被处罚后云集再次进行了整改:一是更强调商品销售而非发展下线,借此淘汰了一批靠发展下线获利的大店主。二是尝试免费会员制,如2018年10月起推出免费会员体验活动(三个月)。2020年1月起任何用户只需在云集App上注册一个账号,即可成为会员并免费享受一年会员权益。这类顾客被称为"免费VIP会员"(相关资料显示,2021年4月云集停止免费会员服务),付费者称为钻石会员。三是取消"主管"层次,将"经理"改为"服务商"职能,使两级变为一级。店主销售产品可以获得返佣,邀请新店主时也可以得到云币奖励,达到一定条件的店主可以申请晋升为服务商。

云集根据不同条件将"服务商"分为"销售经理"和"服务经理",两者之间没有层级关系①。云集委托第三方公司与他们签订劳动合同,并为他们购买三险/五险一金,根据销售业务按月结算工资并依法纳税。截至2018年底,云集有超过7万人升服务经理,服务内容包括如何使用平台、传授销售技巧、回应客户问题等。以2019年激励制度为例,店主、销售经理和服务经理的收益设计大致如下:

(1)店主收益:邀请新店主奖励100云币(云币只能在云集花费,不能提现);分享商品到朋友圈,若有人购买可赚佣金,享受云集制定的销售奖励。

(2)销售经理收益:个人销售额提成;直邀店主销售利润提成;招收新店主的雏鹰奖励(店主不享受招募奖励,到销售经理才享有);辅导底薪,根据已育成销售经理的销售情况获得一个平级辅导奖励。

(3)服务经理收益:跟销售经理一样有个人销售提成和雏鹰奖励;也有直邀店主销售利润的提成和辅导底薪,但与销售经理比例不同;还可获得期权奖励(见表3—4)。

---

① 但从激励制度来看,已育成销售经理团队的销售情况,可为服务经理带来额外奖励,称为辅导底薪。

表 3—4　　　　　　　　云集分销型会员的激励制度①

等级	加入条件	等级收益
店主	购买 398 元礼包,成为钻石会员	(1)销售佣金:商品销售额的 5%—40% (2)邀请奖励:直邀新店主获 100 云币②
销售经理	(1)竞聘前三个月的个人销售额累计达到 8 000 元 (2)过去 24 个月团队总人数累计达 91 人,团队销售额达 8.4 万 (3)参加云集系统管理知识考核并通过	(1)销售佣金:商品销售额的 5%—40% (2)服务费:直邀店主 25% 的销售利润(不含已育成的同级销售经理团队) (3)雏鹰计划:帮助新店主注册 30 天内销售额≥500 元,奖励 200 元③ (4)辅导底薪:已育成销售经理团队月销售额超过 3 万,直接推荐人获得 500 元/团队,按月发放
服务经理	(1)过去 36 个月社群总人数达 904,社群销售额达 84 万 (2)参与云集系统管理知识考核并通过 (3)与云集签署正式合同	(1)(3)销售佣金和雏鹰计划同销售经理 (2)服务费:直邀店主 15% 的销售利润(不含已育成的同级销售经理团队) (4)辅导底薪:已育成销售经理团队月销售额超过 30 万,直接推荐人获得 3 000 元/团队,按月发放 (5)云集期权:若旗下育有三个服务经理,获得一次供应商的特权(需云集供应链审查通过),还可获得云集期权

　　云集在传销质疑中不断调整策略,在拉新和社群维护方面进行平衡。新店主的加入及团队成员的产品销售收入,销售经理和服务经理以辅导底薪方式得到相应的收益,拉紧了团队成员的利益关系。创始人肖尚略强调,每个人的社交资源是最大的资源,"每个云集店主都是一个自媒体,能自己解决流量。虽然每个店主流量不大,但汇集起来很庞大④"。

　　店主多是具有社交关系的社交达人,其优势在于传达商品信息和产品售卖,但不擅长处理冗杂的供应链和物流配送。云集平台承担起中后台的系列功能,着力于精选产品,为入驻店主提供"仓储配送、品牌、客服、内容、培训、IT 系

---

　　① Hishop:《2019 云集微店最新奖金制度》https://www.hishop.com.cn/wfenxiao/show_69717.html. 而东旦无:《关于云集业务模式转变的梳理》https://zhuanlan.zhihu.com/p/300157228。中国直销网:《国家市场监管总局将调查云集涉传等问题》,https://mp.weixin.qq.com/s?__biz=MjM5OTY0NjA4MQ==&mid=2650090508&idx=2&sn=307e0ba93e46d508c1baba41cfbd67f3&chksm=bf39cae2884e43f4e50d623edd8034c00d538ff6e116c16f21fa89419743253035b10471a46d&scene=27.
　　② 邀请新店主的云币奖励在不同年份有所调整,分 40/60/100 云币。
　　③ 新店主月销售额从 0 到 500 不等,销售经理和服务经理的奖励也不同。
　　④ 姜玉桂、刘秀峰:《云集真相》,《农产品市场周刊》,2017 年第 32 期。

统"等供应链服务,使店主专注于商品销售和客户发展,最大化发挥他们的社交优势。

这种低成本开店方式吸引了大批店主的加盟,现有店主发展新店主的裂变方式可快速推动会员数量的增长。云集上线仅一年(至2016年2月),云集店主数量突破了30万人,2017年达290万人,2018年达740万人。截至2019年3月上市前,云集的付费会员数达到900万人。

面对"传销"质疑,2019年上市后,云集除了会员分销,也大力推动电商平台的直销,呈现从单一会员分销向"直营＋电商平台"融合。从2020年报来看,会员项目收入从上市前占营收的20.8%下降到0.8%;商品销售(87%)和平台收入(10%)成为收入结构的主体。云集自我革命,战略性放弃了"分销型会员"模式。云集于2019年末官宣:"公司自2020年1月起改变会员制度,允许任何在其App上登记账号的用户拥有一年的会员福利。"2020年,董事长肖尚略对商城业务销售增长的解释是:"我们通过差异化的供应链和独特的价值主张来吸引更多样的合作伙伴,并为自有品牌、新兴品牌和合资品牌的产品拓展线上＋线下的综合性销售渠道。"

链接机制:会员链接与伙伴链接

一个良好运营的商业模式需要坚实的资源支撑,包括适配的人力资源、良性循环的资本以及独特技术和联动通道。在瞬息万变的环境中,企业不仅依赖自有资源或技术,还需要一个丰富的资源关系网,便于快速获取资源、链接资源。

企业与会员、企业与资源所有者之间,通过特定的契约关系结合在一起;契约制度或链接方式的不同,意味着模式的根本性差异。自有或外包,背后是契约制度的不同。比如企业与人力资本,雇佣关系下的薪酬付佣,人就成了企业自己拥有的员工;合同关系下的交易付佣,人力资本就成了企业之外的外协用工。同样,设备、技术、原料等,可以购买获取所有权,也可以租约方式获取使用权和支配权。

在价值网络或价值生态体系中,链接制度正成为重要的企业能力,将企业、会员及各种资源提供商（人、财、物、技术等）连接起来；一旦链接发生断裂，商业行为将被迫中断甚至难以维系。2020年新冠疫情的暴发，打破了惯有的线下连接通道，许多商业活动只能通过网络开展，从而涌现了大量在线零售、在线教育、在线音乐会。疫情之后，这些基于线上链接机制的商业行为得以留存，有些正逐步发展为一种新商业模式。

一个多元、多维度的链接机制才能有效触达顾客、协同资源，保证商业模式的稳健运行。

——会员链接

企业如何触达会员，会员又如何联系到商家？怎样才能保证双方连接关系的畅通性和及时性？这都是会员制模式设计的重要议题。会员链接包括信息链接和交易连接两个维度。

信息链接是指信息在企业与会员间的流动。传统的信息触达多为单向程，即企业想尽一切方法向顾客传递信息，如广告、宣传单、灯牌或营销员，包括店铺本身也是招牌；告诉顾客这里是一家餐馆、一个理发店或一个咖啡吧。通过各种信息的展示和宣传，吸引顾客前来。但顾客是否接收到信息？顾客是否喜欢该产品？企业很难清晰把握，更无法直接联系顾客。企业只能在市场这个大海里广撒网，以求网住更多的鱼。这是个"货找人"的过程。

互联网和及时通信技术为双向沟通提供了机会，各种搜索技术和查询功能使顾客具备了主动寻找企业或产品的通道。从搜索引擎到点评网站，从语音机器人到正在成长中的ChatGPT等语音模型，大大方便了顾客端发起的主动信息搜索，即"人找货"。此外，脸书、微信等及时沟通工具，阿里、亚马逊等在线交易及数据记录，给企业提供了直接连接会员的通道。企业能够准确把握顾客的位置、偏好和动态，直接将产品信息精准触达目标顾客，从而双方之间搭建起直联通道。

交易连接是指商品在企业和顾客间如何完成交换。伴随着互联网的发展，许多线下店铺的交易被转移到了线上，直播电商的兴起又将顾客从线上店铺吸引到直播间。在线电商的发展大大缩短了生产商到消费者的距离，使许多生产商删减了中间商，能够与顾客直接交易。

连接通道受技术创新的影响非常大,从火车、轮船、飞机到电视、互联网,商业社会的交易渠道和信息通道随着技术进步不断发生变化。20年前,商业社会流行且实用的模式是"电视广告＋大卖场":企业通过电视渠道进行商品的信息传达,再通过大卖场完成与顾客的商品交易。但在互联网时代,企业越来越多地选择在搜索平台(百度、谷歌等)和内容网站(头条、小红书等)做宣传和种草,然后导流至商品电商(天猫、京东、唯品会)达成交易。抖音电商和直播间的突起,则把信息传递和交易达成融合为一体,大大提高了运营效率和流量转换。

——伙伴链接

伙伴关系和链接途径描述了资源的获取能力和实现方式,这是会员服务的重要支撑。一个稳定运行组织的背后都有稳定且强大的供应链和生态伙伴支撑,如海底捞的蜀海供应链、开市客的品牌合作商、微软的客服外包商、Shein的外包服装厂、名创优品的合作商。企业与伙伴的密切合作,保证其能够稳定地为会员提供的优质低价产品。

伙伴和资源链接机制构成了企业的履约能力,是"会员至上"理念得以落地的保证。当企业从会员立场重新组织内部运营,伙伴网络也将遵从这一理念,从满足产品需求变为满足会员需求。

小结:链接机制不仅仅是参与者之间的信息和交易的联系通道,还包含了交易结构和契约制度。需要注意的关键点是:信息触达是单向还是双向?交易连接是直联还是存在结构洞[①]?信息与交易连接是分离还是同时进行?这些设计会影响商业模式的效率。会员制模式中,企业更愿意与会员建立双向程的、直接的、融合性的连接关系。

---

① 结构洞:社会网络中的某个或某些个体和有些个体发生直接联系但与其他个体不发生直接联系、无直接联系或关系间断(disconnection)的现象,从网络整体看好像网络结构中出现了洞穴。

盈利模式设计

人类合作的最大障碍就是彼此间的利益诉求矛盾，比如商业系统中：(1)企业利益最大化与会员、股东、员工等其他相关者利益最大化的矛盾；(2)短期利益最大化与长期利益最大化的矛盾；(3)经济利益与非经济利益的矛盾。

如果不能解决好价值分配，简单来说就是分利问题，合作就难以持久。商业模式创新也可以视为利益矛盾的不同平衡方案。

盈利模式是商业组织运营的保障机制，表面上是商业运营的结果，实际上决定了组织的本质和潜能。作为一种激励机制，盈利模式背后的经济逻辑规制着企业、会员、员工、供应商、股东等利益群体的行为。"每个人都是制度的产物"，企业往哪走？怎么走？不完全受价值主张的指导，而会被盈利机制牵引。如果经营理念和利益制度相容，就能做到"知行合一"；如果不相容，容易出现"事与愿违"。

前文所述的商业案例中，来自同一行业——零售业的家乐福、沃尔玛和开市客的盈利逻辑完全不同：因进场费、运营费和会员费的不同作用，企业行为最终被导向"架价周转""产品周转"和"会员满意"等。

来自不同行业的各类企业也可能采取相似的盈利逻辑，搜索公司、资讯平台、电视台大多通过广告进行第三方变现，这会推动它们对用户规模的追求，因为用户越多，越受广告商的青睐；软件企业、唱片公司逐步从卖产品转向订阅收费，也会导致公司从重产品营销转向重产品质量和服务管理。

企业行为选择最终带来的结果是：有些企业成长快，有些企业发展速度慢；有些企业阶段性暴利，有些企业长期慢牛；有些企业昙花一现，有些企业基业长青。

信奉"长线主义"的会员制更需要一个利益相容的制度，保证系统的稳定性。

个体利益与集体利益：设计一种制度，使行为人追求个人利益的行为正好与企业实现集体价值最大化的目标相吻合。

短期利益与长期价值：设计一种制度，使行为人为追求短期利益的行为正好与企业长期价值最大化的目标相吻合。

平衡利益矛盾

会员制企业设计了"会员第一，企业第二"+"长期第一，短期第二"的分配原则来平衡双方利益。企业试图用"薄利长销"等方式，牺牲短期利润来保护长期收益。

传统企业在竞争中也会采用"牺牲短期"的做法，比如低价促销（甚至亏损）渗透市场，"烧钱抢流量"，先吸引顾客尝试后期通过复购或高毛利变现。这种策略应该是"用前期换后期"而非"换长期"。越来越多的实践证明，大量烧钱不一定买来流量，即使有了流量也不一定能变现（见图3—2）。

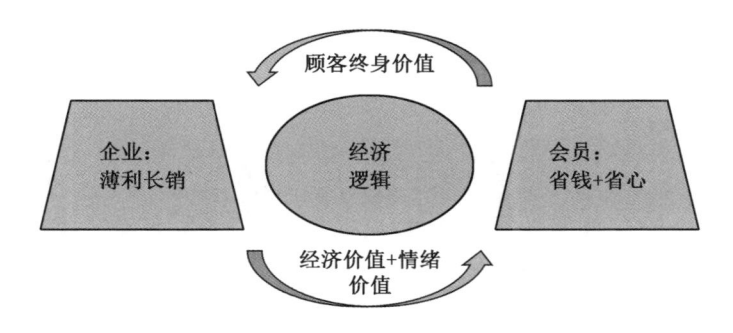

图3—2　会员制模式基本架构

企业与会员的诉求不同：企业有强烈的长期关系意愿，谋求长期交易带来的终身顾客价值；会员容易受经济利益诱惑，不要奢望会员会因为"长期获益而放弃即期"；会员有强烈的情感诉求，不能容忍被欺骗、当冤大头；要维系与会员的长期关系，即要给予经济上的优惠，也要让他们感到安心/省心。

会员制企业的盈利模式设计，需考虑多维度利益平衡：

第一，制定兼顾各方利益的分利规则，保证系统的稳定性，在保障会员利益的前提下实现企业收益和伙伴收益。分配规则不是为了锁定并收割会员，也不会一味地取悦会员。比如胖东来，对商品质量严格管控，坚持不打价格战；拼多多的退款不退货政策给予用户利益保障,但可能有损商家的合法利益,进而破坏商业生态。

第二,在把握好短期盈亏和现金流的基础上,秉承长期承诺,在让会员省钱又省心的过程中培育企业声誉和信任关系,维护系统的长效性。为了规避企业变强后可能的"狂妄自大",制度设计之初就要考虑调节机制,比如开市客给予会员自主选择权,不满意随时退费,这种潜在约束营造出"每天都是创业第一天"的压力。

第三,信息不对称下的相互猜忌容易引发矛盾和争议。买方总担心上当了,买贵了,被宰了。主动向会员和伙伴坦露必要的(如成本、管理方式等)信息,"打开后厨",释放可置信的信号,为信任关系奠定基础。

向谁收费 & 收什么费 & 怎么收费

收入来源是盈利逻辑的基本点,向谁收费、收什么费、怎么收费是首要考虑的问题。

- **向谁收费**

流量型的"注册会员制"(虽然用会员制这个称谓,但未必是真正的会员经济),采用免费方式,注册即成为会员,后期易陷入"流量变现"的困惑。一些企业选择了第三方付费法,向广告商、数据商等收费,对用户会员不收费;一些企业找到了产品变现方式,如抖音、小红书,通过直播带货或店铺销售,将流量转化为产品销售收入或佣金。不论是第三方收费还是销售变现,能否做到以会员为中心值得商榷。婚介、奶茶、OTA、在线零售等领域,都爆出过"杀熟"的现象。

付费会员制选择向会员(用户)收费,秉承着"谁受益、谁付费"的主张,本文也倾向于这一原则。

"羊毛出在猪身上,狗来付钱"的间接收费法,容易导致"收益与风险不对称"。间接收费法或者是因为技术手段不成熟,或者因获取信息的成本太高,很难准确获悉"谁受益"及"受益程度"。比如电视台,观众肯定是受益者,从节目内容中得到了娱乐,但要了解每个人的获益程度太难了,于是采取了第三方广告的收费方式;后来随着有线电视的发展,慢慢开启了更多的收费方式;有的电视台改变了付费方式,转而向观影者收费;随着数字电视的发展,从技术上可以更准确把握顾客的观影时间和节目偏好,向观影者收费的条件也在不断成熟。

在市场规则不够健全、付费习惯不成熟、市场培育时期,企业只能采取间接收费法。比如我国游戏业在成长的 PC 时代,由于盗版猖獗,单机游戏产品很难通过售卖赚取收入,于是转向网络游戏,通过"道具"或"广告置入"等方式,向部分玩家或第三方收费。随着市场逐步成熟,铁粉玩家不断增加且他们有强烈的忠诚感,不仅积极参与互动(如留言、点赞、分享),还会支持游戏方组织的活动、购买产品甚至捐款。有人因为早期享用盗版游戏而不安,采取了为正版商家付款的"补票"行为。

会员制在供过于求的存量时代更受重视,其收费原则更简单:"认真服务会员,向喜欢这一服务的会员收取费用"。

- **收什么费**

现实中最普遍的是销售利润模式,通过售卖产品/提供服务来获取销售利润或服务佣金。这种模式同样遵循"谁受益、谁付费"的原则,顾客为车、房、餐食、电影付费似乎天经地义。这与会员制有何不同?

会员制和销售利润模式的付费标的有差异。产品销售利润模式的计价标的是商品,顾客为产品品质或功能付费;商家也会提供服务,但服务价值通常融合在产品价值中并统一定价。随着产品服务化趋势的发展,服务价值的作用日趋凸显,产品与服务分离定价的现象在增多。以开市客为代表的付费会员制,会员费看似入店资格,实则是一种选品服务(严选商品是吸引会员续约的力量),本质上像一种(选品顾问的)服务佣金,它被从产品销售利润中分离了出来。

付费会员制的会员费、保险经纪人的佣金、投顾业务的服务费等,都可以视为一种服务代理费。至于这个费用是由顾客直接支付还是从产品销售额或保资费用中扣除,其实并不重要(只要明确服务费比例即可),但这个服务费需要被看到、被定价——这意味着该服务的价值被重视,并且与产品价值相分离。

直播带货的播主能不能稳住忠粉?播主需要认真考虑其给粉丝带来的究竟是什么价值,是向粉丝提供特殊产品而收取的产品销售收入?还是向粉丝收取的"信任"服务费？做好品控，选好产品，不欺瞒粉丝，赚取合理的"信任服务费"[①]，应该是一个长效做法。选品失控、虚假信息容易造成人设崩塌。

当前流行的订阅制也遵循了"受益者付费"的原则，却面临一个困惑，顾客订阅的是产品还是服务？对这个问题的回答影响了企业是否真正从订阅模式走向会员制属性。

• 怎么收费

在具体的收费方式上，会员制也会采用趸交、订阅、年费、积分折扣甚至销售利润等方式，但与非会员制遵循的底层逻辑不同。

——短期利益长期化

会员制企业的收费相对克制，不追求一次性获取高额收益，倾向于将其长期化，从而在更长时间内获取稳定收益。比如软件业的 SaaS 转型，放弃了一次性的高利润产品的销售，转向长期的订阅合作。开市客等付费会员零售，放弃短期高额的产品销售利润（限定产品的高毛利），收取稳定的长期会员费。它们都以续订或续约作为盈利逻辑。

——分离定价 OR 统合定价

传统销售利润模式中，为了隐瞒成本数据和毛利空间，企业更乐于选择统合定价，将多种产品或多项费用打包在一起给出一个总价。统合定价的优点是定价方式简单，不需要细分各项成本，还可以利用产品或服务间的互补性和顾客对不同产品的偏好差异，实现整个产品组合的利润最大化，常见方式有捆绑销售、套餐服务、整包定价等。但是成本信息的不透明也可能引发顾客猜忌，担心"定价有猫腻"而不愿下单或不愿长期合作。

分离定价则相反，将一个整体的资产或产品分解为不同的部分，并对每个部分进行单独定价。比如将产品费用、包装费用、物流费用分别定价，让顾客了解价格构成。随着产品服务化趋势的发展，产品和服务分离定价的现象也多了起来。许多会员制企业将产品价值和服务价值分离，向会员袒露自己在交易中

[①] 服务费的收取方式：可以单独收取，也可以从产品售卖的佣金中扣除，但要告知产品成本信息和佣金比率。

的获益空间。

分离定价也有其劣势：一是较为复杂；二是顾客对服务缺乏支付意愿，导致服务收费很困难。在许多领域，服务收费都经历了漫长时间来培养付费意识。直到现在，互联网上的知识付费、零售业的甄选收费、服装搭配的造型费等仍然面临单独收费的难题。

如何对组合产品定价是一个有意义的命题，分歧很大。除了产品特征和成本因素，还有复杂的消费心理影响。《统合、分离还是免费：产品种类对定价策略的影响》[1]一文通过实验法，对两种不同品类的商品（享乐品和实用品）的定价策略有效性进行分析，发现：

（1）当附属产品是享乐品时，统合定价较之分离定价能够显著提高消费者购买组合产品的可能性和购买决策满意度；

（2）当附属产品是实用品时，分离定价较之统合定价更能显著提高消费者购买组合产品的可能性和购买决策满意度；

（3）不论附属产品是享乐品还是实用品，免费定价对于消费者购买组合产品的可能性和购买决策满意度都有很大的正向作用。

享乐品（hedonic products）是指能够让人们在情感和感官上获得美、享受等愉快感受的产品或者服务，如鲜花、电影、巧克力、冰激凌、按摩、度假等。

实用品（utilitarian products）一般指能够满足人的基本需求或完成实际任务的产品或者服务，如教科书、打印机、基本食品、药、针灸等。

在服饰业，服装是一种实用品，"搭配方案"是个享乐品；在直播带货业，货物是实用品，服务则是享乐品。根据上文的分析，统合定价应该是一个更能促进销售的选择，传统企业一贯秉承统合定价的方法；但会员经济似乎是个例外，会员制企业更倾向于将"搭配服务""服务打赏"独立出来，单独给予定价。

由此带来的思考是：会员经济为何要"违背人性"，放弃利用人们的"心理弱点"来产生高收益？

反常识设计

定价行为的背后有复杂心理因素的影响。大量非理性决策的研究揭示了

---

[1] 郑毓煌、董越著：《统合、分离还是免费：产品种类对定价策略的影响》，2009 JMS 中国营销科学学术年会暨博士生论坛。

顾客的心理特征和行为倾向,学者也给出了种种"助推"建议,指导企业如何利用人们的"非理性"促成交易。

然而,从会员制企业的盈利模式来看,面对顾客的惯性思维或认知偏差,它们似乎不愿意"借机"诱导销售,而希望阐明"真相"、让会员理性消费。

• 放弃"损失厌恶"诱惑

损失厌恶是一种普遍的心理现象。丹尼尔·卡尼曼和阿莫斯·特沃斯基在他们的前景理论中提出:人们在面对潜在收益与损失时,对损失的敏感度往往远高于同等规模的收益。简单来说,失去某样东西感受到的痛苦远远高于获得同样东西所带来的快乐。比如一个人获得了1 000元的奖励,也受到了1 000元的惩罚,惩罚带来的不快远远超过奖励带来的快乐。

许多实证研究支持了损失厌恶理论的有效性。卡尼曼和特沃斯基通过一系列实验进一步发现,人们在面对同等规模的收益和损失时,对损失的敏感度至少是收益的2倍。大量来自股市投资、消费行为的现象,支持了人们对损失厌恶的态度。比如投资市场上,投资者倾向于卖出盈利的股票而留下亏损的股票;当股价下跌时,许多投资者因不愿承受损失而继续持仓甚至加仓,却不肯及时卖出止损。

一些商家经常利用损失厌恶心理来刺激消费者的购买欲望,比如利用"限时优惠""库存紧张"创造紧迫感,"集满积分换购""第二杯半价"使消费者担心错失机会而造成损失,从而激发他们的购买欲。

会员制企业的盈利方式简单,省却了各种复杂的促销套路。对于该收费的领域明确标识并且坚持收费,哪怕需要花较长的时间让顾客认知其价值。会员制企业也会采取积分、换购、组合销售等行为,但通常选择相对简单易懂的规则,会员制的目的是让会员得到实惠而不是套路会员多购买。

• 避免"沉没成本"效应

沉没成本是指已经投入且无法回收的成本,包括时间、金钱和精力等。做决策时,过分关注沉没成本会导致越陷越深,掉入沉没成本陷阱。

花50元买了一张电影票,看了半小时后觉得是一部浪费时间的烂片,你会离开影院,还是坚持看完?在公交站等了20分钟还没等到车,会不会因为这20分钟而决定继续等下去?如果选择"是",你就落入了沉没成本陷阱。

蛰交、累计积分、会员费、订阅费等背后都有沉没成本的影响。由于在理发店充值了年卡,虽然发现其服务状况一般,也懒得更换店家;看到累积了一定数额的积分,再多买一些,就可以享受更大的折扣,于是加大了购买量。基于沉没成本效应,一些商家通过精心设计的激励方案,诱导顾客的冲动性投入,然后用复杂的退款流程,实现锁住顾客的目的。这些措施引发了顾客对上述付费方式的不满和对会员制的误解。

会员制企业倾向于简化退款退货程序,当顾客感觉不满时随时可以退出,不必顾及沉没成本。这种方式一方面促使员工将精力放在服务会员上而不是用沉没成本锁住会员,另一方面也可以减少"退费"纠纷引发的不满意感。当然,会员退出并不是无条件或无代价的,退出条款和退出流程设计的目的是服务好价值共识者,也要筛出恶意的"薅羊毛者"。

• 放大"禀赋效应"的力量

禀赋效应:当人们一旦拥有某项物品,他对该物品价值的评价比未拥有之前大大提高。行为经济学把这种心理称为安于现状情结。卡尼曼认为禀赋效应是"损失厌恶"的一种表现——失去某物品的负效用(disutility)大于获得此物品带来的正效用(utility)。

会员制企业不愿用损失厌恶的套路来锁住会员,却不断扩大"现有会员福利"的价值,让会员轻易不愿放弃"会员资格"。开市客除了给会员在其店内提供"物美价低"的优选商品外,还在不断扩展会员卡的附加价值,比如与酒店、航空公司、汽车租赁公司、保险公司等合作,提供旅行、租车、保险等服务,进一步提升了会员的整体价值体验。

开市客跨界卖保险[①]

早在2005年,开市客曾在加州推出医疗保险业务和健康管理服务。其实,开市客涉足的保险领域还很多。从开市客的官网上可以看到,汽车保险、房屋保险、宠物保险都有售卖。

开市客实际从事的是保险经纪公司的业务,渠道优势是开市客敢于开售保

---

① 于泳:《开市客跨界卖保险的启示》,https://baijiahao.baidu.com/s?id=1794448784358419596&wfr=spider&for=pc。

险的"底气"。保险经纪公司虽然不直接生产保险产品,但既可以售卖多家保险公司的产品,又能与保险公司合作开发渠道专属产品,为客户提供人身险和财险的一站式解决方案。公开报道显示,开市客几年前曾涉足健康险业务,售卖的产品价格比主流保险公司低5%—20%。

这些产品的销量并不理想,随后开市客不得不收缩面向个人会员的健康险业务,只面向企业客户提供团体健康保险,但它未放弃低价切入医疗健康服务的尝试,未来可能会寻求其他低价模式。

现实中还存在一种反禀赋效应[①]:人们有时候会倾向于低评自己拥有的物品,而高评别人的物品。这与禀赋效应的结论正好相反。相关研究发现,不论在生活还是工作中,也不论是一件产品还是一项服务,人们从中感受到的并非皆是好的体验。如果体验不令人满意,甚至产生不愉快的感受,这时候放弃该物品就不是损失。也就是说,顾客了解其所拥有物品的缺点,相比较那些不属于自己的、不熟悉的或没有体验过的事物,人们倾向于高估别人的而低估自己拥有的。

"好孩子永远是别人家的",其实这是家长面对孩子的顽皮不听话时产生的一种感受;如果家长从孩子身上感受到更多的愉悦,或者更多地看到了孩子的优点,又会产生另一种评价:"孩子还是自己的好。"

一定要注意好体验和坏体验带来的不同效应。照顾好现有会员,带来更好的顾客体验,就会激发禀赋效应,让会员安于现状而不愿转移;如果带来了不良体验,就可能产生反禀赋效应,让顾客高估未体验过的竞争对手的价值。

- **重视"峰终定理"效果**

峰终定理揭示了"峰值时刻"与"最后时刻"的重要性。卡尼曼和斯洛维奇在一项研究中发现,人们在回忆或评估过去经历时的感受主要受高峰时刻和结束阶段的影响,往往忽视整个事件的全过程。简单来说,整个过程中出现过的"高光"或"低谷",会影响人们对整个过程的评价;事件的最后时刻感受到愉悦还是不爽,会在更大程度上影响人们对整个过程的评价。

---

① 乐克行:《什么是禀赋效应和反禀赋效应》,https://baijiahao.baidu.com/s? id=1747636849616331622&wfr=spider&for=pc。

传统企业重营销轻服务，重拉客户轻维护。一些采用趸交支付的健身房、美容院，前期促销时给予顾客太多承诺，履约时无法实现造成顾客极大的愤怒，远远超过"没有承诺"时的不满。

会员制模式中，全过程服务和全流程维护都很重要，过程中尽量减少出错，尤其重视交易结束后的服务和体验反馈，如旅游结束时的回程、产品售出后的安装、遭遇质量问题时的客服等。开市客在会员购物离开的电梯旁增加了工作人员，帮忙把笨重的购物车扶上电梯、拉出电梯，让会员感受到离场时的关心。

加拿大专栏作家大卫·凯恩将消费过程分为两次支付：第一次支付是付费购买商品，如买书、买课、办健身卡；第二次支付是付出时间和精力去使用这个商品，这个支付比第一次支付的成本可能要高，但收益也要大得多。

真正的会员制，未来会更加重视第二次支付的效果；付费制度的设计，强调与使用而产生的满意度挂钩，减少会员"购而不用"的支出。与"大力促销、多卖产品、快速收钱"的盈利模式相比，这种理念被很多人认为"反商业常识"。

- 主张"信息对称"

成本曾被视为企业最大的秘密。会员制企业经常"反常识"，主动向会员坦白成本信息。这种坦诚使企业和会员之间更容易建立信任，也有助于企业更准确地了解运营中的漏洞。

面对会员的支付意愿、兴趣爱好等私有信息，会员制企业会采取差别定价方式。比如开市客的普通会员会费（Gold Star membership）定价60美元，高级会员（Executive Membership）定价120美元，高级会员额外享受购物2%的折扣返现（最高限额1 000美元），也就是买得越多，优惠越多。开市客能得的好处是什么？

从经济账上，开市客得不到任何好处。那些选择120元高级卡的会员，通常购买量高于3 000美元以上，2%的折扣返现远远超过多支付的60元会员费；开市客的高级会员卡政策，反而要多承担折扣返现。

但是高级会员卡区分了购买量大的会员和购买量小的会员，开市客给予大客户提供更多优惠，有助于提高会员的续约率，实现长期的生命周期价值。

细分会员是为了更好地服务会员，而不是为了收割会员。在这种理念下，坦诚信息更有助于长期关系。

小结：会员制模式是一种尝试,从"会员代理人视角"重新审视"企业与会员"的关系,重新界定商业活动的"目的和手段"。当帮会员解决问题成为目的,产品只是顾客问题的一个解决方案,那么,产品开发、会员定位以及盈利逻辑都将需要重新建构。会员制更像一个杠杆,放大企业与会员的长期合作力量。

第四章

会员制组织的反向创新

当一切围绕会员而展开,这将改变传统上以生产为主旨的流程,转向以需求为主旨的流程,推动组织结构和商业体系的变化。企业更像一个配电盘,需要高度的组合力,不仅从内部重构运营活动,而且从外部整合伙伴和资源。整个系统围绕会员需求进行动态调整,这样搭建起来的才是有生命力的商业生态体。

反向的组织创新
以会员为起点重塑价值链
以会员为中心重构价值网

反向的组织创新

了解会员制模式的构造之后,接下来就是运营过程,需要考虑的问题更具体:如何以适合公司价值主张的方式发展业务?如何确保企业持续地为会员提供适配的产品/服务?

组织流程和运营体系对会员制至关重要,错误的组织结构或不恰当的激励制度带来的负面影响很致命。假如您宣称采用了会员制,但仍以产品销售为目的,会员就难以体验"会员资格"的特有价值,反而因为被推介多种产品而引发反感,导致交易摩擦上升。再如,不恰当的激励制度导致员工虚假宣传会员制,或以会员制的名义强推产品,反而混淆受众、破坏信任关系。

反向创新是一个相对的概念,相较于当前盛行的理念或运营模式而言,换一个角度寻找问题的解决方案,就可以视为反向创新。比如在盛行"坐商"(人找货)的年代转向"行商"(货找人),从流行的"进店吃饭"(到店)转向"送餐上门"(到家),从习惯的"去查信息"(IT模式)转向"把信息叫出来"(AI模式)。

会员制模式本身就是反向创新的典范,从商家"为产品寻找顾客"转向"为会员寻找产品"。但这个理念要落地,需要制度和组织上的保障,企业的运营流程和决策机制也要进行反向创新。

传统组织随着工业革命而成长,也随着竞争条件、企业战略的转型而不断演变,出现了从职能制、直接职能制、事业部到矩阵式等不同形态。企业内部的权责关系、部门设置以及企业规模边界,呈现出放权化、柔性化和模糊化的趋势,但并未改变传统的以产品为中心的经营主旨:做产品,卖产品,赚利润。

传统组织的运作通常是从上(高层决策下达指令)到下(层层传递至基层),从内(内部运作)到外(交付外部客户),从后(指挥部/后台)至前(前台/前线)。基本的决策流程是:高层决策者根据所掌握信息[民主型决策者能够吸纳来自中(基)层的反馈及外部环境信息]做决策,各部门执行并反馈偏差,管理层结合新的信息(偏差)修订决策,进入下一轮执行/反馈的循环。基层或市场的信息反馈给决策者后,多少信息会被重视?多长时间才能做出回应并且传达给执行层？取决于效率和利益考量。客户投诉可能因为利益冲突或决策流程而被忽视。近年来组织为提高效率做出了种种尝试，比如结构的扁平化、流程的柔性化、决策的分权化等取得了不错的成效，但是经营主旨和决策流程没有根本性变化。

当企业真正转向"以会员为中心"时，单纯的放权化、扁平化是不够的，而要"站在会员价值视角"，重构组织结构和运营流程，这是对企业经营理念、制度和权责关系的重新设计/定义/梳理。

——在经营产品理念下，企业习惯了从技术或成本角度思考问题，不论产品研发或业务选择，更容易强调产品供给而非会员需求。这也是"企业天天强调以会员为中心，但在执行中经常走样"的原因，企业要真正立足会员角度来组织运营，不是简单的研发、营销、客服等部门的局部改良，而意味着"从会员视角"对组织内部体系及整个价值生态的反向重构。

——在经营产品理念下，"做好产品、多卖产品、赚更多的利润"是基本目标；而在经营客户理念下，客户问题是否解决才是关键。"服务好客户，客户满意，留住客户"是重点，利润（长期利润）是经营客户的结果而非目标。正如 KPI 是结果，一旦当成目标就会走样。经营产品关心的是产品售出和回款，经营会员看重的是"会员感受"。保护顾客利益的决策，短期内企业可能承担利润损失，但赢得了顾客的信赖和长期追随。

——在经营产品理念下，当产品销售不错、业务也处于增长期时，企业决策者很容易陷入"过度自信"的迷失；往往等到经营不佳、业绩下滑、市场失守时，企业才反思对顾客和市场需求的忽视。在经营客户理念下，需要时时刻刻将"顾客"放在第一位。

从理念和文化层面，尽管企业宣扬要"帮顾客解决问题""给顾客带来价值"，但当面对"顾客价值"和"企业利润"的矛盾时，企业如何保证做到以"顾客为中心"，组织设计如何为"顾客利益"保驾护航？

情景一：

一家在线零售公司收到了一名顾客发来的投诉信：由于该顾客的账号是与家人共享的，在线零售公司经常根据其本人的浏览记录向他推送产品信息，但这些信息对于其家人尤其是孩子并不合适。其家人用这个账号购物时就会看到这些不恰当产品信息，这令该顾客非常恼火，于是写信给在线零售公司，要求停止根据顾客浏览记录向顾客推送产品信息的做法。

根据顾客历史交易和顾客经常浏览的内容来识别顾客潜在需求，并且向他们推介其可能感兴趣的产品，这是一种行业惯例，而且被证明是一种有效的促销手段。根据该公司的估计，这个邮件推介行为每年大概能带来上亿美元的销售额。

如果你是这家在线零售商的人员，你将如何处理这个邮件？你会停止向顾客发送产品推介邮件吗？更重要的是，谁有权做出这个决定？

情景二[1]：

一家通过互联网卖鞋子的公司，客服人员接到一位顾客的倾诉：她在公司的网站上找不到自己想要的鞋子，其中有两款心仪的鞋一直处于售罄状态……

客服人员在半夜接到了一位外地顾客的电话。顾客倾诉其到达酒店太晚，酒店的订餐服务结束了，而自己又找不到其他开业的餐厅……

客服人员还接到了一位老顾客的电话，他因为家中亲人去世，忘了把一双原本打算退货的鞋邮寄过来……

客服人员接到一位客户来电，询问有关订货事宜。处理完客户咨询事项后，客户却跟她聊起了天，从当前新闻到个人喜好，两人聊了10小时43分钟……

企业在与顾客的交易过程中，可能遇到的问题五花八门，远超想象。当出现突发的不满意事件或顾客投诉时，谁是直接责任人？谁有权决定对顾客的承诺？按"制度行事"与"权宜行事"如何平衡？

决策权限和运营流程，是"以顾客为中心"落地的制度保证。上述两个情景都是发生在亚马逊的真实案例。2010年贝索斯收到了一位浏览过"生理健康类"产品的用户投诉，指责亚马逊向他推介了不适合的产品信息。营销团队为此与贝索斯展开了激烈讨论，最终决定终止某些品类（如卫生和个人护理产品）的邮件营销，并决定打造一个集中式的过滤工具，确保品类经营不能就敏感产

---

[1] http://mt.sohu.com/20171006/n516231442.shtml.

品展开营销。尽管这样做可能减少上亿美元的销售额,但贝索斯强调,不能以损害用户信任为代价①。

很高兴亚马逊能够据此打造一套工具来过滤营销信息。但是,如果类似事宜皆由贝索斯来做决定,组织运行也可能陷入僵化和滞后。

Zappos 是亚马逊于 2009 年收购的一家在线卖鞋的公司,其创始人谢家华为 Zappos 的成长打下了"以顾客为中心"来设定组织流程和员工权责的烙印。被亚马逊收购时,谢家华在合同中特意标明:必须保证 Zappos 能够独立运营,且企业文化不变味。在 Zappos 的企业文化和运营流程中,基层服务人员享有较大的自主决定权,Zappos 的客服也贡献了一些奇葩操作:

(1)如果本网站不能给客户提供合适的产品,就向客户提供有合适产品的三个对手商家;

(2)如果客户需要,可以帮客户点外卖、订酒店甚至聊天,但不能推销产品,只求给顾客留下一个美好的回忆;

(3)听闻顾客因亲人离世的悲伤,客服人员特意递送鲜花表示慰问,这位顾客也成了 Zappos 的终生客户;

(4)Zappos 赋予客服人员相当大的权力,客服有权以任何他们认为有价值的理由向客户提供帮助,也出现了陪客户聊天 10 小时的记录,这个纪录还有可能被打破……

面对众多号称"以会员制为中心"的企业,用户最好的评价是,"它们真的以会员为中心",而不只是企业的宣传口号,这要求整个组织的所有人员都要践行这一理念。一个真的以会员为中心的组织体系,不仅需要从会员利益出发反向重塑内部价值链,还要围绕会员需求重构外部价值生态。把来源于企业内部价值链的活动与消费者的需求高效地匹配起来,才是最具有价值的事情。也就是说,顾客价值创造才是企业价值链体系的指挥棒,如图 4—1 所示。

反向创新需要换一个角度,重新审视和验证事物的运作原理、构成要素和组合形态,往往得到不一样的答案。从会员利益出发,重新审视资源要素、组织结构和运营流程,就会得到不同的新型组织结构。

关于产品、技术、会员的关系,很喜欢史蒂夫·乔布斯(Steve Jobs)说过的

---

① 布拉德·斯通著:《一网打尽:贝佐斯与亚马逊时代》,中信出版社 2014 年版。

第四章 会员制组织的反向创新

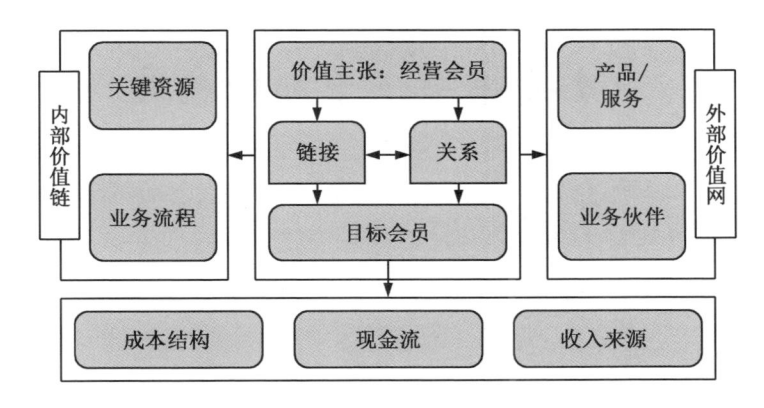

图 4-1 以会员为中心的商业画布

一句话:"你必须从客户体验开始,然后朝着技术的方向努力,而不是从技术开始,然后再来弄清楚要把它卖给谁。"

没有比会员更重要的。当企业对会员投入关注并能够推动公司资源向会员聚焦时,整个组织便转变为会员导向的组织。员工的工作重心将从内部的功能性活动转向会员的体验感受,企业管理者的工作场所也需要从公司的办公室转移到会员的身边[1]。企业需要关注的不仅是企业内部人员如何工作,更需要关心会员在做什么。换句话说,企业需要把内部的"工作流程"与"会员价值流"重叠起来。

会员不只是客服、营销以及现场人员的责任,会员是全公司所有员工的事业。从生产作业、研究开发到财务人员等都清楚:公司的成功来自会员的认同,而每个员工也必须为此负责。相应地,组织务必赋予员工以充分的权利和责任,让员工集中能量专注于会员。能量不够集中或权责不到位,会员中心化的理念就会陷入执行困境。组织的反向创新,就是使公司的流程、作业系统、分工以及激励政策等以会员导向为基本前提,调动公司的所有资源围绕着会员需求展开。

---

[1] 陈春花著:《经营的本质是以顾客为中心》,https://www.163.com/dy/article/GTV01AMG05198DT6.html。

以会员为起点重塑价值链

价值链的起点：以终为始

当会员成为企业经营的核心，他们不再是价值链的终点，而将作为价值链的起点，拉动整个价值流的循环。

传统价值链是：生产前准备、生产、后期物流、营销、服务→顾客。如图4—2所示的波特价值链，整个流程的重心在于"如何高效地组织资源并制造产品，想方设法卖给顾客"。于是，跟顾客直面相接的销售部门一心想把产品卖掉；而服务作为一个售后活动，在整个价值链中处于事后救火位置，当产品出现瑕疵、营销名不符实、送货出现破损等不良现象时，都需要服务部门来善后；服务部门的职责主要是安抚不满情绪、退换残次品、提供补偿方案……

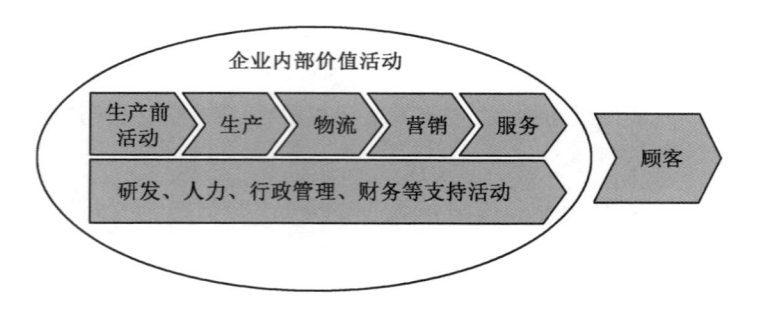

图4—2 从企业到顾客的传统价值链

会员制模式下，要真正实现以会员为中心，需要以会员为起点重塑价值链，价值链的基本逻辑是："为实现会员价值，创新产品并组织配套的资源体系。"由此，企业价值链变为以下路径：会员→服务/销售→内部价值链活动。销售、服务等价值活动，不再是传统上面向顾客的产品信息传达或售后维护，而将承担起内部价值链与外部会员的链接界面；企业内部价值活动与顾客不再泾渭分明，而是相互联动，实现价值共创；公司治理决策中，也可能有会员参与其中（见图4—3）。

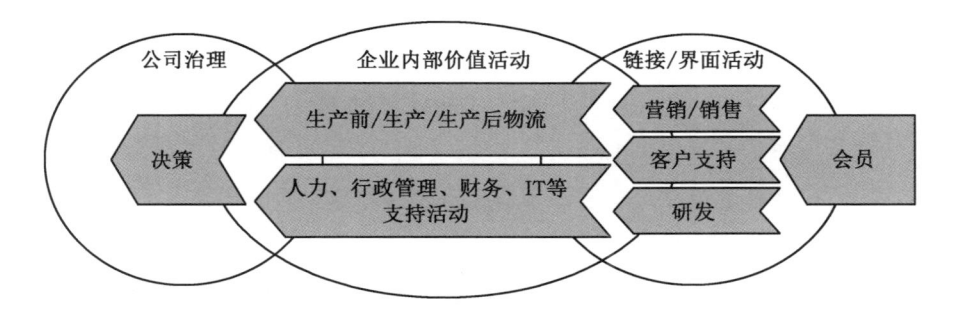

图 4—3 需求链：从会员到服务的反向价值链

价值链活动：功能延展/转型

当每个部门都围绕"解决顾客问题""让客户成功"而努力，就要从内部价值链转向会员视角，重新审视产品/服务的定位以及内部运营流程；价值链上各项活动的功能将发生变化，出现功能重合、延展或者彻底转型，见表 4—1。

表 4—1　　　　　　　价值活动的功能延展/转型[①]

活动	价值活动	传统职能	职能延展/转型
界面活动	销售	推销产品，卖手	共创产品，买手
	营销	宣传产品和品牌	关系维护，社群运营
	客户支持	售后，解决产品/服务质量	发现问题，启动内部改变
	研发	技术人员主导的产品研发	会员参与共研/共创
内部运营	生产/服务	制造产品/提供服务	产品服务化/服务全程化
	人力资源	绩效管理	员工服务——会员服务
	IT	内部信息共享与技术支持	会员接入及生态数据
	财务	基于财务指标	基于业务/会员指标
公司治理	重大决策	股东层/决策层	会员参与治理

---

① 根据尼克·梅塔、艾莉森·皮肯斯的《客户成功经济》改编。

- **营销活动：从信息传递到关系维护**

营销的主要工作不再是如何传递产品和品牌信息、如何向顾客推介产品，而是如何服务好现有会员。比如，如何让会员充分了解产品将为其带来的价值（产品对其生活工作的意义而非产品本身）；如何鼓励现有会员主动分享和口碑传播；如何在现有会员社群中发现新问题和新解决方案的线索；如何让会员产生更强的品牌意识和忠诚度；如何构建信任以增强会员对产品的"偏爱度"。

会员制模式下，营销可能变得简单，真诚且耐心地告诉会员"你能帮他们做点什么"，而不是游说和信息轰炸；从产品推介和品牌植入，转为与会员维护关系和共塑形象。有些会员制企业甚至不设专门的营销部门，而成立社群管理员，营销活动贯穿于企业的日常行为中，重视会员参与和分享。

- **销售：把产品卖给会员不是终点**

销售的目的不是把产品卖给会员，而是让会员更好地从产品中获得价值，这需要更清晰的使用路径，帮助会员更好地使用产品，并反馈使用的问题。交叉销售在会员制中很常见，多产品组合是为了更好地解决顾客的问题，而不是单纯地追加销售。从卖货到帮助会员选货，反向拉动研发及生产等活动的创新。

关注会员需求到交易完成以及享受产品/服务期间与企业互动的全过程，与会员一起解决问题，增加对彼此的同理心；需要共享数据，利用在线社区，将沟通与协作系统化，将解决方案产品化[1]。

- **客户支持：从应对客户到拉动组织**

传统的客户支持/售后服务往往是响应式的，解决客户售后或使用中的问题。会员制模式中，除了更高效、及时地处理会员反馈问题、消除会员的不满意，还可以成为会员的朋友、会员成功的管理者（CSM），反向拉动组织的流程（如运营、采购、财务、IT等），甚至重构价值链。

- **研发：为会员设计到与会员共创**

产品从开发到应用是一个动态过程，涉及功能诉求（会员是有差异的独特个体）、安全诉求（产品质量及数据滥用）、使用诉求（产品使用方式和应用指南）

---

[1] 尼克·梅塔、艾莉林·皮肯斯著，王雅倩译：《客户成功经济：为什么商业模式需要全方位转换》，电子工业出版社2022年版。

等多方面差异,并随着技术进步不断迭代。研发行为正由技术主导变为客户参与和客户定制。会员参与创造是一个普遍趋势,研发团队不仅需要加强技术,更要建立倾听和跟进的方法,能够接收会员对产品问题的反馈,并根据反馈采取行动。

- 产品/服务运营:从提供产品到一个解决方案

产品/服务是以人为本的,不是冷冰冰的物品,而是会员问题的一个解决方案。不仅要为会员提供一个优秀产品,还要让会员接受并真正使用产品。

从产品设计到产品使用,自始至终围绕如何解决会员问题而展开。

第一,产品是动态迭代的,从马车到汽车,从功能手机到智能手机,从 PC 电商到移动电商,没有不变的产品/服务,只有满足需求的创新方案。

第二,产品是特殊的,会员是独特、有差异的个体,产品/服务方案也应不同,恰如每个人的健康方案都应因人而异、对症开方。

第三,产品是综合、自主的,通过产品/服务组合满足会员的一揽子需求,并且加强会员的主动性和参与性。

随着产品服务化的趋势,对专业服务的认识也在发生变化:传统观点要么非常重视专业服务,认为其是带来利润的关键,将服务时长作为收费基础;要么不重视服务,认为其是产品附带提供的,服务费打包在产品价格中。会员制模式下,专业服务逐步沉淀为"培养会员关系"的手段。以 SaaS 为例,软件服务团队要做好软件开发,保持系统稳定性,根据会员要求做好维护和保密等。也就是说,服务结果是留住会员,这是企业盈利的保障,而非服务时长。

- HR:让员工快乐

传统的绩效管理和考核方式,在会员制模式下也将发生重大改变。这是 HR 部门面临的挑战。让员工快乐很重要,难以想象一个心里委屈的员工能开心快乐地面对会员。企业应当探索服务型、仆从型方法,帮助员工减轻压力,缓解部门间的紧张关系,使公司更加轻松、快乐地开展工作;要找到"愿意为会员解决问题的人",找到喜爱公司产品和理念的人,他们也许就存在于广大的会员群体中。

- 财务:新的计分系统

传统的财务绩效指标在支持管理决策领域显得不足,面对快速迭代的商业环境，财务指标显得滞后。需要一套基于衡量会员满意的财务计分系统，续约率将成为重要的关注点。企业收入的增加，不一定是雇佣销售人员，而是更好地支持了会员的成功。

- **IT：新的任务**

IT部门的职能，除了做好各部门信息系统维护和联通，帮助内部各部门有效开展工作，还要做好会员数据集成，形成有洞察的会员视图，并且构建会员参与的有效技术路径。

总之，会员制企业中，内部价值链活动的角色、定位和流程也将发生重大变化。与会员直接接触的界面将"携手"会员的力量，反向拉动企业内部运营，迫使企业重新定义价值活动职能，推动价值链的重构。还会有更多的职能部门或价值链活动，逐步向会员渗透并接纳会员参与，研发与会员的密切连接在许多企业已成为常态，人力资源管理、仓储物流活动甚至公司的治理行为也可能有会员参与其中。

释放界面活动的力量

会员制模式下，与会员直接链接的界面活动增多，除了传统上的销售（负责售前）和客服（负责售后），营销、研发、物流都可能成为与顾客直联的界面。一些企业的实践活动展现了这种转型趋势。

亚马逊的按灯制度

丰田的精益生产模式，给予生产线上的一线工人以完善价值链运营的权力：若一个工人发现任何异常，有权按下停产按钮，暂时中止存在问题的流水线，将暴露出来的问题快速解决。亚马逊将这种制度应用到客服系统，就不是一个单纯的效率提升行为，而是真正将会员意见快速传达到内部价值链，并以此重塑内部价值链运营机制。

亚马逊的按灯制度规定：一旦客服发现某个问题被客户（会员）投诉两次，就有权对此问题按下"红灯"键，直接下架产品，直到内部相关运营部门将产品存在的问题改进后才能重新上架。

所有产品不论销售额多大，只要在客户端出现两次同类问题，客服就可以直接下架产品而不需要承担责任。下架会直接影响销售和财务,但正是这种下架行为逼迫内部价值部门务必快速对问题产品做出反应。服务不再是内部价值链的"收尾"功能,而作为内部价值活动与会员行为的链接界面,反向作用于内部价值链的再造。

按灯制度来源于贝索斯在客服人员那里的一次遭遇:当时有用户因为所收到的草坪躺椅破损而打来了投诉电话,客服人员向客户询问具体情况时,指着网站上的图片对贝索斯说:"我敢打赌,他说的一定是这款草坪躺椅",当客户报出产品编号时,果然就是这款产品。

客服说:"这款躺椅的包装箱非常薄,而客户所在地区的快递装卸又很野蛮,所以这款躺椅在这个地区的投诉率特别高。"这种情况显然不是一次了。客服的处理非常规范,给客户道歉、换货、赔偿……但是类似的事件还会继续发生,如果服务只是价值链的最后环节,它很难改变生产、营销、仓储等部门的工作。贝索斯不顾采购、销售部门的反对和财务上的成本压力,在亚马逊力推按灯制度,赋予客服人员下架产品的权力,倒逼前端的相关责任部门立刻解决问题。

按灯制度带来的是对价值链流程的重新定义,所有的企业内部活动经由客服这个界面与顾客相连,客服不再是前一轮价值活动的结果反馈,更是新一轮价值活动的创新起点。按灯制度赋予一线客服直接整改价值链的权力,引发会员不满意的问题被即时重视,并拉动其他价值活动的及时调整。

渣小暖的客评选品

渣小暖是一家线上线下共同运作的小火锅餐饮企业,提供各类小火锅和多种菜品酒品。餐食面对的是一个口味极其多元的市场,"萝卜青菜,各有所爱",真的是众口难调。美团、饿了么等线上运营平台设置的客户打分机制,确实能够监督餐馆的产品质量和服务能力,但是客户评价会影响消费者的下单决策和平台的流量分配,所以出现"花钱消差评,花钱买好评"也就不足为奇了。

渣小暖把用户评价视为产品改良的起点,对客户评价尤其是差评进行优先审视,对于不同用户的评价给出及时反馈。对产生不良体验的差评,分析原因,承担责任,给出改进策略,即时进行质量调整和菜品改进。有消费者反映"芋儿肥肠鸡"的肥肠太少,则迅速上线一款加量版,增加肥肠量,满足喜欢肥肠的用户;当消费者反映收到的餐食出现汤汁洒漏、包装不严的情况,立刻改换压膜包装并且改善压膜流程,保证密封更严实不洒漏;面对点餐量太少或评价一般的菜品,进行改良或下架,并根据消费者偏好做出产品的优化创新。

由此公司建立起围绕客户评价的即时跟进和反馈系统,使产品开发和运营活动真正与顾客要求结合起来,客户也因为其反馈被响应、被看见而获得尊重感。重视客户意见,建立相互尊重的良好互动机制,渣小暖的回头客比例高达60%。

我们对美团上部分商家和餐馆的售后评价进行了跟踪调查和数据分析,发现:一类商家非常担心差评的后续流量影响,当发生客户不满意事件时,会通过事后补偿、退费等活动积极与客户沟通,希望免于差评或删除差评,并通过一些优惠等活动要求客户给予更多的好评;一类商家对于差评的态度较为积极,如上述的渣小暖等,积极回应客户评价,不论好评或差评,都给出针对性反馈;最重要的是根据评价对后台运营进行适时的改进和强化,将客户评价视为企业运营活动的起点;还有一类商家相对佛系,他们对在线客户评价的反馈不甚积极,有些反馈很明显是一种通用性感谢或道歉的用语,所以很难看到企业对这些反馈的应对措施。这些措施对于短期流量和长期关系有不同的影响。假以时日,会对三类商家的稳定成长性产生不同作用。

小米:开放多维连接

小米创始人雷军常说:"最好的产品就是能够解决用户问题的产品。"小米公司强调与用户的零距离互动和紧密联系,这不仅体现在产品开发和服务提供方面,还逐步融入企业文化和日常经营,经过多年的发展逐步搭建起多维度、多渠道的用户连接体系。

早在 MUI 时代,小米就设立了线上的小米社区,由联合创始人黎万强负责,开创了基于"用户开发模式"的 MUI 系统研发方法,用"发烧友"推动共同设计和产品迭代。首个 MUI 系统就是在 100 名用户的参与下完善起来的,在此基础上建立了"橙色星期五"制度,每周五发布新系统,接受发烧友评测,根据用户"最喜欢哪些功能,哪些觉得不够好,哪些功能受期待",及时进行调整和功能增减。后来小米社区的应用范围不断扩大,除了系统测试工作,用户还可以讨论小米产品,交流玩机心得,反馈使用过程中的各种问题并提出建议,小米公司也建立了及时反馈机制,使用户能深度参与小米产品的设计开发过程。

随着手机销售的增长,小米与用户建立了广泛的线下链接界面,如米粉俱乐部(源于早期的 MUI 俱乐部和小米同城会),遍布几乎所有的大城市,定期举办米粉聚会,除了配合小米及生态链企业的产品宣发,更重要的是达成米粉对小米的认可和持续关系,这也是用户反馈信息的重要渠道。不仅让用户与品牌直接互动,粉丝间也可以分享观点。

小米的高管会不定期地参与或组织米粉见面,践行公司"会员中心化"的理念。2021 年雷军曾与 9 位米粉代表举办"小米家宴",面对面沟通观点,听取米粉的建议,确认代表为"米粉顾问团"的身份。每次的小米产品发布会上,雷军都会邀请一些忠实的米粉参与,听取他们提出的反馈和建议。

2018 年以来,小米集团旗下的小米商城、小米有品、小米云陆续推出了会员制,其中小米商城是积分制会员(F 会员),小米有品(UP 会员)和小米云以付费会员为主。小米有品旗下的有品有鱼曾探索过社交电商,已于 2022 年关停。

小米与粉丝的活动内容早已超出了传统的产品推介或会员维护,正逐步渗入企业内部管理,比如在人员招聘中的"会员化"倾向。很多小米生态链企业乐于在资深米粉中寻找员工,因为米粉天然地认同小米的价值观且熟悉产品。

近年来出现了一个有趣现象,用户不断喊话小米,希望小米推出相关产品。一个小男孩替妈妈喊话雷军,家里人口众多,希望小米设计一款能满足全家人出行的车;大量网友喊话小米,希望能做卫生巾用品。不论小米是否涉足这些领域,这都是一个值得关注的现象,用户正在以被动或主动的方式逐步参与到企业决策中。

蔚来汽车的社区建设

蔚来重视用户社群建设,线上线下搭建起多维度用户连接渠道,有线上的用户社区(NIO App)、蔚来商城(NIO LIFE)、互动声音社区(NIO RADIO)等,还有线下的蔚来空间如"牛屋"(NIO HOUSE)。此外,推出了不同类型的俱乐部,有蔚来跑者俱乐部(NIO Runners Club)、EP俱乐部、蔚来悦享出行(订阅制服务)等。这些不同形态的连接通道便于企业听取用户的意见,也便于用户参与企业活动。

为了与线上线下的用户运营相适配,蔚来在组织层面进行了多轮变动,设立了"用户发展"和"用户中心"两个一级部门。用户发展部的职能有产品传播、公关、销售运营、FF赛车队、EP Club的管理等。蔚来没有传统的市场部,相关职能囊括在用户发展部中。用户中心则主要负责NIO House的拓展,如选址、筹建和运营。此外,蔚来公司内部还设立了用户关系部、用户数字产品部、用户互动娱乐部等多个独立的二级部门,支持线上线下各界面活动的开展。

重新定义运营职能

相较于界面活动的创新,运营转型更加困难,因涉及面广,资源投入也大,资源配置和流程再造可能完全颠覆传统。

Gainsight的客户成功部(Customer Success)

硅谷的Gainsight成立于2013年,是一家企业级软件服务提供商,主要产品是客户服务软件,即为企业的客户服务、产品和社区搭建一个简单的创新平台,对客户行为数据有详细的了解,包括跟踪客户流失、活跃和风险客户分析、客户健康跟踪、警报和通知等。通过数据分析更好地完成工作,帮助企业留住客户。

Gainsight公司的价值主张为"帮助客户获得成功"。Gainsight的创始人尼克·梅塔(Nick Mehta)认为,只有帮助客户(会员企业)成功,才能减少客户流失并增加经常性收入。但"仅仅假设整个公司将承担客户成功管理是不够的,为了让您的客户大放异彩,您需要有人(或团队)专注于此。专门的客户成功团队主动采用以数据为导向的方法,帮助客户更有效地使用产品"。[1]为此Gainsight调整了自己的组织架构,在公司内部设立了客户成功部门,并将"服

---

[1] Worktile:《客户成功部是干什么的》,https://worktile.com/kb/ask/18966.html。

务"模块改成从客户角度出发的职能[①],以便更好地服务于自己的会员企业(见图 4—4)。

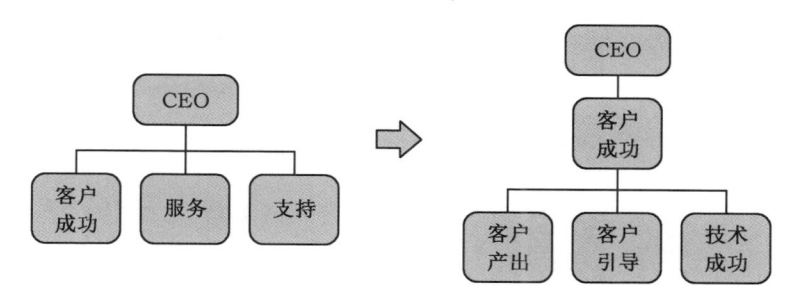

图 4—4 客户成功部的职能结构

尼克·梅塔强调,其实公司没必要设立一个专门跟踪客户满意度的部门,也没必要设立客户支持部门,只需要设立一个帮助客户取得成功的部门就够了。客户成功部对内为客户发声,从客户利益跟公司据理力争;对外为公司代言,传递产品和服务价值。为了发挥客户成功部的功能,Gainsight 赋权予雇员,给团队成员提供了足够大的自主斟酌空间,方便他们照顾好客户的需求。

客户成功部不同于客服部,后者仅仅提供售后服务。客户成功部要始终伴随着客户的成长,要主动沟通拜访、挖掘潜在需求,与产品团队高度协同以帮助客户成功解决问题,由此提高客户满意度和续约率尤其是净推荐值。[②] 这是衡量客户成功部的重要指标。

2015 年以来,客户成功部引起了更多公司的关注,也催生了对客户成功经理的需求。根据领英数据,市场上对客户成功经理的需求量不断上升。除了服务性企业,其他注意客户体验的公司也开始重视"客户成功"。据全球知名 SaaS 企业 Hubspot 的数据,发展势头良好的企业将客户成功视为头等大事的比例,比发展平缓或衰退的企业高出 21%。

[①] 《做好客户成功,如何设计组织架构和分工》,https://zhuanlan.zhihu.com/p/28896994?from_voters_page=true。

[②] 净推荐值(NPS)=推荐者人数百分比−贬低者人数百分比。

亚马逊的"用户体验官"

亚马逊公司设有一个专门的职位——用户体验官 CXBR（Customer eXperience Bar Raiser）。这个职位的特点是，立足于用户的角度，对产品开发、运营管理、市场推广等活动提出意见，推动公司内部各部门的行为改良，从而将用户体验感保持在一个较高的水平上。

用户体验官不属于产品研发部，也不属于市场部，但又与这些部门的工作相辅相成。所有产品在上市之前必须经过用户体验官测试，否则不能上市。因为产品经理在开发新产品时，天然地站在产品或企业角度，而用户体验官则更多从用户的角度，对产品性能和使用方式提出疑问。当新产品推出时，用户体验官要扮演最真实、最普通的消费者，感受使用中的问题和困惑，促使产品部推出体验感更好的设计方案。

在公司会议或矛盾争议时，用户体验官的意见极为重要，引导各部门务必以用户感受为首要考虑的重心。用户体验官就像是公司传统运营方式的"抬杠者"，站在用户的立场，思考用户最需要的解决方案、流程和工具，反向推动各部门真正将"用户体验"落实到日常行为中。亚马逊的用户体验官是公司推行的一种制度，与按灯等其他措施一起，共同保证"客户中心化"理念的落地。

近来，越来越多的公司开始在企业内设立用户体验官岗位，比如平安集团旗下的第三方支付公司平安付最近成立了用户管理委员会，并且推出"用户体验官"活动，通过邀请各部门的相关人员、业务部门管理层及员工，以体验官的身份亲临一线，与壹钱包在线客服一起接听用户电话，倾听用户声音。并在体验官深入洞察用户痛点和需求后，用户管理委员会牵头开展跨部门协作，针对重点、难点问题，结合业务发展策略，推动业务、产品流程体验的优化改进，全面提升用户体验[①]。活动只有常态化、制度化，才能持续发挥作用（见图 4—5）。

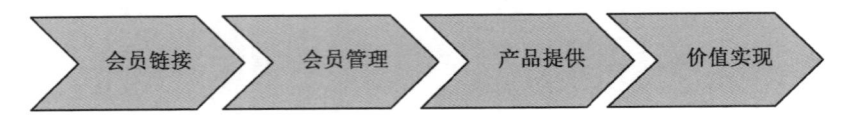

会员链接 → 会员管理 → 产品提供 → 价值实现

图 4—5　会员制下的价值流

---

① 《平安付推出"用户体验官"活动 做"有温度支付"先行者》，https://baijiahao.baidu.com/s?id=1755428960040583481&wfr=spider&for=pc。

孩子王的育儿顾问

孩子王成立于 2009 年,从事孕婴童商品一站式购物及提供增值服务。孩子王定位自己是"顾客关系经营的创新型亲子家庭全渠道服务提供商"。自 2010 年起,公司就强调要为准妈妈及 0—14 岁儿童提供一站式成长服务。为此,孩子王深入挖掘顾客需求,强化以客户关系为核心资产的运营方式,大力发展全渠道战略。截至 2023 年,孩子王拥有超 8 700 万会员亲子家庭,在线下成立了约 1 200 家(含乐友)直营门店,覆盖 200 多个城市;在线上开通了移动端 App、微信公众号、小程序、微商城、社群、直播等多种 2C 端通道,链接目标用户群体。

孩子王设立了一个很有特色的岗位——育儿顾问,替代传统店员的职位,呈现员工顾问化和服务化色彩。根据相关资料,孩子王目前在全国拥有约 7 000 名育儿顾问,其中很多人拥有国家育婴师/催乳师资质。

在招聘平台上,孩子王育儿顾问的岗位描述是:(1)负责解答会员日常孕婴知识、产品知识等相关事项的咨询,为顾客提供解决方案;(2)根据公司要求,负责对核心会员通过线上线下互动进行日常关系维护;(3)对重点关注会员以一对一专属的方式,开展现场销售与服务工作。

孩子王希望育儿顾问成为妈妈们育儿过程中的得力助手,承担起营养师、母婴护理师、儿童成长培训师、全方位专业咨询等多重角色,为顾客提供孕期咨询、新生儿产后护理、育儿经验专业指导、催乳、小儿推拿等专业服务及商品推荐,并帮忙解决亲子家庭中的育儿成长难题,陪伴年轻妈妈走过育儿中的每一个阶段。

可汗学院的内容专家

可汗学院的起源纯属偶然。2004 年,可汗上七年级的表妹纳迪亚遇到了数学难题,向这位"数学天才"表哥求助。可汗通过雅虎通聊天软件、互动写字板和电话,帮她解答了所有问题。为了让纳迪亚听明白,他尽量讲得浅显易懂。这很快引来了其他亲戚朋友的上门讨教。可汗忙不过来,就把自己的数学辅导材料制作成视频,放到 YouTube 网站上,方便大家分享。他把每段视频的长度控制在 10 分钟之内,方便用户的理解和"消化",很快受到了网友的热捧。

2008年，可汗专注于教学事业，推出了在线可汗学院，不断丰富教学内容，还根据学生的错题倾向编写了一些小程序，通过程序自动匹配合适的练习。可汗学院不仅引起了学生的兴趣，还吸引了许多老师的加盟，贡献他们的教学内容，现在可汗学院已经囊括了数学、历史、金融、物理、化学、生物、天文等多科目的内容，成为数百万人使用的世界上最大的在线学习平台之一。

2014年，在加州山景城创办了一所线下实体学校——可汗实验学校。可汗实验学校的想法是，打破传统学校以"教"为主的模式，为学生提供更多自由学习的空间；将传统的课堂学习模式与学生主导的实践项目紧密结合，培养学生课堂之外的能力。

可汗希望老师都像是教练。在可汗学院，负责某一门学科的老师被赋予了一个新的名称——内容专家，而不是教师。课程体系中大部分"教"的内容，学生可以在线上平台学习，或者通过学生的互动来完成，老师的工作在于为线上系统制定整体内容计划、分析学生在平台上生成的数据并给予指导。

会员"参与"的治理

会员对企业战略与组织的影响将越来越大，甚至插手企业的内部治理。会员除了打开企业的后厨，参与设计和运营，还喊话管理层，施加压力，影响企业的重大决策；有的还直接持股，成为共同治理的组织。

董宇辉事件：粉丝逼宫

董宇辉事件是一个典型的案例。自2022年6月以来，董宇辉因其渊博知识和妙语连珠的播主风格大火，吸粉无数。2023年12月，东方甄选在其账号上发布了一则董宇辉吉林行的视频，在关于"宣传文案出自谁手"的解答评论中，称经典小作文是由东方甄选的方案团队创作，并非全部出自董宇辉之手。这引起了不少网友的质疑和不满，认为东方甄选在否认董宇辉的贡献。随后东方甄选CEO孙东旭在回应此事件时进一步激化了粉丝们的不满，认为其在直播中带情绪，"以训斥态度教育粉丝"。粉丝们疯狂取消关注，一周内东方甄选掉粉250万。

12月14日，俞敏洪回应此事件，称公司管理上存在很大漏洞，也向董宇辉表达了歉意。12月16日，东方甄选发布公告，宣布免去孙东旭的CEO和执行董事职务。在工业时代也有消费者因为质量问题控诉企业，导致总经理或管理层被迫离职，但为员工抱不平而导致公司管理层改组的现象并不多见。12月18日，新东方教育科技集团发布公告，任命董宇辉为新东方教育科技集团董事长文化助理，兼任新东方文旅集团副总裁。随后的活动海报显示，董宇辉从"带货播主"变为"东方甄选高级合伙人"，并成立了独立工作室——与辉同行，虽然由东方甄选100%控股，但也是一个独立运营的公司。

2024年7月15日，东方甄选公告，董宇辉同意收购与辉同行（北京）科技有限公司100%股权，出价为7658.55万元。董宇辉事件不仅对东方甄选的销售产生巨大影响，也影响了公司治理制度。

类似的事件也发生在娱乐圈。2024年5月，杨幂的粉丝"造反了"，发起了一场对杨幂工作室的声讨，并且要求其对工作室进行改造。

起因是，杨幂近期参与制作和发布的多个作品的口碑不佳，甚至带来了一些负面影响，粉丝们认为杨幂工作室在作品推广过程中未能有效开展工作，在作品宣传及舆情传播控制方面做得不好，准备工作不足，决策失误，问题应对不及时等，所以对其经纪人、宣传、公关、法务、粉丝运营等部门提出批评，要求改组工作室。杨幂通过一个名为"ForMi912"的小号发表了一篇文章，基本上接受了粉丝的诉求，并承诺作出相应的调整。

开普勒书店：从会员到公司治理者[①]

开普勒书店是一家成立于1955年的大型独立书店，早期位于斯坦福大学附近，就是当地居民独立思考和社区讨论的中心，后来搬到加州门洛帕克市，被很多投资者和企业家视为最受欢迎的阅读场所。

50余年来，开普勒一直扮演着无数作家及其支持者的会客厅角色。

[①] 罗比·凯尔曼·巴克斯特著：《会员经济》，中信出版社2021年版。开普勒书店网站http://www.keplers.com，依靠会员社群的资助继续开门营业，维持独立风格，转型成会员制，由外部董事会资助社群导向型活动。

但随着在线书店的发展，图书市场的格局发生了变化，开普勒的经营状况每况愈下，2005年经营坠入谷底，8月31日决定关门。

意想不到的事情发生了，当地居民举行示威活动，抗议他们最喜爱的书店消失，希望开普勒书店能够继续运营。开普勒书店的粉丝开始了行动，他们想重组开普勒书店，呼吁书店的支持者（会员们）众筹资金。几周后，开普勒书店真的重新开门营业。不同的是，它拥有了新股东和董事会，重新议定了租约，最重要的是它拥有了大量志愿者（会员）的支持。

会员为开普勒书店提供了资金。在会员支持下，开普勒书店扩大活动范围，增加社区互动，从而赢得了更多的赞誉和行业认可。2012年，开普勒书店由普拉文·马丹及其妻子接手经营。马丹曾表示，希望将开普勒书店做成一家完全服务于会员的书店，就像户外用品连锁零售商REI（Recreational Equipment Incorporated Cooperative）或全美橄榄球联盟中的绿湾包装工队（Green Bay Packers）那样：REI和绿湾包装工队的共同特点是，它们都是由上万名粉丝共同拥有的组织。开普勒书店后来推出了"开普勒2020计划"，将公益性和营利性分开，其中公益活动转到一个名为"半岛艺术与文学"（Peninsula Arts & Letters）"的非营利组织，这个组织完全依赖会员众筹的资金来保持运转。

开普勒书店的会员管理模式引起了各地独立书店的兴趣。许多书店学习开普勒的做法，转而向自己的粉丝寻求支持，希望通过将更多的心思放在经营社群关系，依靠忠诚会员的力量，与在线零售商和大型连锁书店展开竞争。开普勒书店的创始人克拉克·开普勒虽不再是书店的所有者，但他认为，"会员制模式能够给小公司创造美好的未来，不过这种模式必须让人觉得可靠和值得信赖，重点放在打造社群关系上，才能确保客户的忠心支持"。

会员共同所有制

开普勒书店将自己建成了一个由会员共治的组织，在书店业是一个创新。实际上这种由会员共同所有、共同治理的组织历史悠久，典型的还有足球俱乐部、高尔夫球俱乐部等。

• 绿湾包装工队

绿湾包装工队(简称包装工队)[①]成立于1919年,是美国国家橄榄球联盟(NFL,共有32支球队)中唯一一个由公众共同持有的球队。

一般情况下,持有一支职业体育队伍的是个人、合伙者或者是公司,但包装工队自创立之初就没有主要的持有者。截至2023年,公司约有53万名股东(包装工队会员)。虽然包装工队名义上归股东所有,但包装工队的股票不会派息分红或送股,也不能在市场上转卖(只能转给配偶和直系亲属),每个人的持股数不能超过2万股(总股本超过500万股),所以股东购买包装工队的股票,相当于无偿支持球队运营。

股东们获得的唯一权利是投票权、受邀参加公司年会以及购买独家商品的机会,但不享有任何管理权。股东们投票选出一个约45名委员组成的董事会,这些董事会成员本身就是成功的商人,没有任何的经济补偿。董事会负责球队的各项事宜,任命总裁和管理层,并授权管理层负责球队的日常运营;所有董事会成员被任命为至少一个委员会的成员;董事会还选举出一个7人组成的执行委员会,监督总裁的行为,也充当总裁的顾问。

• 皇马与巴萨:会员制足球俱乐部

西班牙甲级联赛历史上,会员制足球俱乐部因经营不善及财务亏损,西班牙于1992年出台法令要求进行公司化改制,而皇家马德里足球俱乐部(简称皇马)和巴塞罗那足球悠俱乐部(简称巴萨)等四支球队保留了会员制。

皇马和巴萨作为历经百年的会员组织,建立了较完善的会员治理制度,会员能够直接或间接地参与到俱乐部的管理活动。会员的一般权利有:(1)球队门票的购买权,如可以优先购买球队门票,还能享受一些会员折扣;(2)新会员的加入往往需要现有会员推荐,才能最终确定会员身份;(3)如果会员无法按期支付会费或不遵循相应的行为准则,也会受到处罚。

会员的重要权利是享有选举权:(1)参与选举俱乐部主席和董事会;(2)拥有重大决策的投票权,比如皇马会选出2 000名会员组成代表委员会,他们投票

[①] Michael Shoe:NFL(Corporate Governance in Professional Sports Franchise),https://zhuanlan.zhihu.com/p/355314356.

决定俱乐部的财务活动(俱乐部季度预算、按时按需筹款);(3)规范俱乐部主席的行为,保障俱乐部的正常运营。巴萨除了代表委员会通过投票决定俱乐部的重大决策,还有一个由 1 000 名资历最老、学历最高的会员组成的参议院,其作用是直接向核心管理层提出建设性意见,群策群力推动俱乐部未来的繁荣发展。

- **REI-休闲设备合作社**

如果说上述都是球队俱乐部,带有行业的特殊性,那么 REI-休闲设备合作社(Recreational Equipment Incorporated Cooperative)则是一个从事零售业务的组织,是全球最大的户外用品连锁零售组织。以下是公司官网上对自己的介绍:

我们是谁

我们是休闲设备股份有限公司——一家消费者合作社,旨在激励和装备每个人外出。

合作社最初由 23 位户外爱好者及一家商店(只是加油站中的一个货架)组成。自 1938 年成立以来,每个会员都尽其所能,一些人在家缝制让大家买得起的产品,其他人从事管理活动以保护环境。

随着时间的推移,合作社会员在户外装备上开创了许多第一:从管理活动到创建实验室,都是为了将设备推向极限;当"我"变成"我们"时,从根本上改变了我们每个人的户外体验。

合作社就是这样:把人们聚集在一起,成为我们。今天我们有 2 400 多万名会员。我们仍然在户外装备上为彼此和世界带来快乐。会员仍然是我们的中心,这意味着我们每个人都有力量为今天、明天和下一代塑造户外活动。

由会员管理

我们是一家由活跃会员拥有的公司,由会员选举产生的董事会管理。每年 REI 会员都有机会选举董事会成员,每位董事任期三年。这些董事与总裁兼首席执行官以及我们的高级领导团队合作,确定合作社的方向——始终以我们的共同价值观为中心。

董事必须具备经过验证的商业头脑、卓越判断和决策能力。我们寻找有经验的候选人——从业经历与 REI 规模相当、业务相似，在消费品行业有创新和颠覆历史，被证明是合格的董事会成员。

希望提名自己担任董事会成员的合作社会员可以通过自我提名程序报名，所有自我提名的候选人在选拔过程中都会得到关注。

1935 年，美国西雅图的户外运动爱好者劳埃德·安德森（Lloyd Anderson）和玛丽·安德森（Mary Anderson）需要一把优质冰镐，而当地的滑雪用品商店只有仿制的奥地利冰镐，定价 20 美元——在当时是一笔不小的数目[①]。

夫妇俩另辟蹊径，通过邮购方式从奥地利买了一把冰镐，包括邮费在内只花费了 3.5 美元。同为登山者的好友们知晓了此事，开始拜托他们购买便宜的户外装备。安德森夫妇开始统一团购货物，后来在 1938 年与其他 21 名户外爱好者成立了 REI 合作社，当时会费为 1 美元且拥有终身会员资格。

现在会员费为 30 美元，付费后即可获得 REI 终身会员资格，有时也会通过一些购物活动（如订单超过 100 美元）赠送终身会员卡。会员不仅享受购物优惠和标准送货免费，还可以参与"分红"，严格意义上讲应该是返利，会员每年符合条件的购物额（除了在奥特莱斯店的购物及打折品、礼品卡和清仓甩卖等）可以享受 10% 的返利。图 4-6 是 REI 近年来的返利情况，2022 年返利 2.24 亿美元。

安德森在 1938 年的书面公告中提出了合作社的使命：确保有足够多的会员使团购成为可能，让会员购买更为实惠；用尽量少的费用进行产品售卖；尽可能用会员协作的方式，聘用会员担任工作人员；收取可承受的会员费，让每个热爱户外运动的人都能够加入。REI 很长时间都由会员兼职运营，直到 1947 年才入职了第一位全职员工。

21 世纪初，时任总裁兼 CEO 的 Dennis Madsen 在接受《哈佛商业评论》时再次强调了这一主张："我们是合作社，归会员所有。如果公司由第三方投资者所有，高层必须关注股价及每股收益，会不惜一切代价去创造利润、实现增长；

[①] 《2 300 万户外爱好者的"合作社"是如何运作的?》，https://business.sohu.com/a/684493524_121119316。

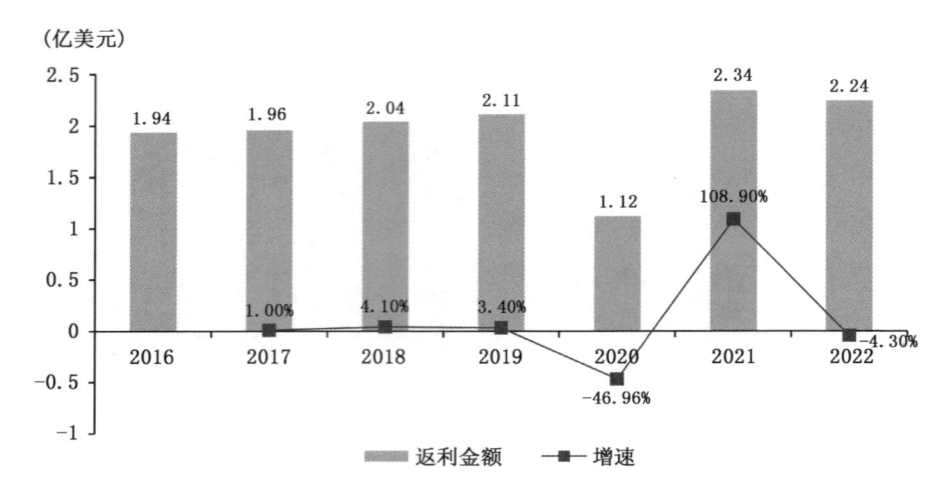

资料来源：https://www.rei.com/dam/2023-financial-statements。

图 4—6　REI 会员返现及增速

当会员成为所有者时，他们的兴趣不完全与财务数字有关，而希望在店里看到优质的产品和价格""我们对利润的处理方式不同，我们更加关注中长期，我并不担心这个季度与上个季度比盈利怎么样，而是专注于为会员提供高质量的产品和服务"（见图 4—7）。

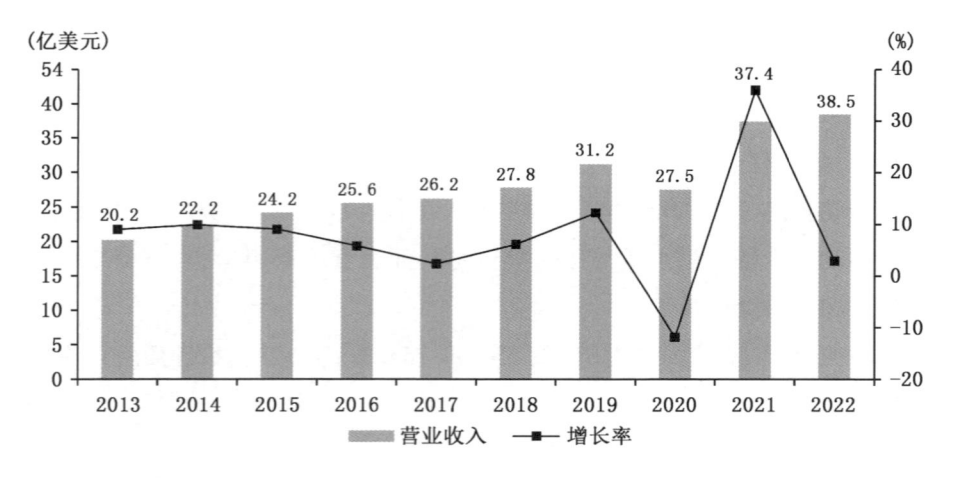

资料来源：https://www.rei.com/dam/2023-financial-statements。

图 4—7　REI2013—2022 年营业收入及增长率

基于共享和返利的合作社模式决定了 REI 的利润并不高。2018 年,REI 的净利润率为 1.7%;2019 年,营业收入 31.2 亿美元,分配 2.1 亿美元股息后,REI 净利润仅有 2100 万美元,净利润率略低于 0.7%(见图 4—8)。

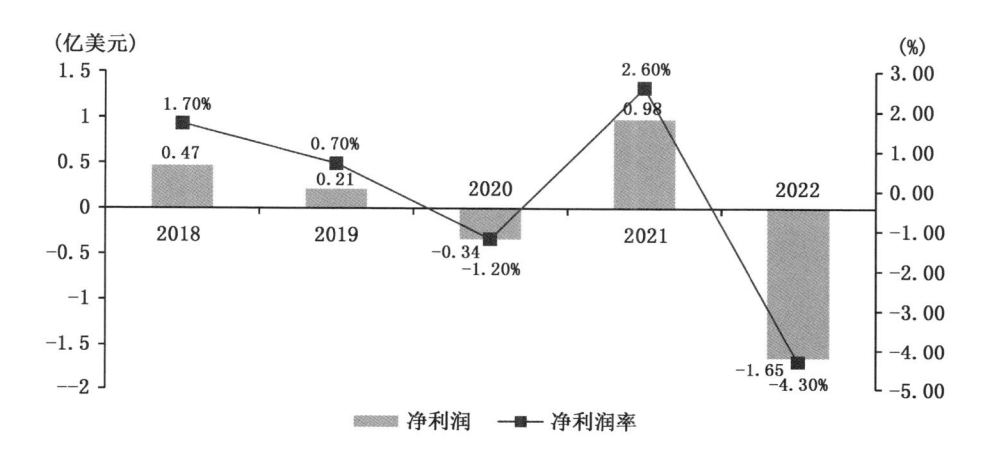

资料来源:https://www.rei.com/dam/2023-financial-statements。

图 4—8　REI2018—2022 净利润及净利润率

当下的 REI 也面临一些难题。自 1980 年以来,合作社在全国范围内大幅扩张,这削弱了会员对合作社事务管理的参与度;董事会成员年度选举的投票率相比之前大幅降低,会员越来越像消费者而不是参与者,很多人加入 REI 是为了获得折扣,而不看重与合作社的关系。

小结:以会员为起点重塑价值链来"服务会员"的良好初心,需要各部门、各个环节的通力合作。需要一个"激励相容"的制度保障,保证各利益相关者(企业、员工、会员等)都能够从"长期会员关系"中获益。反向的组织创新,首先要发挥界面层面的创新,这将推动内部价值活动和流程的颠覆性再造,重塑价值共识,企业内部尤其需要达成价值共识。

以会员为中心重构价值网

会员经济模式下，价值网将更多地围绕会员需求而构建。传统的生产协作网络是为了谋求产品制造和生产效率，以会员为中心的价值网络是为了满足会员的多样化需求，两者存在本质差异。

先会员后产品

当会员成为价值链的起点，不仅传统组织结构会发生变化，一些新型商业模式也逐步流行起来：先发展会员关系，建立相互信任和情感纽带，再提供商品和服务。这将传统上"先做产品，再找顾客"的方法转变为"先找顾客，再做产品"。

在互联网时代，一些"意见领袖"（KOL）打造 IP、聚集粉丝和会员，再延展至前端的产品销售或产品生产。这种方式被称为内容导流电商或流量带货电商。随着互联网的技术更新，内容导流式电商了经历了多轮迭代。

早在图文微博时代，一批"网红"（如雪梨、张大奕等）率先通过图片传播服装搭配的"美"与"时尚"，吸引用户关注，进而带动产品销售。在短视频时代，这种趋势更为普遍，李子柒品牌的螺蛳粉、辣椒酱等产品的热卖，得益于李子柒在短视频上积累的大量粉丝和品牌影响；醉鹅娘红酒博主先在多平台推广宣传红酒知识获得粉丝认可，进而从一个自媒体转型为酒类的渠道品牌。在直播时代，各种类型的旅游博主、美食博主、知识博主更是层出不穷，他们在介绍风土人情、分享烹饪心法的过程中积累了大量粉丝，部分博主也开始转向带货。抖音、小红书作为内容平台都加大投入向带货转型，抖音 2023 年 GMV 达 2.7 万亿。

需要注意的是，虽然都表现为"先会员后产品"的形式，但会员经济与单纯的流量带货模式存在本质差异。流量带货的目的是带货，内容和粉丝是手段；会员经济的目的是会员关系，产品是对会员关系的增值。一旦本末倒置，就容易陷入杀熟的"信任危机"。

遗憾的是，许多意见领袖、内容播主虽然从会员和粉丝培育切入，但当积聚了一定数量的会员后因急于变现而转为流量模式，追求短期利益而陷入收割会员的误区，重视产品销售却忽略了"经营会员"这一基石。一旦信任丧失会导致迅速掉粉，成为"昙花一现"的网红流星。不论是先会员后产品还是先产品后会员，"经营会员"——为会员创造增值——才是会员制的底层逻辑。

目前还在不断涌现的内容导流式企业或个体究竟是"会员制"还是"流量型"，将经历时间上的检验，慢慢淘洗出真正以"会员为中心"的组织，它们才能赢得会员的长期追随。

需求的重新组合：跨界重构

未来定义行业的方式，不是从产品出发，而是从问题出发。你身处哪个行业？你的竞争对手是谁？不要看产品，而是要看你到底为用户解决怎样的问题。

——拉姆·查兰

1. 重新定义需求问题

"跨界打劫"是近年来颇为流行的一种说法，这恰恰是传统产业观的一种体现。从会员需求的角度，产业及产业边界的概念不重要，满足需求才是根本。

在工业时代，企业聚焦于不同的产品细分领域，将与自己提供同类产品的商家作为对手，企业关注的是产品。站在需求的角度，并不存在产业界限：口渴了，可以喝水，也可以吃个西瓜；天冷了，加件保暖衣或打开取暖器，都是解决方案。

"跨界"的领域正变得日趋宽泛，被"打劫"的传统企业也越来越多。网约车出行服务不仅"打劫"了出租车业，还可能"打劫"汽车业；智能手机不仅颠覆了功能机，还打劫了照相机、车载 GPS 导航仪、音乐播放器、收音机、录音机及报纸杂志、电视业、游戏机。

应对"跨界打劫"的先决条件就是从产业视角转向会员需求视角，重审自己所提供的产品对顾客的价值，这样才能发现身边真正的敌人——不一定是同类产品的提供者，而是同一需求的不同解决方案提供商。

产业是对某类产品或技术的描述，如图4-9左边的电影院、餐饮店、健身房、游乐场等；而需求是一个问题陈述，人们需要社交会友、健康养生、变美变强、消磨时光……当顾客想要打发一个下午的闲散时光，可以去看场电影，去玩一场剧本杀，去书店看书，或者在公园的长椅上晒太阳；当顾客希望身体变得更强壮，可以去户外跑步，去健身房健身，或者调整饮食，改善作息，补充点维生素。

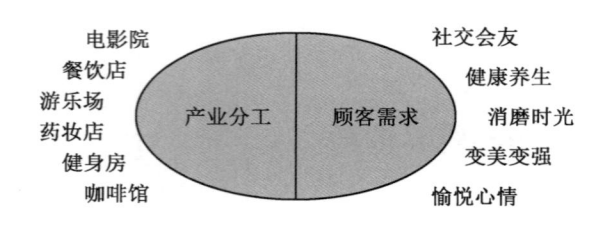

图4-9 产业分工与顾客需求

这些分属于不同产业的产品或服务，在需求端存在功能上的替代或互补，构成了同一问题的不同解决方案。

2. 寻找新的组合商机

产业分工将产品细分化，使企业专攻一隅，更有效率地把产品做精做细，做出特色。但对于消费者，单一产品是不够的，需要不同的商品组合才能满足需求，每个人都是一揽子产品/服务的需求者。

一个要外出旅游的人，服饰装备、机(车)票门票、酒店住宿、餐饮食物都是旅游时需要的；一个网球爱好者，不仅需要球场球拍、球鞋球衣、毛巾饮料、防晒防伤，还需要教练和球友。一个留学生，不仅需要学习英语、申请学校，还需要海外的生活安排以及毕业后的职业规划……

工业时代形成的产业分工体系，追求极大提高生产效率的同时也分离/割裂了需求满足方式。在一个蔬菜卖场，肉铺负责卖肉，菜摊只管卖菜，品类丰富，应有尽有，但顾客依然觉得买菜是个难题。其实，逛菜场最大的苦恼不是食材，而是不知道吃什么，转悠半天，买好菜回家后却发现忘了买花椒蒜瓣。在这种困扰驱使下，将各种食材配料搭配完整的"净菜""半成菜""预制菜"应运而生。成立于2008年12月的味知香专注于半成品菜和预制菜，提供各类腌制好的宫保鸡丁、鱼香肉丝、清炒虾仁、鸡中翅等300多款产品，将食材组合成一道菜提供给消费者。2021年,味知香在A股上市,市值41亿元。

随着产品越来越丰富,选择商品对顾客来说是个巨大的难题。顾客不掌握充分信息,也不具备专业知识,很难找出恰当的优化方案。根据会员需求组合产品和服务,以会员为中心重构价值网,将成为更受欢迎的商业模式。无法适应这一转型趋势的企业,将面临被新模式"跨界打劫"的命运。

跨界也给商业推开了一扇门,围绕会员需求的重构方案可能是无穷的。克里斯腾森曾说过:"技术无所谓颠覆,市场无所谓颠覆,技术和市场的组合才具有颠覆性。"

在饭店用餐觉得一道菜不错,回家想自己做的冲动也是有的。盒马打破传统的餐饮、零售、生鲜外带的界限,将这些服务整合在一起,满足消费者在不同场景的"吃饭"需求。如果店里的牛排龙虾好吃,盒马的生鲜食材可以外带或送货上门。

在书上看到美食的烹饪和烘焙,许多人心痒想上手一试,但看到需购买十多种食材,而且各种食材少许,心里就打起了退堂鼓。茑屋书店将书、烹饪器皿、食材、餐具集合起来一起出售给会员,满足会员对某种美食(一种生活方式)的DIY向往。

热气腾腾的火锅很诱人,大快朵颐后心情不错,但火锅的气味也如影随形,头发上衣服上难免笼罩着或浓或淡的"烟火味"。海底捞在一些店铺尝试推出洗发服务,正中一些顾客的下怀。

人们习惯了在电影院里吃爆米花,在便利店里买彩票,那么,在书店里喝咖啡,从饭店买食材,在酒店买家具,好像也不算什么稀罕事。近年来各种"大尺度"的跨界组合创新,正在不断冲击着产业边界的惯性认知。这些企业的跨界重构实践,打破了商家对传统经营的固有界限,转而从会员需求角度重新定义业务范围,探索新的满足会员多元需求的综合性方案。

传统产品视角下,同类产品的企业面对顾客时像拔河,要把顾客抢到自家来(见图4—10)。站在顾客视角,为了更好地满足顾客,企业是可以相互成全的。如上文提到的Zappos,当自家无法提供顾客所需要的某款鞋子时,员工至少在3个网站上查找相关信息,如果发现别家有现货,就把信息反馈给客户,把他们介绍给竞争对手。这样虽然会失去销售,但Zappos因此获得了用户的信任，并可能建立一辈子的关系（见图 4—11）。

企业A ← 顾客 → 企业B

图 4—10　传统企业间的拔河竞争

企业A ⇒ 会员 ⇐ 企业B

图 4—11　会员企业间的相互"成全"

互联网时代，企业依赖大数据和网络支持，围绕顾客需求重构价值网，会员制企业更是如此。这不仅是企业生存的基本盘，也是长期发展的助推器。当然，受有限资源能力以及分工效率的约束，一个企业不可能满足顾客的所有需求，不同企业也可能聚焦特定品类，满足顾客的一揽子需求。

3. 垂直品类聚合

受制于运营技术和运营能力，大多数会员制企业不会过分追求大而全，而围绕特定的细分品类，在垂直领域为会员提供综合性产品或服务，可能是更常见的现象。零售业、服务业、互联网生态中都不乏垂直品类聚合的案例。

迪卡侬的综合体育服务

迪卡侬早期将自己定位为一家"运动专业超市"，聚焦运动相关品类，为用户提供体育及户外用品服务，包括产品类——衣物鞋帽、装备器材，服务类——教练/辅导、球拍换线；还拓展了运动场所与活动团体，向运动服务延展。为了降低成本，迪卡侬采取能省则省的方式，鞋子不配鞋盒；门店像个大仓库，高高的货架上按照品类堆放了密密麻麻的商品。

近年来，迪卡侬门店开始悄悄变脸，不再像个仓库，而是按照运动场景形成了各种样板间：在攀岩区，有攀岩墙、攀岩器械和用具；在高尔夫区，有电子模拟屏、球杆球衣和球包；在滑雪区，有滑雪模拟机、滑雪服和滑雪板等。这些搭建出的一个个运动场景，让用户切实进入运动状态。除了用品，迪卡侬在门店体验区提供免费课程,如轮滑、滑雪、篮球等。会员不仅可以试玩试用各种器械,还可以真的上一节运动课程。此外拓展外部的合作商,与体育培训机构合作为会员提供多元服务,如与迪乐户外合作提供户外服务,与健身品牌银力体育集团合作打造适合各年龄段的一站式体育主题运动商场,还在苏州开设了迪卡侬体育公园旗舰店。

迪卡侬在2021年进行了品牌升级,目标用户不再限于运动爱好者,还包括活力女性和年轻家庭,专门为家庭户外和亲子运动开发产品。比如推出的家庭露营车顶帐篷、婴幼儿专用滑雪板(小孩子不需要换上又硬又重的专业雪鞋,穿着自己的雪地靴就能使用)。

迪卡侬逐步从"运动专业超市"转向"运动生活服务商"。

宜家也是一个垂直品类的聚合商,聚焦家居和家纺,围绕顾客的家居生活这个使用场景搭建起一个精致的生活样板间。比如客厅间,有沙发、茶机及配套用品,用户可以试坐沙发,摆弄下物品;卧室、书房都有各种装修风格和搭配,供用户体验。

在互联网企业的成长中,也出现了一批聚焦于母婴、服装、家居、图书等不同品类的公司,尽管面临综合性公司的竞争压力,但多年来一直坚守在特定领域,为顾客的某类需求提供深度服务。

4. 功能品类聚合

功能品类聚合(也可以称方案型聚合),指的是根据用户的某个具体问题,提供系统且长期的综合解决方案。比如某种疾病的系统康复服务、家庭医生制度、金融领域的投顾服务、保险经纪人,家装领域的整装服务等,正日趋呈现围绕功能重新聚合产品/服务的趋势。

功能品类聚合与垂直品类聚合的区别在于:垂直品类聚合更侧重于产品(虽然也在向服务转型),而功能品类聚合者更偏向于客户。垂直品类商是将同类产品进行了组合,突出"我是卖什么的";而功能品类商将不同品类产品进行组合后帮助顾客解决某类问题,强调"我是干什么的",这是对产品/服务的重新解构和重新组合,也是一个巨大的市场。

同在家装业,百安居更像一个垂直类的建材卖场,贝壳整装则偏重于功能品类聚合商；同属医药健康领域，药店是垂直品类商店，家庭医生则是功能服务提供者。

一些垂直品类聚合商也开始从售卖产品向功能服务商转型，比如百安居推出了百安居装修，药店也提供驻店医师的服务。

小于等于七点零：控糖解决方案

一位高血糖顾客所需要的不仅仅是控糖药品，还有日常血糖检测、平常的一日三餐，最好能够匹配相宜的运动健身，还有正常的生活作息，这样才能更好地控制血糖。传统企业大多专注于某种特类产品，如药品公司供药、食品公司供餐、检测公司提供测糖仪……但它们只能解决控糖的一个方面。顾客需要的是"便捷且有效控糖"的生活方式。

"小于等于七点零"（简称七点零）面向高血糖人群提供餐食服务。目的是面对高血糖患者的身体特征，帮他们筛选合适的产品，组成合适的搭配，争取把血糖控制在7.0以下。面对众多的控糖产品，一个"规模大、重要但困难"的市场是"高糖者的一日三餐"，吃什么（餐食品类）和怎么吃（用餐习惯），这是影响血糖不稳定的重要原因。面临需求多样性、低客单、交付难、味道不佳等难题，"小于等于七点零"通过研发和模式创新，在餐食口味和控糖上做平衡，围绕相对集中的办公人群和工作午餐，提供低糖低脂服务，并根据会员偏好和需求，提供"早晚餐"的控糖餐食咨询服务。此外，还与外部机构合作，为用户提供血糖检测、配套运动等方面的支持。

家庭医生制度

家庭医生是欧美医疗服务体系的重要组成部分，承担了居民健康管理和疾病诊治的"代理人"角色。

美国的家庭医生制度建立于20世纪60年代，以商业健康保险体系为主。1969年美国家庭医学委员会成立，标志着家庭医学成为美国医学领域的一个独立专科，家庭医生制度随之不断发展和完善。

美国家庭医生大多在私人诊所或小型医疗团体执业，患者可自主选择家庭医生。家庭医生与患者的关系也较为紧密，医生会全面了解患者的健康状况，提供初级医疗服务，包括预防保健、常见病诊治、慢性病管理等；超出其诊疗能力的疾病，家庭医生会将患者转诊至专科医生或医院；在保险体系下，家庭医生还会协助患者理解保险条款，选择合适的医疗服务项目，以确保患者能在保险覆盖范围内获得最大程度的医疗保障；对于复杂疾病，家庭医生会利用其专业网络，为患者推荐合适的专家，并与专科医生沟通患者的整体健康情况，共同制定治疗方案。

英国的家庭医生制度可追溯到1911年的《国民保险法》，该法案规定为参保工人提供免费的医疗服务，由家庭医生负责，此后不断发展和完善。1948年英国建立国家医疗服务体系(NHS)，家庭医生制度成为其中的重要组成部分。英国采用"强制首诊"制度，居民生病非急诊时需先找家庭医生。

英国的家庭医生以诊所为单位提供服务，诊所大多分布在社区。患者在注册后就有了固定的家庭医生团队，可获得连续性的医疗服务。家庭医生与患者通常建立长期稳定的关系。

家庭医生负责处理患者的各种健康问题，包括常见疾病诊治、健康体检、慢性病管理等。对于需要专科治疗的患者，家庭医生会根据病情评估，为患者提供转诊建议，帮助患者预约合适的专科医生，协调后续的治疗安排，还会跟踪患者在专科治疗后的情况，继续提供康复等方面的指导。

英美两国的家庭医生制度也存在差异。英国的家庭医生制度在国家医疗服务体系(NHS)框架下，更强调公益性和均等化，也面临患者等待时间长等问题；而美国的家庭医生服务受商业保险影响较大，不同保险计划和医生签约情况会对患者就医选择和服务产生一定影响，涉及费用分担和支付比例的困扰。

总之，功能品类聚合聚焦特定问题，以解决顾客问题为要义，品类组合必然围绕顾客问题展开。一个解决方案通常需要产品与服务适配，还需要专业技术支持，所以企业通常会聚焦特类问题，做深做细。而且，跨界是必然的，根据顾客问题进行产品、服务、专家队伍的组合，并随着顾客问题的变化而动态调整。

5. 生活场景聚合

生活是丰富多彩的。在居民生活社区周边往往环绕着各类商业配套设施，为居民生活提供舒适便捷的服务，一些有心的商家便开始了围绕社区居民的场景配套组合。

全家的时尚生活：便利店＋X

我们印象中的全家（FamilyMart）是一家离家近的24小时便利店。全家创办于1972年，以社区便利店的定位逐步发展为国际知名的连锁便利店之一，服务网点遍及日本、中国、韩国、泰国、美国洛杉矶等地，店数超过12 000家。

本着为居民提供便捷生活的理念，全家便利店在产品品类组合上很花心思，会追随会员生活需求的变化调整聚合品类。根据《好奇心日报》的报道，一间100平方米左右的全家便利店大约呈现2 000—3 000个SKU，整体商品每年的汰换率超过50%。在品类上，除了常见的日用品、饮料、包装食品，还重点开发了即热即食的快餐类、外带咖啡等，该品类的比重不断上升。便利店里增加了桌椅，供会员在店中吃饭或喝咖啡。2023年以来，上海、广州等地的全家便利店还出现了预制菜的身影——泰式咖喱鸡、黑椒牛肉面、三全腊味炒饭等，可以在店面加热即食，也可以回家烧制。从消费场景上，主打一个方便快捷的生活方式。

近年来，除了便利店业务，全家开始围绕"时尚生活"场景，向其他服务品类扩张，试图打造一个更综合的便捷生活服务网，涉足的领域包括健身房、洗衣店、服装、卡拉OK。

——全家健身房Fit&Go

全家健身房取名为Fit&Go。2018年在日本东京都大田区开办了第一家健身房，健身家在便利店的二楼，见图4—12。健身房24小时开放，采用App＋刷手环的方式进入运动模式。健身室内不仅设有各类健身器材和淋浴间，还配备有带香薰、音乐的休息室。全家健身房采取会员制，每人每月7 900日元（约460元人民币）。

图片来源：https://baijiahao.baidu.com/s?id=15865493424028488880&wfr=spider&for=pc。

图4—12 全家的健身房和洗衣店

为了方便顾客，楼下的便利店特别设置了健身族专用区域，主要售卖运动衣、运动饮料、低糖健康食品和洗浴用品（如毛巾、身体乳等日用品）等。

——全家洗衣店

2017年日本的全家便利店开始尝试拓展洗衣业务，先在拥有大型停车场的门店新增了Famima Laundry，采用投币方式提供24小时服务。

消费者可以先在全家App上查找是否有闲置机器避免等待，到店衣物放入洗衣机后，扫描机台上的QR Code就会出现结账条码，结账完成后由POS机台自动启动洗衣机，在洗衣完成的前五分钟系统会自动发送短信提醒消费者。

除了全家，7—11、罗森等便利店也在围绕生活场景下功夫。

7—11在中国台湾推出了Being fit健身房，同样采用复合式两层店面模式，还推出了Big 7——一个集咖啡、阅读、糖果、美妆、烘焙、超商为一体的全新店面。

罗森便利店加大了社区服务内容。罗森与提供看护及养老服务的Tsukui合作，便利店内除了增加看护食品与老人护理用品外，还提供养老、健康咨询解答服务。

海尔智慧家庭:从产品专卖到服务品牌[①]

海尔公司多年来追求"人单合一""小微化",再到"链群合约",不断迭代组织的运营管理模式。在张瑞敏看来,"产品会被场景替代,行业会被生态覆盖"。在终端层面,一系列专卖店、洗衣店、维修点也在逐步"变脸"。

- 海尔智家

随着海尔冰箱、彩电、洗衣机等产品的销售,海尔专卖店也在不断成长,自1996年起陆续在全球成立了近3万家专卖店。近年来,海尔专卖店正在转型,不再是只卖海尔家电的社区店,其外延逐步扩大为"智家体验店"。

新的海尔智家出售的不再是单一产品,而是多种智慧生活场景。顾客既可以看到各种类型的家电产品,还可以看到各式各样的空间样板。此外,还提供一系列可展可销的家居、建材产品,顾客能够一站式购齐所需产品,并且可定制智慧生活场景。

- 三翼鸟

三翼鸟是海尔智家在2019年推出的一个"场景品牌",提供阳台、厨房、卫浴、全屋空气、全屋用水、视听等全场景生态解决方案。2023年半年报显示,三翼鸟于2023年正式启动了"万家筑巢计划",2个月就进入2 149个小区,达成3 112个定制方案,场景交易金额达到8.5亿元,单小区成交均价近40万元。其筑巢设计平台落地全国门店,赋能设计推动订单转化,最快3分钟就能设计一个智慧家。

三翼鸟品牌定位强调的是"方案能力"而不是产品——"实现服务能力的整体升级",而且"从设计一个家到建设一个家,再到服务一个家,全流程为用户负责"。为了满足不同顾客因需而变的个性化要求,三翼鸟除了聚合家居、家电等产品,还有专业的设计师及多样化的材料,还聚合了外部的生态合作方,共同打造"家生活"解决方案。

- 量子小店[②]

在2021年,海尔衣联网旗下洗护生态品牌洗衣先生和洁神深度合作,将原

[①] 《体验店、001号店、量子小店,都是"海尔专卖店"》,https://zhuanlan.zhihu.com/p/452114713。
[②] 《洗衣先生8m² 干洗店变身海尔量子小店,坪效10倍于行业》2022-09-21,https://baijiahao.baidu.com/s?id=1744551629944572228&wfr=spider&for=pc。

来的洗衣店改为量子小店(见图4—13)。量子小店呈现"一店多能"业态,除了洗衣服务,增加了奢侈品护理、到家服务、物流配送、智慧家电保养维护等居家常用服务,还可以实现服装定制和阳台、衣帽间等智慧家庭场景定制,甚至提供智慧生活全场景解决方案的定制。

(洗衣先生&洁神服务内容涉及专业洗护、奢侈品护理、生态产品等多领域)

图4—13 海尔的量子小店

从洗衣店到量子小店,是海尔智家体验云平台对海尔衣联网的赋能:一是让线下的店面突破空间和商圈的限制,变成了线上、线下无限延展的平台;二是平台上的上千家小店突破了行业和产业界限,既能够满足顾客的多样化需求,还可以通过与用户交互,沉淀海量的家生活数据。

量子小店丰富的社区服务功能,使之成为有人情味的"社区港湾"。青岛市崂山区海口一家$8m^2$的门店,其4 200多名会员的门店复购率达63%,定期来一趟门店已成为很多会员的新日常。据统计,这家$8m^2$门店年收入超过80万元,门店坪效10万多元。

随着量子小店的发展,海尔衣联网呈现生态化扩张趋势:一是开始向其他洗护企业扩展,北京翰皇、成都美尔等30多个洗护企业加入了海尔衣联网,还逐步吸引了地产、物业等跨行业资源。二是有可能重塑服装业运营模式。量子小店通过全国洗护网的布局,不仅为服饰品牌提供全国会员的洗涤服务,还可以帮助服务品牌精准感知用户所在地及穿衣习惯。平台后端链接了设计师、服装品牌和供应链的资源,可以实现从用户需求到设计、生产、销售的全链路数字化闭环,带动服装企业从封闭企业链转向开放的价值链。

物业:生活场景主场

物业产生于19世纪60年代。正处于工业发展期的英国因大量农村人口涌入城市带来了严重的"房荒",开发商修建的简易住宅因为环境恶劣、租金拖欠等问题,业主的经济收益得到不保障。一位名叫奥克维姬·希尔(Octavia Hill)的女士为她的物业制定了一套行之有效的管理办法,这成为现代物业的开端。

物业源起是为了改善居住环境。然而,物业一开始就与人的生活密切相关,人们不仅居住于此,而是生活在此。物业除了维护居住环境,还可以帮居民做点其他的吗?

新冠疫情期间,一些小区的物业公司展现了更多的服务功能:(1)购物,能力强的物业公司迅速联系了零售店、食品和日用品供应商,为居民提供生活服务;(2)医疗医药服务,为慢性病患者组织药品采购,提供力所能及的医疗联系;(3)对住户、租户的信息梳理,为小区住民和房屋使用情况进行更精确的了解。这些功能在疫情结束后能否继续提供?或许是物业公司商业模式重新定位的契机。

一些大型小区集结上千户居民,其中蕴含着巨大的生活需求。物业跟小区居民共处数年,天天打交道,居民生活中的点点滴滴都可能构建新的生活服务场景。

2000年以来,彩生活、雅生活等一批物业公司开始围绕居民拓展服务功能,重新定义公司职责和服务范围:从居民生活需求入手,重构商业关系,开启物业向"居业"的重心转移。

· 彩生活[①]

2002年6月,深圳市花样年物业管理有限公司(彩生活前身)成立,主要提供物业管理服务。花样年物业早期就提出了"彩生活模式"的想法,不断进行基于社区渠道经营的彩生活品牌打造。彩生活在其管理的小区实行降低物业费的措施,引发了行业对于"零物业费"的思考。

---

① 喻思敏:《物业O2O商业模式的财务绩效评价——以彩生活为例》,上海国家会计学院硕士论文2019。

2010年,花样年物业正式更名为深圳市彩生活物业管理有限公司,彩生活有意识将社区渠道经营作为物业管理的未来发展方向,推出了100多项增值服务,包括代业主购物、购买充值卡、送桶装水等,为彩生活O2O模式的发展奠定了基础。

2013年底彩生活推出手机应用程序,正式发布彩之云App,开始社区O2O商业模式转型。2014年上市后,彩生活在平台上推出各类E系列应用(如E维修、E清洁等),对社区服务进行升级。2015年彩生活收购了47家企业,成为管理面积最大的社区服务企业,其意图在于迅速抢占物业市场,为其O2O平台的发展提供充足的社区用户流量。彩生活推出了与开发企业合作的特色产品"彩生活住宅"和E理财的升级版"彩富人生",通过创新服务结构,实现与购房者、开发商及金融企业共赢的局面。此外,彩生活不断丰富其线上平台产品,与各类垂直社区O2O供应商合作,为社区居民提供安全舒适的居住环境,生态圈构建战略开始萌芽。

2016年是彩生活战略转型的一年,彩生活启动生态圈战略。2017年彩生活致力于推广平台输出的战略合作,与各类社区服务公司达成战略合作,不断完善生态圈构建,如与天虹商场开启"社区+无人便利店"新模式、与房掌柜集团合力深耕二手房及长租公寓等。2018年彩生活从花样年手中收购了大型商业物业——万象美物业(万达物业),推出"彩惠人生"新产品,将物业费抵扣与平台购物消费相结合,激活社区消费场景。截至2018年底,已有26万用户在彩惠人生上进行交易,抵扣了3 620万元的物业管理费。彩生活与合作伙伴共同推出多样化的生态圈服务,如与中房物业推出微度假文旅体验中心、与天虹搭建彩生活时代广场等。在这一阶段,彩生活致力于向其他物业合作公司输出平台底层技术以获取该物业公司的社区平台用户,用户流量的增长吸引各类商家入驻彩生活平台并与彩生活合作。彩生活以彩之云为平台,开拓多种轻资产产品及服务,打造线上+线下闭环生态圈(见表4—2、表4—3)。

表4—2   彩生活合作商家及相关产品服务内容(部分)

产品名称	服务内容	商家
E家政	提供日常清洁、保姆等家政服务	家51
E维修	提供公共区域报修、家电维修保养等服务	E师傅

续表

产品名称	服务内容	商家
E装修	提供房屋设计、装修等服务	E装修
花易借	提供小额度借款业务	钱生花
太平洋保险	提供车险掌上报价业务	太平洋保险
汇生活	提供家居用品、电子产品购买	京东
花礼网	提供鲜花、蛋糕等礼品购买	花礼网

表4—3　　　　　　　　彩生活2015—2024年收入结构

年份	2015	2016	2017	2018	2019	2020	2021	2022	2023	2024
物业管理服务(%)	70.84	78.91	75.60	84.79	86.91	91.33	92.40	92.01	93.72	95.03
工程服务(%)	16.36	9.40	7.41	3.91	2.66	1.55	1.04	1.27	—	—
社区租赁、销售及其他服务(%)	12.79	11.69	17.00	11.30	10.44	7.13	6.56	6.71	6.28	4.97
合计(%)	100.00	100.00	100.00	100.00	100.00	100.00	100.00	100.00	100.00	100.00

资料来源：同花顺数据。

• 雅生活

雅生活集团1992年成立于广州,1993年开始涉及物业服务,经过20多年的发展,探索出了一条不同于传统物业的商业模式。雅生活服务提出物业4.0概念,强调利用智能化、物联网和人工智能等科技手段,让权益真正回到业主手中,通过多种智慧服务方式为业主提供个性化服务。

雅生活服务联合集团旗下的雅天科技,搭建了雅智联超级云平台,上线了雅管家、雅助手和雅商家等移动平台,构建1+N产品服务体系。雅管家是供全体业主和住户使用的移动平台,上面有雅生活提供的各种服务方案,业主可线上轻松获取日常生活所需的各种产品/服务。雅商家是供雅生活合作商户及社区周边商户使用的移动平台,包括扫码支付、交易查询、会员管理等服务。雅助手由雅生活物业服务团队使用,通过雅助手App可以监督交易流程,与商家和业主进行沟通并获得反馈意见。线下服务主要依托于雅生活的生活体验中心,以实体门店方式,向客户展示物业产品并提供现场服务。

雅生活的核心业务是物业服务,包括基础物业服务、业主增值服务和非业主增值服务,2021年以来增加城市服务内容,见表4—4。

表4—4　　　　　　　　　雅生活服务类别(部分)

项目	描述	具体内容
基础物业服务		保安、清洁、绿化、园艺等
业主增值服务	生活及综合服务商	维修、家政、医疗教育、综合咨询等
	社区资源服务	会所经营、广告宣传、停车服务、租赁服务、二手房中介等
	家装宅配服务	拎包入住、装修
非业主增值服务		案场物业管理、其他增值服务(如房屋检查鉴定、物业营销代理)
城市服务		城市管理、环境卫生、公共设施维护等领域。

数据来源:雅生活公司官网、中泰证券研究所。

从表4—5可以看出,基础物业作为雅生活的主要业务,在总收入结构中约占60%—70%;业主增值服务是第二大收入来源,约占10%—15%,主要通过线下和线上结合方式,围绕业主衣食住行等生活需求拓展商业服务。非业主增值服务主要有雅卓营销、雅韬广告、雅信验房和雅方旅途等带来的其他服务收入。雅生活服务于2021通过并购环卫企业布局环卫市场,开始进入城市服务赛道。

表4—5　　　　　　　　　雅生活收入结构

年份	2018	2019	2020	2021	2022	2023	2024
物业管理服务(%)	48.12	55.19	64.65	61.49	65.22	69.98	79.19
业主增值服务(%)	8.55	9.47	10.50	13.26	15.09	15.12	9.31
城市服务(%)	—	—	—	4.96	8.55	8.98	8.86
非业主增值服务(%)	43.33	35.35	24.85	20.29	11.15	5.92	2.64
合计(%)	100.00	100.00	100.00	100.00	100.00	100.00	100.00

数据来源:公司年报,同花顺数据。

围绕居民需求,从居民生活场景角度重组产品和服务,重新定义物业公司职责和服务范围，也是物业公司正在探索的新模式。

时空场景重构

除了公司层面的模式重构，更多的公司开始从具体的运营层面，改变产品主导思维，转向聚焦客户需求的场景布局。

• 空间场景重构

上述的宜家、迪卡侬等垂直品类商，店铺布局转向场景化；一些零售店、电器店也开始按场景重新设计空间。

苹果公司在设计线下零售店也就是 Apple Store 的时候，最初的讨论方案很自然地基于产品的类别来布局店内产品，比如 Mac 电脑设一个区、iPod 在另一个区。但是，Apple Store 最终呈现在消费者面前的是一个完全不同的产品组合方式。零售店的设计主管罗恩提出："我觉得我们应该按照顾客想做什么来划分，比如有一个电影区，主要演示如何用我们的设备拍摄和剪辑电影，还有音乐区，大家可以在那里学习用苹果的设备制作和管理音乐。"在此之前，苹果零售店已经准备了 6 个月的时间，但最终还是采纳了罗恩的建议，重新布局，这就是今天大家看到的 Apple Store——根据顾客的使用场景来组合和排列商品。

• 时间场景重构

在餐饮行业，许多餐饮店开始打破固有的分类标准，重新定义餐食品类。比如一家快餐店，是否也可以提供正餐；一家面店，是否也能供应米饭；一家早餐店，能否供应晚餐和夜宵？这方面的重构日趋普遍。

食品供应商锅圈，早期以火锅材料为主，淡季引入烧烤类食材，还引入了预制菜，平衡季节上的需求差异。

南城香的门店集中在社区，做全时段运营，覆盖早、中、晚三餐，餐品种类不多，但满足不同用餐时段的需求，被称为"北漂食堂""社区食堂"。

一些咖啡馆和酒吧，开始探索日咖夜酒的新组合；一些学校，开始在假期时间开放；一些办公室，开始提供共享办公。

商业生态聚合："投资＋生活＋工作"

在大数据和互联技术支持下，面向特定会员群体的综合服务除了上述垂直品类、生活场景的产品/服务聚合外，还在逐步扩展至更广的边界，在不同产业的实践中出现了更复杂、更多元的商业生态体。除了满足生活，还在融入投资、工作职能。在这个商业生态中，参与者不仅仅是顾客角色，还可能是投资人、员工或其他身份。

张瑞敏在《永恒的活火》中强调了构建生态系统对企业发展的重要性。张瑞敏强调，企业不应局限于自身发展，而应在更广阔的生态环境中寻求合作与创新的契机。"让企业像热带雨林一样生生不息。"通过构建生态系统和生态价值，实现从传统企业到生态型企业的转变，从而在不确定性的环境中生存繁衍。

阿那亚：房产销售＋社区运营＋民宿托管

前文所述的秦皇岛阿那亚项目不局限于社区内部的管理和服务，还通过品牌影响和服务优化延伸了更多的商业机会。对一些业主来说，阿那亚不仅是一个参与治理的生活服务社区，还把它当作一个工作场所、一个稳健的投资理财选择。

业主被吸引前来置业，他们会定期或不定期地来生活一段时间并在社区内消费，阿那亚的社区配套设施除了日常的生活服务（如精品超市、餐饮店、健身房等），还有更高层次的度假酒店、文化艺术场馆等服务。一些业主也成为这些服务设施的经营者或投资者。

更重要的是，阿那亚社区所倡导的慢生活理念，社区内网红的孤独图书馆、阿那亚礼堂以及UCCA沙丘美术馆等景点，吸引着无数游客慕名而来。由于阿那亚实行封闭管理，仅允许购房业主、业主亲友或预订民宿的客人进入，从而带动了民宿业务的繁荣。

阿那亚对业主房产实行"民宿全托"管理模式。业主不需要亲自打理民宿，而是由专门的民宿中心负责经营（需交纳一定的管理费）。"业主购房＋民宿托管"的经营方式使阿那亚房屋具备了投资上的吸引力，许多购买者会依据民宿后台的好租排名来优先选择稀缺房源。阿那亚公司不再单纯依赖售房收入，还可以通过商业和民宿等服务获得收益，并与业主一起实现文旅投资收益。

但是，文旅地产投资的风险不小。对于将阿那亚作为"精神家园"的业主，这些风险不重要；但对于寻求投资回报的业主，投资风险是至关重要的。摆在阿那亚面前的定位选择是：生活社区和投资项目，谁为重？

近来阿那亚又陆续在全国推出了多个阿那亚项目，如承德（阿那亚·雾灵山、阿那亚·金山岭）、三亚（阿那亚·三亚）、广州（阿那亚·广州）、张家口（阿那亚·崇礼），能否复制秦皇岛项目的成功还是个未知数。在金山岭项目中，针对一特色户型创新推出"8＋4"度假模式：交房后的三年内，酒店将经营八个月，而业主则享有四个月的自住权，年化收益率为6％。在购房环节就向客户承诺投资回报率，似乎更加突出其投资属性，这与秦皇岛阿那亚的定位有较大差异。

值得关注的是，如果后续的阿那亚变成一个文旅投资项目，经营逻辑就完全变了。若是利用秦皇岛阿那亚的品牌声誉来引流卖房，就会偏离初始价值主张。"一个令人向往的生活社区"带来的民宿旅游，与纯粹的旅游性质的民宿业务，经营重心完全不同。

小米：商业生态综合体

小米公司围绕大量的米粉及会员，聚类不同产品，通过自营、出资或联盟，逐步构建起多层次的商业生态体。

· 小米的产品圈

小米在2010年成立时，以智能手机为起点，以MIUI平台和自研的操作系统为卖点，面向对高科技智能手机"发烧"的年轻客户群体。在MIUI平台上，从客户需求角度研究智能手机的相关系统设计需求，开启共同研发，让客户参与手机设计，吸引了一批发烧友。

随着手机销量的增长，小米在2011年开启了商业生态扩张，从手机配套品类（耳机、移动电源、蓝牙音箱、充电器等）到智能可穿戴设备（小米手环、智能手表），再到智能家居（空气净化器、电视、智能门锁、智能灯具、扫地机器人），还有酷玩类产品（平衡车）等，后来扩展到日用消费品，如毛巾、枕头、牙刷、拉杆箱等。2021年进入汽车业；最近用户喊话小米做卫生巾，也不是没有可能。

· 小米的伙伴圈

小米的大部分产品采取轻资产模式，投资伙伴企业或直接外包生产，组建长期合作的生态组织,如智能手机制造业务外包,小米负责核心研发、设计和售后服务,将生产和物流环节外包。智能家居和生活耗材系列产品大多采取这种方式。从投资数量上看,小米目前最集中的投资领域是硬件、文娱传媒、游戏、企业服务和金融服务。从投资金额上看,文娱传媒达到 69.7 亿元,其次是本地生活、硬件、金融服务和企业服务(见表 4—6、图 4—14)。

表 4—6　　　　　　　　小米生态投资持股比例(部分)

业务	公司	产品类别	持股比例
智能消费品	万魔声学	手机周边	22.40%
	华米科技	手机周边	39.70%
	紫米科技	手机周边	9.37%
	云米科技	生活消费品	33.40%
	石头世纪	生活消费品	24.70%
互联网服务	爱奇艺	内容流媒体	8.40%
	迅雷	内容流媒体	27.90%
	老虎证券	金融	14.10%
	新网银行	金融	29.50%

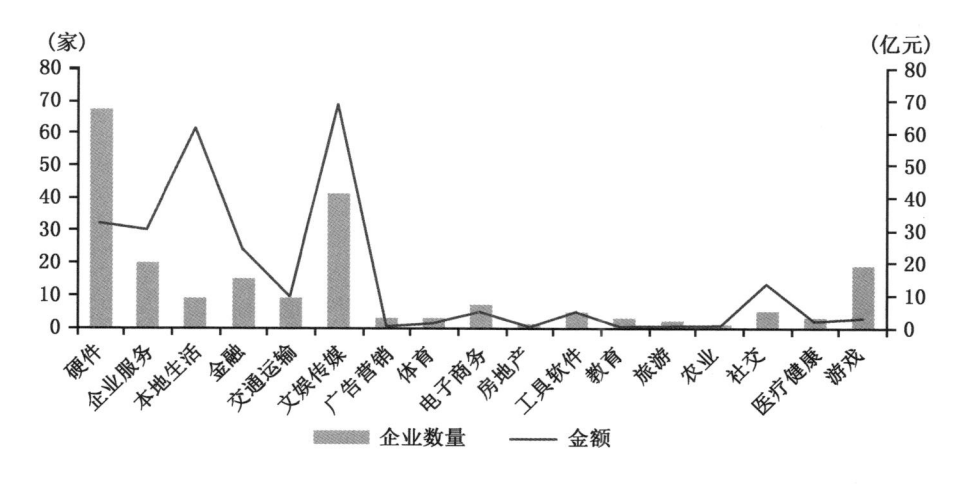

图 4—14　小米生态投资行业分布

在零售端,小米搭建了线上的小米商城以及线下的小米之家、小米授权店等渠道。至2024年，小米线下店突破13 000家，其中加盟商约占70%。此外，小米旗下的顺为资本从2011年成立至今资金管理规模已经超过380亿元，围绕互联网、互联网＋、智能硬件、智能制造、深科技、消费、企业服务、电动汽车生态等领域，陆续投资了近500家企业，构成了一个业态多元的小米生态系统。

• 小米的米粉圈

如前文所述，小米有庞大的米粉群，他们自发地或在小米公司的推动下形成了不同形态的联合组织，比如同城会是米粉自发组建、经小米官方认证的米粉组织。同城会有自己的会长，会定期或不定期地发起同城活动，组织所在城市的米粉一起参与，结交新朋友。

小米公司每年会举行"米粉"节——小米粉丝的盛大狂欢，回馈一路支持的粉丝，对"米粉"进行答谢活动。还有"爆米花"节，也是小米举办的大型城市线下活动，它实际上是用户的见面会，是用户展示自己和认识新朋友的舞台。每场规模在300－500人，有抽奖、游戏、才艺、互动等环节，小米联合创始人也会到现场与"米粉"们互动。

这些活动拉近了会员与小米之间的距离，使企业与会员间变得更有人情味，这不仅影响到产品销售，而且渗透到人力资源及管理。小米2020年提出要招聘粉丝做员工，2021年提出把所有员工变成粉丝。

一个从"米粉"到员工的故事

高三的时候对刷机特别感兴趣，经常刷手机玩，体验新鲜的功能和流畅度。当时觉得国内定制系统做得好的就是MIUI。上了大学之后就迫不及待地买了一台，之前去网吧抢了好几次都没抢到。后来加入校园俱乐部，成为第一批小米校园俱乐部部长，买小米产品更是一发不可收。铁杆粉丝，出啥买啥，还好那时候小米产品没那么多。

第一次为了买手机在课间休息的时候，用大教室的电脑抢购。

第一次来北京参加小米发布会，1300公里的路程，坐了13个小时的绿皮火车，米粉部长去火车站接我，很感动。

第一次为了一个品牌不断推荐给朋友，一直买买买，现在花了17万元多了。

第一次来小米面试是坐火车来的,面试 30 分钟,然后又坐火车回去了。

第一次因为喜欢加入了一家公司,一干就是 7 年。

第一次见证企业上市,还成功成了它的股东。

拿到了小米的金米兔,算是在小米的一个里程碑。还有,还只是"米粉"的时候,参加了"米粉芯"旅行,应该是"米粉"活动最爽的一次了。全国海选 6 名米粉一起去新德里、巴厘岛、美国高通总部,全程体验小米的产品。这应该是当时"米粉"圈最轰动的活动了。

我是一个对品牌忠诚度很高的人,选择一个品牌轻易不会换。小米,是一直热爱到现在的品牌。在小米工作了 7 年,发现兴趣变成工作后能了解很多产品背后的驱动力和逻辑。小米在这个时代改变了手机消费者可选择的空间,创新商业模式改变了整个行业,为我们带来了很多的便利。在未来,小米的智能制造一定会更牛,小米汽车也会进一步改变年轻人的出行,让智慧生活时代真正到来。

圆梦　小米产品经理@小米社区

注意:目的和手段

会员对企业的支持可能超出想象,从坚持不懈地持续购买到积极献言献策,主动宣传推介,甚至成为员工或股东挽救企业的生命,完全不同于普遍意义上的企业与顾客关系。但是,会员关系看似坚韧,实则也很脆弱:企业一旦违背"初心",很容易让会员伤心离场;而一旦离场,再拉回来的难度巨大,同时会产生负反馈效应。这是一个不容忽视的问题,我们将在第六章讨论。

随着会员经济的发展,价值网重构的现象逐步增多,不论品类组合还是生态建构,这一切都不能脱离商业的本质——服务好会员。商业生态必须遵循"会员至上"并且始终坚守这个原则,有些企业会因为规模和力量的壮大而膨胀,从追求长期会员价值变为利用前期塑造的品牌力量整合资源、割韭菜,就会导致"起高楼、宴宾客、楼塌了"的遗憾。

在重构过程中,看得见的是产品和服务的组合,看不见的是组合背后的价值主张以及帮顾客解决什么问题。尽管价值网重构会遵循一些看得见的关联，比如需求互补、场景适配、资源共享、能力延展等，但这些只是表象、只是手段；深层的、看不见的是"顾客的问题"，这才是网络重构的风筝线。

对一个企业来说，或许会限定品类组合的边界，否则难以把握质量和服务能力；但从"服务会员"的目的来看，边界又可能无限宽广，企业可主动帮会员去寻找其他能够满足其需求的合作方，共享会员并相互推介，都是为了"帮顾客解决问题"。

服务好会员后，可能带来会员的长期追随，可能吸引会员变身员工，也可能成为投资人和股东，这些都是"梧高凤必至，花香蝶自来"。

思考："会员第一"OR"员工第一"

阿里的"新六脉神剑"价值观：客户第一，员工第二，股东第三。

西南航空公司的宣传语：员工第一，客户第二，股东第三。

这些公司都强调对客户的关注，但其价值观给出了略有差异的答案，那么，客户究竟应该是第一，还是第二。

西南航空倡导"员工第一"的理由是："如果公司能服务好员工，他们是高兴、满意、乐于奉献、精力充沛的，他们就会把顾客照顾得很好。顾客感到开心了，他们就会再来，这就会让股东们也很高兴。"万豪、维珍等企业也倡导："照顾好我们的员工，他们才能更好地照顾好顾客。"[①]

河南许昌的胖东来超市专门设了一个"员工委屈奖"：当员工按正常工作流程受到委屈时，公司会给员工发放委屈奖，比如：员工工作期间被无故指责，公司给予5 000元以上的补偿费；被辱骂，给予1万元以上的补偿费；被打，给予3万元以上的补偿费，并追究当事顾客的法律责任。

华威大学的Andrew Oswald、Eugenio Proto和Daniel Sgroi 2009年在《劳动经济学》杂志上发表了一篇关于幸福与生产率的文章。三位教授通过700人参与的4组不同的试验的研究成果表明，"幸福的员工工作更努力。在实验中，他们发现，幸福感能让员工的工作效率提高12%"。

Oswald等教授认为："像谷歌这样的公司，愿意在'员工支持'方面投资，结

---

① 万豪国际集团创始人J. Willard Marriott的座右铭。

果会提高员工的幸福感,工作效率会提高37%。在科学的调控下,想办法让员工更高兴是绝对有回报的""其中的原因可能是心情好的员工能更有效率地安排时间,完成更多工作的同时还不损失质量。"

"我们的研究结果证明,快乐者更有效率。所有公司都应该从这项研究中获得管理上的启发,他们应该努力让员工工作的场所有更多健康向上的情绪氛围。"

回到"客户第一"还是"员工第一"这个问题上,如果企业要真正实现以客户(顾客/会员)为中心,决不能忽视员工这个核心因素。只有员工快乐,带着好心情工作,才能"眼里都是活",真心真意帮顾客解决问题,也容易带来意料(考核)之外的惊喜。

小结:传统经营理念下,"做什么产品、怎么做以及怎么卖"皆由企业决定,企业凭借有限信息来做判断选择,在复杂多变环境中决策风险很大。反观会员制企业,由于有大量忠诚顾客,产品销售相对稳定;会员们还主动提出产品诉求,并且愿意与企业一起努力来实现之。

传统的分工体系中,企业与顾客似乎是两个独立甚至对立的群体:企业作为生产的提供者,负责设计、采购、生产、销售和服务;顾客是产品或服务的接受者,在不同品牌中比较、筛选、购买或放弃。企业为了吸引顾客的"投票权",在研发、品牌、客服等种方面下足功夫,甚至成立专门部门搜集顾客需求信息以求设计出顾客所需产品,但总是不尽如人意。

会员制在很大程度上模糊了企业与顾客的对立,呈现显著的"自己人"特色,会员以不同的方式参与到企业的价值链活动。这有别于传统的经营模式,不仅需要理念上的转型,更需要组织设计上的调整,从内部价值链活动的角色、定位和流程到外部价值网络的建构原则和聚合形态都将发生重大变化;会员从单纯的产品信息反馈,到参与设计推广甚至参与投资;会员的身份从忠诚顾客到"价值共识者",再到产销者和投资人。

第五章

会员制企业的成长

我们现在对会员制的观察属于后视镜,看到的是其成功后的"轻松",这其实是个巨大的认知误区。成功的会员制企业是多年坚持的结果,在市场认可会员制企业的价值之前,它们曾面临巨大的生存压力。基本盘的累积不会一蹴而就,需要长期的坚守和努力,并且要始终坚守初心,如履薄冰。当然,稳健的基本盘为成长积蓄了力量,使企业呈现出分化式成长态势。

厚积薄发的会员制

会员制的飞轮效应

厚积基础业务飞轮

分化式扩张:构筑生态飞轮

厚积薄发的会员制

会员制理念和商业模式的特殊性，导致其成长演化路径发生了重大变化。传统企业聚焦的产品和技术，易被模仿复制，很容易陷入同质化竞争和价格战泥潭，"打打停停"，像爬台阶一样，击败对手上升到更高更宽的台阶，迈不上去就会停滞或跌落。

会员制似乎另辟蹊径，以超强的会员黏性和相对稳定的价格，日拱一卒，功不唐捐，慢慢成长。从夯实基本盘到指数级增长，是一个漫长的过程，会员制需要多年渗透才能赢得会员信任。即便赢得了会员的信赖和喜爱，拥有了较稳固的基本盘之后，也不敢松懈，还得克服暴利欲望——弱水三千，只取自己那一瓢，才能赢得会员的持续支持。

综观会员制的成长，正可谓"博观而约取，厚积而薄发"。

零售蜗牛：开市客和山姆

开市客、山姆这些当前阶段颇为火爆的会员制企业，成长初期都相当不易，甚至屡遭质疑，并因为其缓慢爬行被称为"零售蜗牛"。

开市客于1983年成立时，会员费25美元，作为一家仓储店，没有会员卡还不让进店购物。"我来买东西还要先付费？""我还没见过商品就要先付25美元？"一些消费者对这种先付费后消费的做法并不认可。为了吸引顾客入店，开市客初期向周围目标客群发放了一些纸制邮件广告。这些目标客群不是家庭客户而是公司和中小型商户，依靠"好货不贵"来吸引B端中小企业，然后通过一传十、十传百的方式慢慢渗透到更多的客群。后来开始逐步对家庭用户开放，增设"生鲜"等品类，就这样一步步成长起来。

开市客的成长速度很慢。截至2025年，公司已成立42年，在全球仅开设了905家门店，其中北美有600家，占总量的70%。付费会员人数2025年达到7 960万，每年以5%—8%的速率增长。开市客的两位创始人杰弗里·布罗特曼和吉姆·辛内加尔对开新店的兴致不高，认为"开新店是最容易引起顾客不满的方式"。相比之下,以大卖场为主体的沃尔玛,2025年在全球开设了10 692家门店,其中60%在美国之外。

1997年开市客进入中国台湾时,同样不被消费者认可,公司连续5年亏损,进店人流数不及店内员工,曾引发台湾地区经营团队的争议:"要不要坚持付费会员制模式?""是不是应该结合台湾地区市场改变经营理念及选品定位?"公司最终选择了坚守,5年后慢慢被市场接纳,至2024年已在台湾地区建有13家店。

开市客的利润率很低,如图5—1所示。20多年来,开市客的销售毛利一直维持在12%左右,净利约为2%。

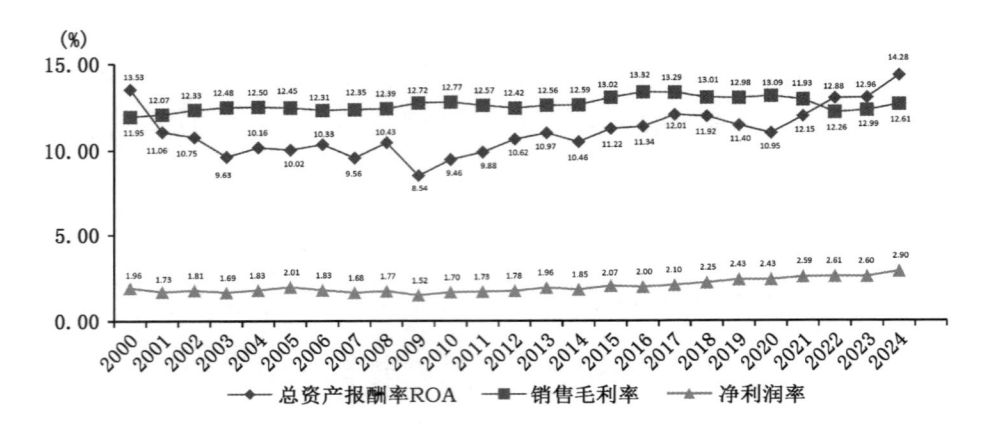

数据来源:同花顺数据。

图5—1 开市客利润率和投资回报率(2000—2024年)

同样,沃尔玛的山姆会员店在中国大陆市场的起步也很艰难。山姆与其大卖场是同年进入中国大陆市场(1996年)的。但随后的20年间(至2016年),沃尔玛大卖场以每年20家新店的速度,在中国大陆开设了420家门店,而山姆店仅开设了12家,最初的5年(1996—2000年)只有1家会员店。2001—2010年的10多年间,山姆也仅仅开出了4家店,其中2003—2004年昆明和长春山姆会员店由于经营惨淡,先后转型为购物广场,直到2016年会员店才开始加速建店。2018—2024年,山姆会员店新开29家(每年平均新开5—6家),而沃尔玛大卖场却在不断关店,至2024年只有296家,较顶峰的443家店(2019年)已关闭150多家,还有30多家店在改造升级(见图5—2)。

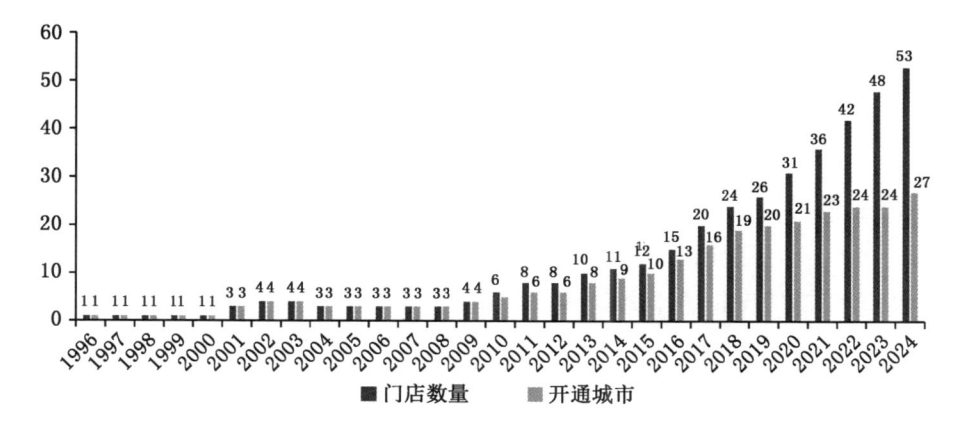

资料来源：根据公开数据整理。

图 5—2　山姆 1996—2024 年中国店铺数量及开通城市

大卖场和会员店，一个以产品为中心，一个以会员为中心，在阶段性红利和长期主义之间呈现不同的市场走势。

小结：作为一个长线工程，模式构建和完善需要更长的时间；企业与会员之间信任的达成和维护，更是个慢慢累积的过程。好处是，会员制企业一旦成功地累积了信任，则企业及其所服务的会员将展现出强烈的黏性效应，企业呈现出稳定成长性，同时也构筑了护城河；坏处是，会员制自始至终都需要厚积信任和运营能力，不得懈怠；而且要克制暴利欲望，长期控制在薄利水平上。

会员制的飞轮效应

如果将企业视为一个要素/价值活动的联合体，其成长过程并不是要素/活动的同频扩张，而是不同要素/活动的依次联动。企业通常以某要素/活动为切入口或推动力，由该要素/活动的成长带动其他要素，像齿轮一样，形成一个互为推动的协同体。

价值主张犹如飞轮的轴心，影响不同飞轮价值要素的选择和排序。会员制企业的轴心是坚持帮会员解决问题，但这个美好愿望的实现需要各要素、各价值活动的互为促动,形成正向循环。开市客和山姆以会员为轴心,将选品(优质低价)＋高效运营→会员忠诚(持续续费)→更优质选品＋附加服务→更忠诚的会员,形成了一个联动飞轮。

亚马逊的商业飞轮极具代表性。在大家的印象中,亚马逊可能是一个快速成长的企业;其实从 1994 年创立至今,已经 30 多岁了。亚马逊的成长过程与很多企业一样,历经曲折。贝索斯的选择和坚持,以及亚马逊的理念和策略,形象地展现了商业飞轮的建构和分化过程。

亚马逊从创业之初的在线书店,发展为集一般商品销售、流媒体业务、云服务、会员制等多业务并存的综合性企业,业务间呈现高度协同性。亚马逊的成长飞轮建构,可以简单分为两个阶段。

第一阶段:构建零售飞轮

从 1994 年创业到 2001 年,亚马逊一直处于亏损状态。2000 年的亚马逊可以说处于生死一线,公司负债累累,股价也一路下跌。2001 年初的一个周六,贝索斯遇到了开市客的前 CEO 吉姆·辛内加尔,了解到开市客用低价、好品质获得了顾客忠诚,于是更坚定了以更低的价格来激发规模优势和用户忠诚度。

贝索斯在餐巾纸上画出了最初的飞轮模型的雏形:更多的供应商(卖家)→更多可选性和便利性、更低的价格→更好的客户体验→更大的流量→更多的卖家,这个飞轮推动了亚马逊零售业务的增长,本文称之为零售业务飞轮。

零售的初期目的是增长,这是亚马逊的第一个飞轮,也是后续发展的基础飞轮。如果这个飞轮无法形成现金流的正循环和盈亏平衡,公司仍需要大量融资来支撑运营,这随时面临因现金流不足而导致关门的风险。

严格意义上,亚马逊的零售飞轮是由两块业务(两个小飞轮)构成的:一是自营零售;二是 Marketplace 平台。这两项业务具有较强的协同性。亚马逊最初是从先构建自营飞轮开始的:低价折扣(高性价比产品)→客户体验→更低成本的结构→更低的价格→更好的客户体验。1994 年成立到 2000 年,亚马逊主要是自营零售,产品品类由最初的图书扩大至音乐、影碟片;但为了快速配送而进行的高额物流仓储投资在支持飞轮转动的同时,也让公司背负了巨大的财务压力,难以短期内实现现金流和利润的闭环。2000 年亚马逊推出 Marketplace

平台，吸引大量卖家入场，大大扩展了零售商品的品类，第三方卖家在亚马逊网站开店，出售书籍、服装、玩具、厨具、电子产品、视频等商品。Marketplace 是一个双边平台，客户越多→供应商越多→更丰富的选择＋更便捷的配送→更好的客户体验→更多的流量（客户）→更多的供应商。平台业务与亚马逊的自营零售叠加，又可以推动更低的成本结构和更低的价格，就形成了贝索斯所描绘的联动效应（见图 5—3）。

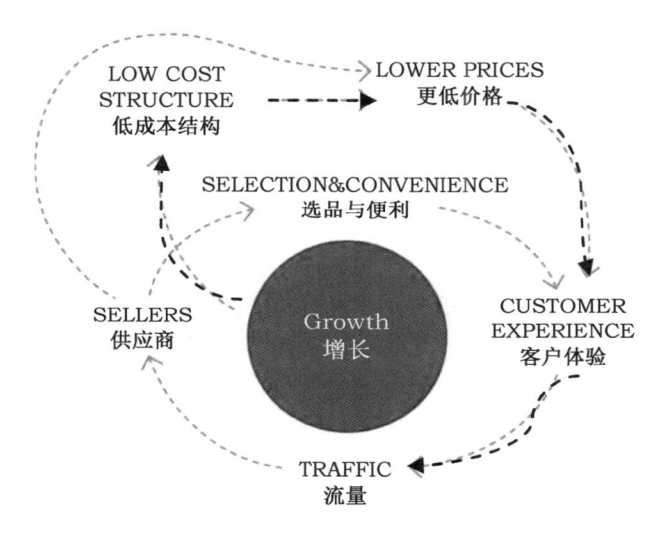

图 5—3　亚马逊零售飞轮

从亚马逊公司财报来看，1997—2005 年公司的财务绩效不断改善。首先是客群增加，营收上升，经营现金流稳定。2003 年亚马逊的营业利润由负转正，实现了 1.6 亿美元的营业利润，净利润为 3 528 万美元。更重要的是，亚马逊的运营效率也在不断提高，管理费用占总收入的比重从 1999 年的 4.27％下降到 2005 年的 1.96％，2009 年进一步下降到 1.34％；销售和物流费用从 1999 年的 25.18％下降到 2005 年的 11.11％，此后基本维持在这一水平（见图 5—4、表 5—1）。

214 | 会员战略

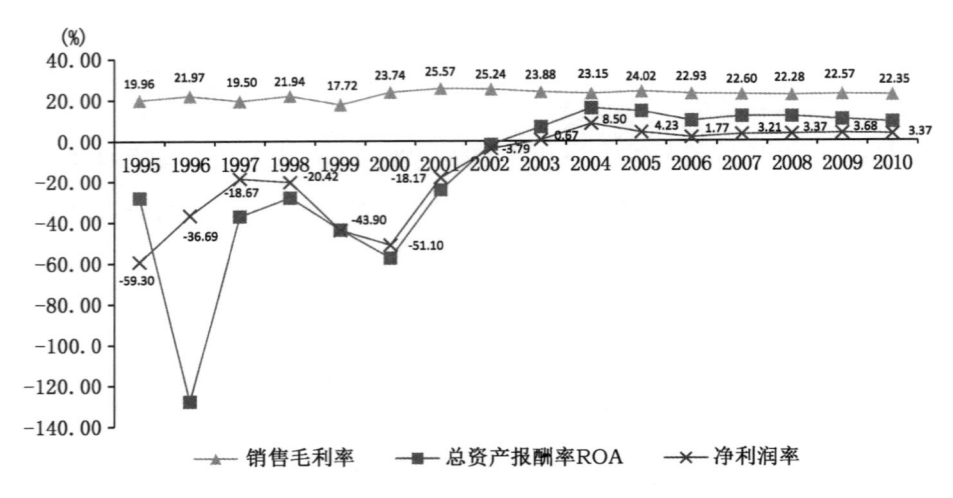

图 5—4 亚马逊 1995—2010 年盈利能力变化

表 5—1　　　　亚马逊 1998—2010 年费用比重

年份	1998	1999	2000	2001	2002	2003
营业收入	100.00%	100.00%	100.00%	100.00%	100.00%	100.00%
营业成本	78.03%	82.26%	76.25%	74.44%	74.75%	76.12%
毛利润	21.97%	17.74%	23.75%	25.59%	25.25%	23.88%
技术和内容开支	7.54%	9.76%	9.74%	7.82%	6.41%	4.88%
管理费用	2.62%	4.27%	3.95%	2.91%	2.44%	1.98%
销售和物流费用	21.80%	25.18%	21.51%	16.43%	13.55%	11.84%

年份	2004	2005	2006	2007	2008	2009	2010
营业收入	100.00%	100.00%	100.00%	100.00%	100.00%	100.00%	100.00%
营业成本	76.85%	75.98%	77.07%	77.40%	77.72%	77.43%	77.65%
毛利润	23.15%	24.02%	22.93%	22.60%	22.28%	22.57%	22.35%
仓储物流费用	8.68%	8.78%	8.75%	8.71%	8.65%	8.37%	8.47%
销售费用	2.34%	2.33%	2.46%	2.32%	2.51%	2.77%	3.01%
技术和内容开支	4.09%	5.31%	6.18%	5.51%	5.39%	5.06%	5.07%
管理费用	1.79%	1.96%	1.82%	1.58%	1.46%	1.34%	1.37%

数据来源：根据 Wind 数据整理。

效率提高的重要原因是规模经济。自 1997 年 IPO 之后,亚马逊就开始进行大规模的基础设施投入,主要是物流仓储、运营平台和数据算法的投入。特别要强调的是,正是物流配送和精准算法等基础设施保证了亚马逊零售飞轮的良性循环,为零售飞轮提供了持续发展的动力:

第一,不仅降低了成本,使亚马逊能够继续降低价格,还提高了配送运输能力,使顾客更快速收到产品。仓储物流建设使其物流配送速度大幅度提高,标准订单两天送达,此外还提供一天达服务。随着订单数量的增加,仓储物流的规模效应显现,每单的物流仓储费用也不断下降。

第二,通过数据算法进行商品与顾客的精确匹配,加强产品的精准推送,方便客户找到所需商品,大大提高了流量的转化率[1],也保证了用户的留存率。数据显示,亚马逊网站的流量转化率约为同行的 5 倍。

飞轮效应一旦形成,呈现出互为强化的正向促动,自然令人羡慕。但更令人感兴趣的问题是:每一个飞轮在启动之初,应该从哪个齿轮入手?哪些元素构成了飞轮的推动力?

回溯亚马逊的启动初期,其采用的驱动方式是:向客户展现低价产品信号,用较对手更低的商品价格来吸引客户。在推动飞轮成长的过程中,免费的便捷配送服务起到了更重要的作用。2001 年圣诞节,贝索斯推行了为订单 100 美元的客户"免费送货",受到用户的喜爱;同期亚马逊开始推动亚马逊仓库网络的重大变革,建立起全新的 FastTrack 系统,将用户订单到出库的 24 小时缩短为 3 个小时。2004 年后提出了 Super Saver Free Shipping(超级省钱免费送货)的设想,来提高在线购物的便利性,这就是后来 Prime 会员的雏形。据 www.eMarketer.com 在 2019 年的一份调查,了解"Prime 会员对亚马逊服务最喜欢哪一项?"83％的会员选择的是"两天免费送货服务"。高效且免费的配送服务,得益于亚马逊的低成本结构——坚实的基础设施和运营能力的支持。

小结:一个稳健的飞轮效应,离不开强大的运营基础设施(成本结构/运营结构)的支撑。明确了零售业务的需求点,通过不断夯实运营基础,使基础设施投入与会员体验形成累积效应,推动业务的运转越来越有力,这就形成了飞轮

---

[1] 转化率:流量转化为下单的比例。

效应的增强机制。

第二阶段：扩展生态飞轮

随着亚马逊零售业务规模的扩大和基础设施的夯实，亚以逊的飞轮也在悄然发生变化：一是目标支点逐步从增长转向了会员维系；二是除了一般商品零售飞轮，逐步扩展了新的飞轮——数字内容飞轮、数字云服务和仓储物流服务飞轮等，此时的亚马逊已成为多个业务联动的企业，构建起了生态飞轮。

早在2001年，亚马逊就提出要成为"最以客户为中心的公司"。经过多年的酝酿，2005年初亚马逊正式推出了Prime会员计划，初始会员费为每年79美元，可以享用两天内送达的免费快递服务。Prime会员计划促进了零售业务的成长，会员数量也因零售规模扩大而不断壮大，2023年亚马逊Prime会员数量达1.672亿。随着时间的推移，亚马逊不断扩展Prime会员的权益，比如电子书、音乐、视频流媒体、云服务等。这些新增加的会员权益也是亚马逊逐步拓展出的新业务，构成了亚马逊的第二个飞轮或第三个飞轮。

亚马逊的第二个飞轮是数字内容飞轮，这是与零售业务并行的一项业务。

在2006年，亚马逊推出了电子书阅读器Kindle，开始进入电子图书业。作者的图书可通过亚马逊直接制作为电子书，供读者阅读，这个举动颠覆了出版业和印刷业。2011年亚马逊开放了自主出版平台KDP（Kindle direct publishing），为作者提供自助出版服务。该平台提供了广泛的工具和资源，允许作者在KDP平台上发布电子书，帮助作者将他们的作品数字化并推向市场。通过KDP平台，作者不仅可以更好地控制自己的作品，并且直接与读者互动。

2006年，亚马逊还推出了流媒体平台Prime Video，在线发行视频内容。到2011年，该平台已经扩展到包括其他供应商的戏剧、喜剧、动画、电视节目、纪录片和故事片。2011年亚马逊推出平板Amazon Fire，方便会员在平板上观看视频产品。

KDP和Prime Video作为亚马逊的数字内容平台，具有较强的飞轮效应：内容越多→用户越多→更好的体验（需要投入基础设施）→更多的内容创作→更多的用户。这形成了亚马逊的第二个飞轮。

为了推动数字产品飞轮的稳健性，亚马逊在技术和内容制作方面加大了投入，形成坚固的运营基础：第一是技术服务平台，用于资源招募、作品分发，方便内容创作团队在前期制作及后期分发工作。如 Prime Video Direct 是一个影视内容分发工具，可帮助制片人、分发负责人、个人电影制作者等将作品自助分发到 Prime Video 平台以及亚马逊 Prime 支持的各终端。ImdbPro 是服务于影视从业者的技术，影视从业者可在其中发布招募演员试镜、投资、宣传渠道等信息，并能与其他从业者建立联系，同时可在平台上随时获取及时的影视项目投资、演员招募等内容，保持与影视行业的紧密联系。第二是内容版权和内容仓库。亚马逊的影视内容库涵盖了海量版权影视内容，近年来自制电影与剧集在逐渐丰富。自制内容方面，亚马逊在 2010 年成立影视公司 Amazon Studios，并在 2015 年正式进军电影行业。亚马逊目前对于原创内容的投入金额每年基本在 50 亿美元左右，并逐渐增加投入资金规模，开始打造一些投资更大、规模更大的剧集。

数字内容飞轮与零售业务飞轮可以共享用户和数据算法，还为彼此用户扩展了实体商品和内容产品选项，随着用户/会员规模的增加而相互促动，共同增长，目前已成为亚马逊生态飞轮的重要组成部分。

亚马逊还有第三个重要飞轮——云服务飞轮。这是一个基础设施飞轮，它本来是为零售业务和数字内容业务提供技术和数据支持的内部设施，后来分化为独立经营的业务。

2015 年，亚马逊财报中开始单独披露 AWS 云服务收入，在亚马逊总收入中占比约 15%，成为亚马逊重要的收入来源之一。作为全球云服务的开创者和引领者，亚马逊 AWS 目前提供超过 200 项全功能服务，包括计算、存储、网络、数据库、数据分析、机器人、机器学习与人工智能、物联网、安全、应用开发、部署与管理等方面。建有覆盖全球的基础设施：全球有 108 个 Direct Connect 站点、300 多个边缘节点；在全球拥有数百万客户，覆盖各种规模、各个行业、各种类型的企业和机构，目前是全球最大的云服务提供商。

AWS 原本是零售业中的一部分，为零售业务提供技术支持。亚马逊自创立初期就很重视数据库和算法的投入，1998 年并购数据公司 Alexa，加大对算法模型的投入，为零售业务提供精准推介。2002 年试行云服务，开始通过 Merchant.com 帮助第三方卖家运营网站,同时给其他企业和机构提供搜索、浏览和个性化等技术服务。

2006 年亚马逊正式成立了云计算部门,命名为 Amazon Web Services（AWS）,开始面向开发人员提供 Web 服务,为他们提供包括存储、检索、计算、传输等各项服务。开发人员可以直接访问 Amazon.com 强大的技术平台,依靠亚马逊的技术构建新的应用程序。AWS 的服务功能持续扩大,到 2009 年功能扩展到亚马逊关系数据库服务、虚拟私有云、Elastic MapReduce 云服务、超大内存云主机等。同时不断扩大其业务的全球覆盖范围,在欧洲增加新的服务,在北加州新建数据中心,并于 2010 年扩展至亚太地区。

AWS 在 2023 年第三季度占据了全球云服务市场 32% 的份额,再次成为云服务的全球市场领导者。其客户除了众多创业公司和中小企业,还有许多知名大企业。苹果公司 2019 年与亚马逊达成协议,每月支付 3 000 万美元,并承诺未来 5 年内在 AWS 上花费至少 15 亿美元。迪士尼利用亚马逊云服务的多项技术来支持 Disney＋的运营和扩展,使用 Amazon Kinesis 和 Amazon DynamoDB 来处理视频内容和元数据以及每天数十亿的客户操作。奈飞、Pinterest（图片社交分享网站）、Snap、Uber、Lyft、AOL、Slack（SaaS 企业办公沟通软件提供商）、Expedia 等都是 AWS 的客户,为 AWS 带来了稳健的现金流和收入。

至此,这项原本服务于零售业的基础设施成长为亚马逊的一项新业务,即能够独立运营,拥有自己的飞轮效应:更多的客户→更多的开发人员→更大规模的基础设施投入→更好的云科技能力→更多的客户。

AWS 云服务飞轮与一般零售业务、数字内容业务这两个飞轮,相互促动,联动发展。AWS 这个服务设施越强大,对一般零售业务和数字内容业务的支持能力越强;一般零售业务和数字内容的用户越多,累积的数据量越大,更能支持 AWS 相关算法和模型。

从图 5—5 可以看出,亚马逊早期的固定投入很大,后期随着内容飞轮和云服务飞轮的逐步成形,运营能力不断提高,现金流呈现稳定上升。贝索斯在 1997 年的股东信中就强调:"将市场领导地位指标化:客户数量,收入增长率,客户的重复购买率,还有品牌知名度。为了建立一个强大的有持续竞争力的企业,我们在拓展客户基数、强化品牌认同度以及基础设施方面投入了巨大资源,

第五章 会员制企业的成长 | 219

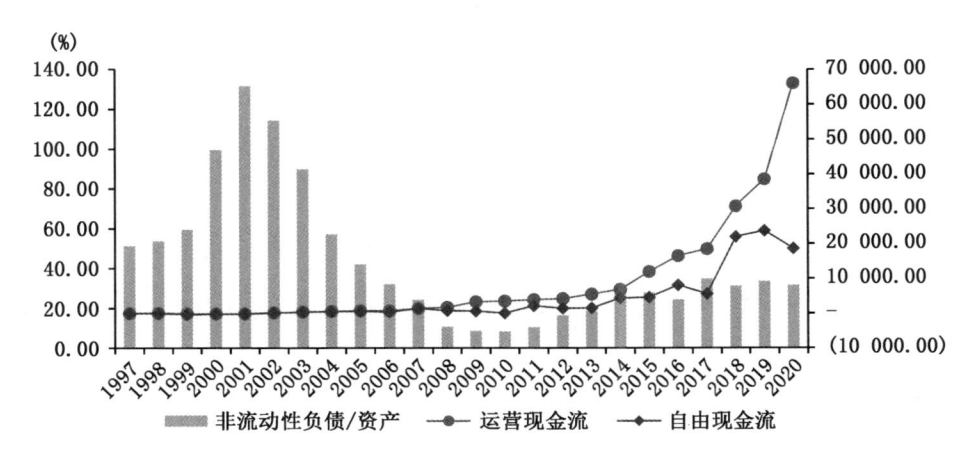

数据来源:同花顺数据库。

图5—5 亚马逊资产结构变化

这样的投入将持续下去。"

小结:亚马逊展现了企业成长的一种路径:一是不断厚积初始业务飞轮。价值创造是一个分工协作过程,各价值活动的投入与产出存在时间与空间上的割裂,最终需要完成闭环,形成联动飞轮。如果飞轮上的各活动相互促动,就会产生正向激励;反之会阻碍发展,甚至趋向停滞。二是逐步分化新飞轮,新飞轮往往是原业务飞轮的基础设施。新飞轮不仅具备自我成长的力量,更重要的是与原飞轮存在强协同性,在自我强化的过程中强化彼此。

厚积基础业务飞轮

在企业创生初期,不论是提供产品/服务还是营平台,通常是从单一业务入手,经历创生期、成长期最后走向稳定。好产品吸引了更多的顾客,更多顾客带来的收入支持了研发和运营,从而使企业能提供更好的产品/服务,进而吸引更多的顾客,至此业务的循环飞轮形成。业务飞轮中各要素(变量)在信息、物流、现金量上实现闭环联动,业务才真正进入成熟稳定期,企业具备了自我成长的潜力，否则仍将需要大量融资及外部投资者的支持。

首先，构建初始业务飞轮：

（1）要明确业务飞轮的核心要素并确定第一推动力，不论是一个有竞争力的产品或服务，还是一个平台，都需要企业、顾客和伙伴的联动。但由于时间和空间上的割裂，需要确定业务成长的关键要素间的因果链和启动源。

（2）明确产品对会员的价值，向会员传递信号并吸引他们的尝试。有效的信息传递可以降低会员顾虑，缩短犹豫时间和等待周期，促使业务更快地达到关键规模。

其次，要使飞轮转起来且能稳定运转，还要：

（3）强化运作能力和运营基础设施，保证业务飞轮的稳健性。许多企业在创办初期曾通过大量营销吸引了顾客的尝试，但由于缺乏稳健的运营能力保障，无法保障产品品质或会员管理的持续竞争力，可能走向昙花一现。

（4）业务飞轮的建构过程中会出现各种阻碍因素，需要加强过程控制，消除阻碍飞轮运转的负效应。

飞轮结构 & 推动力

到目前为止，我们了解了会员制模式的基础架构，也看到了许多成功的会员制企业如何凭借会员机制实现稳定成长。一旦会员制企业成功地稳定了会员基数，它就奠定了稳步增长的潜力，使会员制企业得以保持稳定性和持久性。但在模式建构之初，企业需要明确业务飞轮的基本结构和推动力。

业务飞轮需要与企业的长期目标和核心理念匹配，比如亚马逊早期的目标是增长，后来改为"成为最以会员为中心的公司"。阿里的核心理念是"让天下没有难做的生意"。开市客的两位创始人"希望真正像客户商品顾问一样提供更高的价值"。

业务飞轮最好建立在企业能达到的顶尖水平上，并且是驱动企业成长的经济引擎[1]。就像快速转动的螺旋桨，必须建立在强大的发动机基础上。亚马逊的零售业务飞轮离不开其卓越的低成本结构优势，而低成本结构得益于仓储物流和数据算法的基础设施能力。

---

[1] 吉姆·柯林斯著：《飞轮效应》，中信出版社2020年版。

每个企业的经营理念和资源能力各有特色,业务飞轮的基本要素和结构也不同,需要基于商业模式和业务特征确定"哪些可以组成飞轮的构件",构件的数量不宜过多,"超过 6 个,飞轮就会过于复杂,要通过巩固并简化构件才能抓住飞轮的本质"[1]。

会员战略的核心理念是"经营顾客",业务飞轮的轴心是为帮顾客解决问题,但由于价值主张和资源基础的不同,具体的飞轮结构各有差异。比如亚马逊、沃尔玛、开市客、7—11,虽然都是零售属性的企业,其飞轮结构并不相同。

7—11 便利店的基础飞轮

1927 年,美国得克萨斯州达拉斯成立了一家"南大陆制冰公司",主要业务是零售冰品、牛奶和鸡蛋。当时电冰箱尚未普及,冰块是人们生活中不可或缺的物品。为了改善服务质量,公司决定每天营业 16 个小时,并根据顾客需求提供各种生活用品,这标志着便利店的初步形成。1946 年,为了突出其从早上 7 点到晚上 11 点的营业时间,公司正式更名为 7—11(Seven-Eleven)。1964 年,7—11 开始实施全天 24 小时营业,进一步确立了其在零售服务业的便利性定位。1973 年,铃木敏文将 7—11 模式引入日本,希望"一天 24 小时内,用户一个很小的需求,我的便利店都可以满足"。

7—11 的首要定位是"便利性","凡是人需要的,跟便利性有关的东西我这都有"。在这个定位背后,铃木敏文强调,其核心理念是"站在顾客的立场"。"我们不是单纯地销售'物',而是通过'物',提供让顾客满意的'事'。"[2]不只为顾客着想,而是站在顾客立场,想想他们需要什么商品,然后去设计/去市场上找到这些商品,陈列在 7—11 店里,供顾客挑选,这样才能真正地服务好顾客。

初到日本时的 7—11,用 24 小时营业和"家门口电冰箱"推出的各种新鲜美食吸引消费者。为了加强运营能力,1978 年研制了订货终端机,将订货方式从原先的手工记账进化为使用"终端 Seven"读取货品条形码发送电传数据,从而更加精准地管理店内商品和更好地订货。1982 年引入 POS 机,系统掌握"畅销

---

[1] 吉姆·柯林斯著:《飞轮效应》,中信出版社 2020 年版,第 10 页。
[2] 铃木敏文著:《待客之道:7—11 如何把客户体验做到极致》,中国科学技术出版社 2024 年版,第 4 页。

品"及"滞销品",进而利用陈列/营销等方式发挥"畅销品"价值,逐步减少"滞销品"。

20世纪90年代面对消费市场的变化,7—11开始为顾客提供各种"附加价值"①:开放式冷藏柜(1994年)、虚拟购物(1995年)、导入气象系统(1996年)、杂志订阅(1998年)、代收网费(1999年)、"轻松送"送餐服务(2000年)、银行ATM(2001年)、高端快餐(2001年)和调节冷热立柜(2002年)。为了支持附加服务的顺利开展,7—11在生产方式和运营模式上进行了改造。2000年成立Seven-dream 电子商务公司和Seven-meal 食品外送公司,2015年Seven&I整合全渠道(线上线下打通),全面拥抱互联网和数字商业。

总之,早期的便利店主要以便利吸引顾客;后期的便利店除了便利,更重视顾客增值体验,但这些功能提升的背后离不开强大的运营基础设施,于是形成了以下的循环效应:便利性的服务→吸引并稳住顾客→高效率运营结构→产品和服务丰富化→供应链和技术支持设施→更好更便利的服务(见图5—6)。

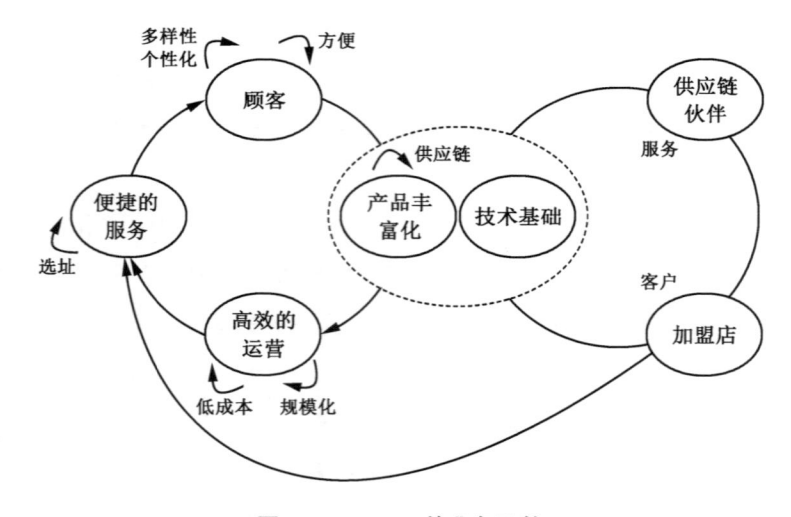

图5—6　7—11的业务飞轮

沃尔玛的基础飞轮

山姆·沃尔顿在1962年以"Wal—Mart"为名在阿肯色州拉杰斯市开办了

---

① 人人都是产品经理:《解锁7—11站在用户立场思考:如何持续为用户创造新价值?》,https://news.qq.com/rain/a/20240813A02GG200。

第一家平价商店,这开启了沃尔玛成长的盲盒。

沃尔玛推行的是折扣销售。沃尔顿说:"我们要把每一样商品都减价出售。"而不是像其他商店那样只是把减价/折扣作为一种推销手段,沃尔玛用持续的"天天低价"来满足消费者的日常需求。

天天低价是吸引消费者的一大利器,但在这个低价表象的背后,沃尔玛更强调的命题是:"我们重视每一分钱的价值""我们要向顾客证明我们存在的价值,这就意味着,除了优质的商品和服务之外,我们还必须帮他们省钱。沃尔玛公司每浪费一块钱,实际上就是让我们的顾客多花一块钱。而每次我们帮顾客省下一块钱,就在竞争中领先了一步——这正是我们的宗旨所在。"[①]

沃尔玛为了节省成本,非常重视运营基础和能力建设。早在20世纪60年代就开始用计算机来支持日常业务,建立了存货管理系统并用计算机跟踪存货。1971年在阿肯色州本顿维尔的一处遗址建成了沃尔玛的第一个分销中心。此后,随着门店数量的增加不断增加物流中心的数量,并扩展至海外市场,以维护高效的物流配送。1979年沃尔玛总部建立了第一个数据处理和通信中心,实现了计算机网络化和24小时连续通信。1983年发射了企业卫星,使用商品条码和电子扫描器实现存货自动控制。1987年沃尔玛耗资2 400万美元,购买了全世界最大私人卫星通信系统的服务,通过语音、数据和视频通信将公司的运营联系起来,用以加速商店之间的通信,加强库存控制。沃尔玛在1990年就已成为EDI技术的美国最大用户,1991年沃尔玛又通过Retail系统与供应商共享预测方法[②]。

沃尔玛的基础飞轮:低价产品与服务→吸引顾客→运营能力提升→规模扩张→运营模式与规模经济→更低的价格与服务(见图5—7)。

20世纪90年代以来,随着互联网的发展,沃尔玛的飞轮也在悄然发生变化。早在互联网刚起步的1996年,沃尔玛就启动了WalMart.com电子商务网。2000年开发了电商平台http://Walmart.com并推出网上商城Samsclub.com,开始涉足电商业务并不断加大平台、数据、无人配送等领域的投入,目前是

[①] 山姆·沃尔顿著:《富甲美国》,江苏文艺出版社2015年版,第25页。
[②] 《"致敬标杆"沃尔玛:56年从未落后》,https://baijiahao.baidu.com/s?id=1619064107175920184&wfr=spider&for=pc。

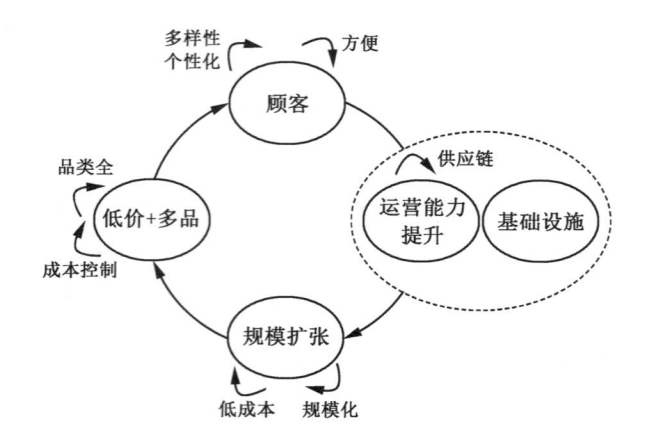

图 5—7　沃尔玛的基础飞轮

美国第三大电子商务公司。沃尔玛总裁兼 CEO 董明伦（Doug McMillon）强调，要加快实现沃尔玛长期增长的战略，一个重要目标是加快创新——建立一种以客户为中心的新商业模式。传统的 EDLP（天天低价）和 EDLC（天天低成本）及全渠道运营能力，都将成为新商业模式的引擎。此外，沃尔玛还将开发更多元化的利润流、重新定位新业务并退出一些地区。董明伦希望通过这些变革——电子商务发展、沃尔玛健康和金融服务——来深化其客户关系。沃尔玛模式扩张了带来新的飞轮效应[①]。

沃尔玛的新扩展飞轮：沃尔玛的低价＋品质保证→全渠道→更多的顾客＋多元化的服务→加强运营能力→规模效应＋协同效应→更低的价格＋品质保证（见图 5—8）。

胖东来的基础飞轮

胖东来创办初期只有许昌一间不足 50 平方米的门面店，于东来提出了"用真品，换真心"的承诺。1999 年，胖东来迎来了快速发展的时期，开业了胖东来综合量贩店，公司的 7 个连锁店同时做出"不满意就退货"的服务承诺，将服务

---

① Stewart Samuel(Director of Retail Futures IGD)：How Walmart plans to build a new customer-centric flywheel，https://www.igd.com/Commercial-Insight/Retail-Analysis/Articles/How-Walmart-plans-to-build-a-new-customer-centric-flywheel－－/34842.

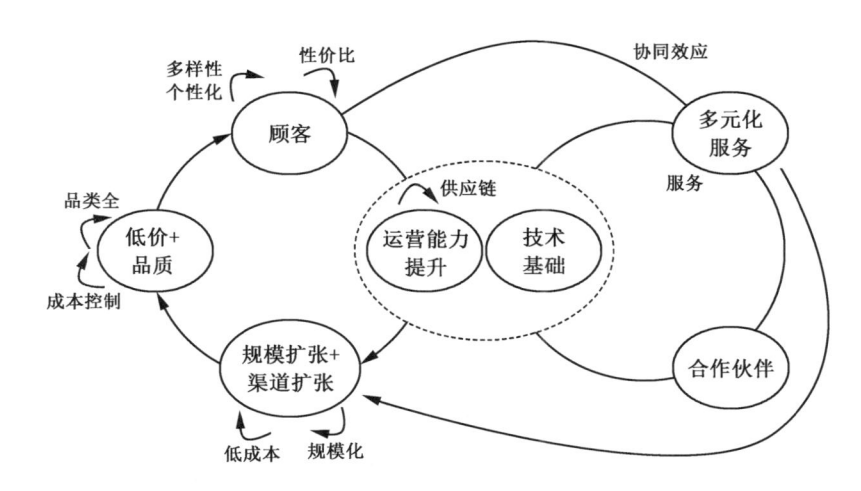

图 5-8 沃尔玛的飞轮扩展

宗旨改为"用真品换真心,不满意就退货"。

2002年1月,胖东来生活广场开业,营业面积达23 000平方米,成为许昌当时最大的综合超市,集购物、休闲、餐饮、娱乐于一体。同年,胖东来还开设了服饰鞋业大楼、通信城等多家门店,产品线和服务范围趋于丰富化。

2003年,胖东来在继续开新店的同时也在调整产品线,比如开设了医药部、高档服饰店。2005年进入新乡,开办了两家门店。此后胖东来的扩张似乎停滞,2012年还关闭了许多个便民店,但围绕超市、百货、电器、服饰等业态逐步做深做细。胖东来的品牌声誉不断增强并火爆出圈,不仅吸引了全国消费者的目光,也引发了学习胖东来的热潮,2024年开始对业内的部分零售企业(如永辉、步步高等)进行调改。

在对永辉等调改行动中,除了产品结构和商店运营,首先一项是对员工薪酬和福利制度的调整,提高员工薪酬,改善福利待遇。

2022—2024年,胖东来的营收从70亿元增长到169.64亿元,两年间增长了近100亿元,大批顾客来胖东来代购、打卡,胖东来为此开通了线上店,一是为了满足外地顾客的需求,二是缓解线下店的压力和体验受损。

顾客对胖东来的最大肯定是靠谱、品质保证、服务细致。胖东来的收入主要来源于超市,许昌和新乡两地超市贡献了约47%的营收。此外,茶叶、珠宝两类产品的销售亮眼,2024年带来了6.19亿和15.46亿的营收。

胖东来的零售飞轮也在不断延展,从最初的:优质＋服务→客户体验→运营能力(员工管理＋内部控制)→品牌声誉→更好的产品与服务,到现在变为:优质＋服务→客户体验→运营能力(员工管理＋内部控制)→业务创新＋互为背书→品牌声誉→更好的产品与服务(见图5—9)。

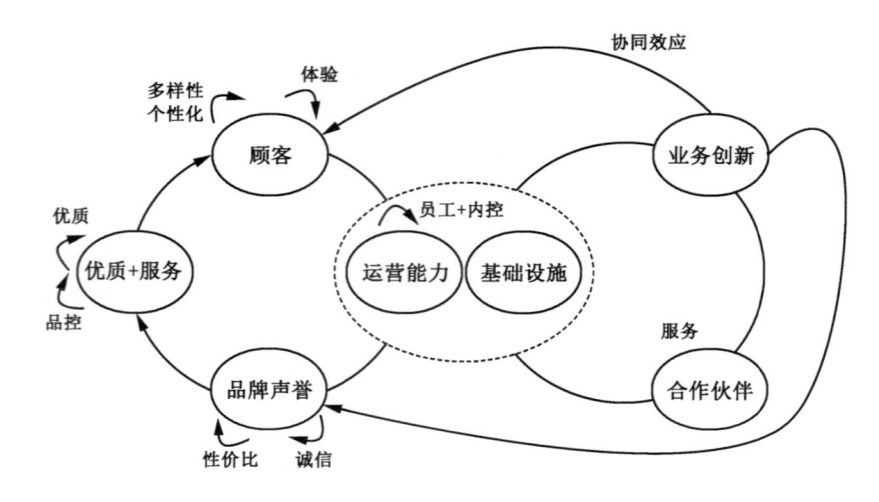

图 5—9 胖东来的零售飞轮

接下来,我们需要认真思考一个所有飞轮都必须面临的最大挑战:什么是飞轮启动时的推动力?在企业成长过程中,这个推动力是否会受到挑战,是否要改变推动力?如何保持推动力的持久性?

上述问题应该换个角度问:什么是吸引顾客选我的最初理由?在企业成长过程中,这个理由是否会受到挑战,如果让顾客持续选我,是否需要新的理由?如何保持该理由的持久性?

7—11飞轮启动时靠"便利＋优质"吸引顾客,切近居民的选址和24小时营业成为关键推动因素,随着电商、前置仓、配送能力的改善,选址不再是便利的主要因素;增加更多的便民服务和人性化感受,将成为吸引顾客、推动飞轮继续运转的重要因素。

沃尔玛创业期的飞轮定位于"低价＋多品可选",这依赖于控制运营成本和大规模多品类,沃尔玛的大规模商场和极简装修风格,满足了这一要求。电商技术的成熟恰恰冲击了这两股力量:电商可以更多品类、更低成本。大卖场也是被电商冲击最大的零售业态。

电商发展早期物流滞后,恰恰给 7—11 等便利店留出了一段缓冲期;在电商逐步缩短配送时间的同时,便利店也在加快线上化转型,或者转而与电商合作,成为"可到店、可送货"的前端界面。

开市客、山姆以"高质优品＋低价"为特色,选品成为关键的推动力量;胖东来强调的是"品质＋诚信",坚守承诺并且保证员工认真履约成为关键推动力。

释放"会员至上"的信号

成熟的会员关系一定是双向奔赴,但在关系建立初期需要一方先主动,率先表达诚意的肯定是企业。企业首先要释放信号、表达态度、给出行动——给顾客一个选择你的理由。

> 吸引力法则——你将吸引到意趣相投的人。
>
> 威廉·沃克·阿特金森

飞轮启动时,企业能否释放可置信的信号,是赢得顾客的重要一步。有些信号容易识别,如 7—11 的选址和 24 小时营业,迅速彰显了便利性;但胖东来的"优品不欺客",需要很长的时间才能被感知。

营销是企业常用的信号释放手段,企业通过广告及软文,宣传产品品质和服务质量,推介公司品牌形象,向公众(顾客、政府、投资人、社会)表明自己的态度和决心。若释放的信号不能令人置信,非但无法吸引到顾客,还可能引发顾客的厌弃。

一般来说,对于隐性的质量、诚信、安全、观念等信号,行为是最好的诠释手段,需要用一以贯之的长期行动来彰显。

- 服务承诺的履约

为了消除消费者的顾虑,商家通常给予各种承诺,如不满意产品的无条件退货、特定时间内的保价承诺——该时段内降价将补还消费者差价等。服务承诺早已成为企业经营中的必备条款,但最能打动用户的还是服务中的行动表现。真实且快速的履约承诺,就是最好的声誉信号;反之,行动与服务承诺的背离，会瞬间瓦解好感。

顾客对胖东来的偏爱源自许多服务细节，"工作人员用剪刀剪掉装有水产商品的方便袋的一角，并让剪出的小洞位于最低处，让里面的水尽量沥尽，还不忘摔几下""在下雨天，胖东来超市的服务小哥会主动提供免费雨衣，并帮助顾客将购物袋送到车上""天气炎热，我们配备了抹布和凉水，可以为您的爱车座椅擦拭降温，便于您骑车"……正是这些服务细节，让消费者真正感受到"以顾客为中心"。

- **顾客反馈的响应**

当产品出现品质问题或当顾客表达了不满情绪时，企业的响应和解决方案也是有效的信号传递。

2024年6月，胖东来的"擀面皮"颇受关注。起因是一位顾客在抖音平台反映，新乡联营餐饮"擀面皮"加工场所卫生较差。接到顾客反馈后，胖东来高度重视，立即要求新乡两店餐饮部所有联营商户档口关停，并成立调查小组，与餐饮部门主管对此事进行严格调查。6月27日，胖东来商贸集团官方公众号发布《关于新乡胖东来餐饮商户"擀面皮加工场所卫生环境差"的调查报告》，对于帮助其发现了重大食品安全隐患的顾客给予10万元现金奖励；对所有于2024年6月9日至19日在新乡胖东来两店餐饮部购买擀面皮、香辣面的顾客办理退款，并给予1 000元补偿（共计8 833份）；对胖东来相关工作人员予以辞退、免职，取消年终福利；要求新乡胖东来擀面皮商户即日起停止营业，并解除合同，终止合作，限期撤柜。

这种行为过去被称为"危机公关"，是面对重大质量缺陷时的补救方案，向顾客传递了企业的价值理念。但在会员制模式中，顾客反馈的响应将成为一种常态机制，不仅仅应对质量问题，更多的是响应顾客的增值需求。近年来一个流行词叫"听劝"，多倾听顾客的声音，并把顾客心声转化为实际的行动，顾客才更有参与的积极性。

胖东来的官方网站上有一个"顾客评价"窗口，集中展示顾客的留言及胖东来的回复，在这里经常能看到许多有意思的信息。有顾客想买二两荞麦面做药引子，转遍许昌都没买到，求助胖东来的员工，他们连夜开车到郑州买了两斤面送给顾客……

对顾客反馈的响应和采纳,传达了企业对顾客的重视和真诚态度,让顾客感受到"被看见""被认可"和"被尊重"。

近来,"听劝式旅游"频上热搜,各地旅游局遵循网络民意,创新旅游服务,激发了网友普遍共情。黑龙江省文旅厅厅长表示,"游客在评论区提到需要什么,我们就上什么",街边取暖房、冻梨摆盘、人造月亮等都是听劝而来的。网友希望沈阳冰雪旅游也能趁机火一把,提出多条建议,沈阳文旅局局长深夜12点回复后立马改进服务。网友担心河南省文旅厅"更新速度太慢",建议在官方账号首页留下邮箱接收投稿,文旅厅"听劝"后几天涨粉近200万。贵州省文旅厅发文,邀请网友"吐槽"贵州旅游服务痛点,只要说得对、说得好,就可能得到奖励。一位网友反馈了旅游中不太愉快的所见所闻,贵州省文旅厅查实后,第一时间给他发放了奖励。有游客说牡丹江的厕所不够用、卫生条件差,出租车存在宰客问题(如不打表还要高价等),牡丹江文旅局立马免费开放了事业单位、景区、商铺的卫生间,还推出出租车价格公示表,防止司机漫天要价……

- 成本信号的公示

成本一直是企业的机密信息,通常不愿对外公开,导致买家在购买前花大力气与卖家讨价还价,担心买贵了成为冤大头。即便讨价成功心里还会嘀咕:"我是不是还价太少了。"

一些企业选择了公开成本信息,明确告诉用户企业在本商品上的毛利。开市客明确商品毛利必须控制在7%—14%,任何商品毛利不能超过14%。胖东来也公开了多种商品的进货价,包括服装、日用百货、食品等,进货价和售价同时列示给消费者。

- 践行的使命与价值观

公司使命和价值观,向公众传达了企业的经营理念和价值取向。使命与价值观本身就具有感染力,当企业在发展中坚持践行这一理念,会深深打动信奉同一理念的人。

2006年,马斯克给特斯拉的股东写了一封信,阐明公司使命是"加速推动世界向可持续出行转型",并宣扬了公司未来的发展规划:第一步,造一辆高价车;第二步,造一辆中等价位的车;第三步,造一辆低价车;第四步,提供一个零排放的电力方案。此后十多年特斯拉一直为这个目标而努力,2008年推出了电动跑车 Roadster(高价车)，2010 年和 2012 年推出 Model S 和 Model X(中价车)，2017 年上市了 Model3(低价车)。2012 年推出储能墙(Power Wall)和储能站(Power Pack)，2016 年并购了太阳能公司——太阳城(Solar City)，将其信中的规划逐步落地。这一过程中特斯拉经历了现金流短缺、产能不足，但始终践行其愿景和使命，进而赢得了越来越多的忠诚顾客。一些早期将马斯克视为"骗子"的黑粉也逐步转变态度，因为他们确实看到了特斯拉电动车的一步步落地。

总之，在成长初期，顾客的"试探"或"疑虑"是企业创办中必经的困境，会员制企业经历的"考验期"可能要更长。企业需要先行一步，用其行动践行"以会员为中心"的理念。可置信信号有利于推动初始交往，但只有持续的信任累积才能保证关系的稳定性和持久性。

夯实基础设施

本书反复强调了"长效价值"的重要性。接下来，我们要进一步说明的是，会员制企业想要享受到长效价值的果实，有个关键的前提是基础设施的稳健性。

小时候玩过的竹蜻蜓，手一搓，就能飞一阵，最终会落下来，而斯特林发动机(1816)带动的齿轮却能一直转，因为齿轮的背后有了发动机。

业务启动时，可能因为便利、低价、好奇心等吸引到一批客户光顾，如果缺乏持续的动力，就会像竹蜻蜓，跟跟跄跄地飞一阵，最后砸到地上；只有装上强健的发动机，才能支撑飞轮的持续运转。这个发动机就是保证业务良性运转的核心基础设施。

如前文所述，用户与企业之间的相互信任是一个长期累积过程，除了价值观的坚守，更重要的是企业是否有坚实的运营能力，足以支撑企业产品品质、成本控制以及现金流的稳定。"对顾客好不好"，最终要用产品/服务来说话，不只是口头上的宣扬。企业想为会员提供更好的服务，都需要资源支持。要在业务上实现财务闭环，在会员服务、投资扩张、运营支出上实现收支平衡和现金流稳定，这往往需要强大的基础设施来支撑组织的有效运营。不同企业的基础设施各异，7—11 的供应链融合、沃尔玛的全球物流仓储、亚马逊的数据算法和仓储配送构成了各自业务飞轮的运转动力。

链家的楼盘字典

链家成长初期正值房产中介业的混乱竞争期，买卖双方之间面临严重的信息不对称，一些中介企业利用信息差上下家通吃。

2008年起，链家开始投入大量人力、物力打造楼盘字典。为了数清北京的房子，链家进行了三次"房屋普查"，工作人员甚至用数"亮灯"等方式，核实房源的真实性。2011年，链家在楼盘字典的基础上，制定了真房源标准，进一步规范和完善房源信息的真实性和准确性。2014年，链家雇用了近500位兼职人员，对24座城市的6 000万套房进行信息采集。2015年，链家地产改名链家网，基于链家网O2O模型的真实房源数据库——楼盘字典V2.0开始迭代上线，为链家网的平台化战略提供了坚实的基础支撑。

链家楼盘字典收录了以下信息：

（1）房源基础信息，包括房源门牌号、标准户型图、基本结构布局等数据，相当于每套房源建立了一个详细的"身份档案"。

（2）房屋属性信息，包括房屋的面积、朝向、户型、建筑年代、装修情况等，便于清晰获悉房屋的具体特征。

（3）配套设施信息，比如小区的停车位、电梯、健身房、游泳池等配套设施及周边的学校、医院、商场、公园等公共设施。

（4）历史业务数据，记录了房源的历史成交数据、价格变动区间等信息，有助于了解房屋的市场价格及价格走势。

截至2017年，链家的"楼盘字典"累计投入4.5亿元，囊括全国36个城市的7 500万套真实房源，拥有1 200TB数据量，成为全国最大的真实房源数据库。如今楼盘字典仍在不断发展和完善，为链家的房产交易提供了强大的数据支持。

亚马逊的仓储物流技术

亚马逊1997年上市后加大了基础设施投入，除了前文中提及的AWS和数据算法，还有仓储物流设施的建设。截至2025年初，亚马逊在全球有400多个运营中心，还建有数百个FBA仓库。

在仓储设施方面，除了遍布全球的运营中心和仓库等设施，还配备先进的机器人设备，如 2012 年出资 7.75 亿美元收购机器人公司 Kiva Systems，实现自动化搬运和存储。2015 年，成立 Amazon Robotics 部门，专注于开发更先进的仓储自动化解决方案。2019 年，亚马逊推出了能够自主分拣包裹的 Pegasus（一种小型分拣机器人，每小时可以处理多达 200 个包裹）和用于搬运大型货物的 Xanthus。2021 年，推出 Cardinal 机器人，采用人工智能和计算机视觉技术，实现包裹的精准选取、标签读取并准确放置。2022 年，推出了完全自主的移动机器人 Proteus，它能够自由移动，无需被限制在特定区域内。

亚马逊全球物流（AGL）构建了跨境物流网络，提供海运整箱、海运拼箱等一站式跨境运输服务，涵盖国内提货、出口报关、海运运输、目的港清关及送入亚马逊运营中心等全流程。还有亚马逊跨境承运伙伴方案（Amazon Send）等头程物流服务，以及尾端的亚马逊物流（FBA）和多渠道配送（MCF）等。除了传统运输设备，亚马逊还推出无人机配送等。

在算法方面，亚马逊的措施有：

（1）库存管理算法——定期监控运营中心的库存水平，计算出最佳补货量并实现自动补货；

（2）路径规划算法——根据商品位置信息和订单需求，计算出最短拣货路径；

（3）仓储费计算算法——确定仓储费，促使卖家合理管理库存；

（4）配送算法——根据顾客地址和商品库存位置等信息，规划出最优的配送路线和方式，同时考虑不同地区的配送需求和成本，对配送资源进行合理分配。

这些措施保障了亚马逊能够快速高效地将商品送达顾客手中，也成为其 FBA 业务收入的实现保证。

总之，成功吸引顾客后，更重要的是留住会员。要实现长期稳健经营，需要坚实的运营基础来做支撑。好的产品与服务→吸引更多的会员带来更大的流量→ 更多的运营基础投入→更强的运营能力→更好的产品与服务→吸引更多的会员。忠诚会员＋运营基础，奠定了企业持续成长性，使得会员制企业能够"滚雪球"式成长。如果仅重视会员营销但缺乏运营能力，很可能"昙花一现"。

调节机制：控制负效应

随着技术和品牌慢慢被大众认可，企业基础设施能力逐步健全，企业走出早期的"信任缺失"，更多的会员在正向预期影响下加入并引发网络效应，会员制企业似乎具备了"扩张的势能"。这一阶段，会员的多元化、业务范围的延展、规模扩张的冲动也会带来负面效应：一是规模与小众的矛盾；二是广度与深度的矛盾；三是扩张与节奏的矛盾。

- **平衡规模与小众（忠粉）的矛盾**

会员经济不是单纯以规模增长为发展的主轴，会员模式强调与价值共识的顾客保持持续关系。更多的会员加入，可能产生规模效应或网络效应；但规模太大以及会员结构多样化，可能影响原价值主张和目标客群定位。面对客群圈层和规模扩张，企业要在追求数量和维护忠粉间做出平衡，处理不好会影响企业的稳定发展。

哔哩哔哩的破圈

前文曾提及B站通过考试甄选会员的做法，其考题难易的变化反映了B站在二次元和破圈之间的摇摆，试图在用户规模化/商业化和忠粉之间找到平衡。

B站创立之初是一个"个人喜好的网站"。2009年徐逸创建了Mikufans（B站的前身），用来做国内最早的二次元文化网站"A站"的辅助。2010年由于A站管理层动荡导致经营下滑，对二次元文化热爱的徐逸开始专心投入B站工作并逐步超越了A站。

B站的创办纯粹是对二次元文化的喜爱，B站的独家番剧吸引了第一批向心力极强、黏性极大的用户。这些用户口口相传，推动B站用户缓慢增长。用户们围绕ACG（动画、漫画、游戏）开展内容创作与分享，逐步构建起一个持续产生优质内容的二次元生态系统，被粉丝们亲切称为"小破站"。

为了筛选真正的二次元爱好者并防止不良用户混入，B站早期设立了严格的入站考试。考试包含100道题，涉及二次元、物理、化学、地理、计算机编程等多个领域，只有达到60分才算及格。这被称为"地狱级别"的会员考核。

2016年以来B站的会员考题有了简单化的趋势，2019年对答题机制进行优化，降低了准入门槛，意味着 B 站开启了破圈之路。2020 年进一步简化会员制度，答题不再是新用户注册的强制要求，而是"可选答题"。

2019 年"最美的夜"跨年晚会火爆，被视为破圈的成功之举。陈睿（bilibili 董事长兼 CEO）在当年财报中表示："2019 年是转型的一年，因为我们作为中国在线娱乐平台已经取得了广泛的认可。我们在年末取得了骄人的成绩，用户增长迅猛。MAU 和 DAU 创下历史新高，我很高兴看到平台越来越受大众的欢迎。"B 站向广大用户阐明了新的定位——包罗万象的年轻人的文化平台。

破圈打破了 B 站起步时营造的传统二次元社群，多样的视频内容吸引了更多的非二次元爱好者加入，也改变了 B 站整体的氛围，这种变化也使不少老用户吐槽"B 站变味了"，部分知名"UP 主"选择出走，如回归小众平台或海外平台，也带走了一些老粉丝离开 B 站。

2022 年，B 站再次推出"硬核会员"体系，通过高难度的答题（类似早期注册制）才能获得"硬核会员"资格，享有专属权益，或许是为了挽回老用户。

根据 B 站财报数据，2023 年第四季度 B 站月活用户（MAU）达 3.36 亿，同比增长 3%，增速有所放缓；新用户主要来自三线以下城市和泛娱乐领域，2023 年看科普内容的用户达 2 亿，泛知识内容占比达 41%。但是，部分老用户的活跃度（如互动率、留存时长）下降。2023 年《B 站用户调查报告》中，40% 的早期用户（注册三年以上）表示，"弹幕质量明显下降"。

一般来说，服务型会员制不追求超大规模，更乐于聚焦特定人群，着力于为这些会员提供长期优质服务。某些高端俱乐部的经营核心就是建立在高质量会员的基础上，会员的质量远比规模更加重要。比如成立于 1913 年的松谷高尔夫俱乐部，只对会员和会员嘉宾开放，约有 930 名秘密会员；拥有着近 80 年历史的奥古斯塔高尔夫俱乐部，多年来一直保持在 300 名会员的规模。这些会员制企业会"筑起严格的用户过滤机制"，认真选择会员，过滤不良用户，维护会员生态圈该有的信誉标准。

相比之下，平台型企业对会员规模扩张有更大的追求，因为平台具有较强的规模效应或网络外部性效应。当平台企业达到关键规模而进入正循环效应后，平台具备更强的生存能力，否则容易被其他大规模平台覆盖。

破圈还是维护忠粉,背后是价值主张和战略定位的摇摆。

• **平衡广度与深度**

会员制的精髓在于组织多种产品帮顾客解决问题。但面对顾客的多种需求,会员制是扩大品类范围,为顾客解决更多问题呢?还是聚焦特定问题,做深做透?

创业常从解决某特定问题开始,如帮高糖人群控糖、为二次元爱好者组建社群、为手机用户提供高性价比产品。当用户增多、品牌变强,企业就将面临"广度"(做全)和"深度"(做透)的选择。

星巴克多年来坚守在咖啡赛道,2024年公司营收中,来自公司经营店(82.28%)和特许加盟(12.24%)的收入共计342.6亿美元,占总收入的94.7%,其他还有消费品和食品收入约19.1亿美元,占5.27%。

小米选择了做多品类的路径,从手机扩展到路由器、充电器、智能家居,再到生活耗材、小米汽车等,产品矩阵日趋丰富。2024年的3659亿元人民币的总收入中,智能手机占52.41%,IOT和生活消费品占28.45%,互联网服务占9.32%,智能汽车占8.95%。

顾客需求的每一个解决方案,本身就要融合多种产品及服务;不同顾客的解决方案又有个体化特征;企业提供的解决方案越多,越需要更强有力的后台运作能力的支撑。广度或深度的延展,务必建立在企业"能力圈"的基础上。

• **平衡扩张与节奏**

扩张速度和节奏的控制,更是会员制成长中的重要命题。当累积起一定的会员规模和信任关系后,企业和管理层很容易被诱惑进入加速扩张轨道。但从许多会员经济案例来看,企业家们对扩张并不积极。

开市客的两位创始人不热衷于开新店,自创办以来就强调以做好每一家店为重任。每开一家新店,就要尽量保证该店的生存和发展。从营收数据来看,开市客每家店的营业收入随着年份增长逐年上升(见表5—2),由此也展现出每家店的经营稳健性。

表 5—2　　　　　　　　开市客 2015—2024 年单店销量　　　　（单位：百万美元）

开业年份	新开店数									
2024	29									170
2023	23									151	166
2022	23								150	158	179
2021	20							140	158	172	187
2020	13						132	152	184	193	215
2019	20					129	138	172	208	216	226
2018	21				116	119	141	172	202	214	231
2017	26			121	142	158	176	206	237	247	262
2016	29		87	97	118	131	145	173	204	212	222
2015及以前	686	162	162	168	181	189	199	225	256	266	276
总计	890	162	159	163	176	182	192	217	245	252	260
		2015	2016	2017	2018	2019	2020	2021	2022	2023	2024

资料来源：公司 2024 年报。

从费用数据来看，随着会员数据的增加，开市客的管理费和雇员人数也逐年上升，但人均顾客的管理费及雇员数基本稳定，每位顾客的人均管理费大约为 270 美元，每位顾客对应的人均员工约为 4.6 个。也就是说，用户规模的变化不能带来规模效应，在不降低服务质量的情况下所对应的管理费和员工人数也要不断增加，服务投入和基础设施投入也在增加。

同样重视顾客的胖东来，从创立至今有 30 年的历史，目前经营的 13 家店全部在河南，其中 11 家在许昌、2 家在新乡。十几年前，胖东来也有过一年新开好几家店的阶段，但于东来很快就发现，这种扩张速度根本没办法保证品质。于是胖东来开始改变经营思路，关停部分商店，将精力转向经营好当前店铺，服务好现有顾客。于东来也多次强调，胖东来不会大规模扩张，而且会控制销售额。

小结：商业系统是一个动态系统，识别各要素（变量）之间的作用力和因果链，触发增强机制，形成互为促动的增长飞轮。当企业能够吸引到一定数量的会员,使其达到足够规模;会员带来的现金流和利润能够覆盖企业的运转所需,企业就实现了稳定运转;若能够保住会员这个基本盘,也就拥有了长期生存的力量。

分化式扩张:构筑生态飞轮

尽管会员制企业的成长相对克制,不愿意牺牲会员关系来博取短期暴利;当基础业务飞轮一旦成功转动起来,企业就拥有了分化扩张能力;第一,会员制企业的顾客群相当稳定,尤其当忠诚客群的数量庞大足以保证企业的现金流和盈利时;第二,强健的运营基础,不仅维护本企业客群的稳定性,还可以对外赋能或使能其他企业,并在赋能其他企业时与原业务飞轮协同。

分化式成长的企业彰显出特有的演进路径:许多新业务往往不是决策层规划的结果,而是在企业现有体系中逐步生长出来的;运营基础设施的打造,最初是为了支持初始业务的成长,后来成为更具价值潜力的新业务。就像一棵树,为了支撑树冠和树干的生成,拼命扎根;日趋强大的根系,后续逐步分化长出了多棵小树苗,最后成长为一片森林。

表5—3列举了部分企业成功分化的成长案例。不管有意或无意,这些案例企业都遵循着"先厚积初始业务飞轮,后分化新飞轮"的成长路径;随着新飞轮的分化,进一步强化并加速已经转动的初始飞轮。但是,不同企业在分化过程中又呈现两种选择:一是延展并行业务,新业务与初始业务共享基础设施,形成并行联动飞轮;二是直接分化基础设施,形成串行联动。

表5—3 分化成长的企业案例

公司名称	初始业务飞轮	分化新飞轮	
		并行	串行
亚马逊	零售业务	流媒体业务	云服务/物流仓储服务
苹果	计算机	智能硬件设备(iPod/iPad/iPhone)	系统服务(AppStore、Apple-Music、iTunesStore 和 iCloud)
7—11	便利店	加盟店(管理输出)	健身房(生活方式)

续表

公司名称	初始业务飞轮	分化新飞轮	
		并行	串行
全家	便利店	加盟店(管理输出)	健身/洗衣(生活方式)
茑屋书店	书店	加盟店(企划输出)	联营店(数据公司)
微软	操作系统	应用系统、游戏	混合云
IBM	计算机	软件	咨询
特斯拉	电动汽车	卡车、出租车	发电和储能
Salesforce	SaaS	PaaS	智能生态平台
迪士尼	动画工作室	电视台	主题公园/消费品业务
京东	在线零售	医药(健康)	物流、数科
阿里	零售平台	数字媒体与娱乐	支付宝/云计算
雅生活	物业服务	电商/装修/物业租赁(业主增值)	城市服务
四季酒店	酒店	酒店管理(管理输出)	出行/家居(生活方式提供商)
华住	酒店	酒店管理(管理输出)	
海底捞	餐厅	外卖	底料与供应链
链家	房屋中介(二手房交易到新房交易)	搬家、保安、保洁、装修、地产开发	贝壳平台

亚马逊在成长过程中并行分化和串行分化的现象都有：分化数字内容业务就是并行联动成长，与零售业务共享数据和云等基础设施；将用来支持其零售业务的储物流云计算服务于其他企业后，进一步扩大了其他算法基础和物流规模效应，就是串行联动。前者可以满意用户的多元需求，有助于带来增值；后者是基础设施的对外服务，有助于实现增效。

我们选择几家典型公司，来看看他们分化成长的过程及路径。

苹果：从计算机到服务商

1976年成立的苹果，最初向消费者提供的是电脑产品，但今天的苹果公司已经是电脑、手机、平板、IOS服务等多种业务的综合体，如表5—4所示。手机和电脑等硬件的占比逐步下降,服务的收入不断上升。

表 5－4　　　　　苹果公司 2017－2023 年收入来源比重　　　　　单位:%

年份	2017	2018	2019	2020	2021	2022	2023
iPhone 产品	62.76	54.73	50.19	52.48	52.11	52.33	51.45
Mac 产品	9.60	9.89	10.43	9.62	10.19	7.66	7.67
iPad 产品	7.08	8.18	8.64	8.71	7.43	7.38	6.83
服务	14.00	17.79	19.59	18.70	19.81	22.23	24.59
其他产品	6.56	9.41	11.15	10.49	10.46	10.40	9.46
合计	100.00	100.00	100.00	100.00	100.00	100.00	100.00

数据来源:同花顺数据。

(1)1976—2000 年,PC 业务飞轮

从推出第一台苹果电脑开始,苹果公司用了很长的时间来构建初期业务飞轮,期间经历了创业企业可能遭遇的各种困境,曾经因产品设计和广告引发用户尖叫,又因产品功能遭遇市场滑坡;有过斯卡丽时代的多元化探索,最后在乔布斯回归后收缩战线,逐步完善了 Mac 系列电脑。在 2000 年前,Powerbook、iMac、iBook 等系列电脑产品给苹果贡献了 80%的营收。电脑技术性能＋设计风格→顾客体验→工程师队伍和技术→更好的设计和品牌提升。

(2)2001—2011 年,并行产品飞轮

2001 年苹果公司推出了 iPod 音乐播放器,"将 1000 首歌放在口袋里"。2007 年推出手机 iPhone,开启了智能手机时代的到来。2010 推出 iPad 平板,定义了一个新的设备类别,乔布斯将其描述为"与 PC 相比,更加直观,更易于使用,而且软件、硬件和应用程序以一种更加无缝的方式相互交织依存"。这些产品的热销与电脑系列相互促动,造就了苹果业绩的上涨。产品性能＋设计→创新的产品系列→更好的客户体验→更好的工程师和供应链建设→更强的设计力和品牌力。

(3)2003 年至今,分化服务飞轮

伴随着 iPod 产品的推出,苹果公司于 2003 年上线了 iTunes 音乐商店(PC 上有 iTunes 桌面软件),这是第一个提供付费下载歌曲的合法网站,每首歌 99 美分(歌曲由五大唱片公司以及数千家独立音乐公司提供),上线三天用户就下

载了 100 多万首歌曲，iTunes 成为世界上第一在线音乐商店。随着智能手机 iPhone 的上线，苹果公司于 2008 年推出了 AppStore，是一个易于分销、访问和直接将应用程序下载到手机的平台，受到了用户和第三方软件开发者的欢迎。2011 年 10 月推出 iCloud，iCloud 支持用户将数据、图片、音乐等存储到互联网上的一个地方，从而能够跨多个苹果设备实现无缝同步。苹果在北卡罗来纳州投入 5 亿美元，兴建了一个大型数据中心，为 Mac、iPhone、iPad 等用户免费提供 5GB 云存储空间。由此，iTunes、AppStore 及 iCloud 提供的服务收入构建起了苹果公司新的服务业务飞轮。

茑屋书店：从书店到数据公司

前文描述过的茑屋书店（TSUTAYA BOOKS）创办初期将自己定位成"生活方式提案型书店"，后来成为一家策划公司，现在则更像一家数据公司。

(1) 1983—1986 年，构建零售飞轮

1983 年，增田宗召在家乡大阪府枚方市，开设了第一家可以租赁唱片、录像带又能买书、喝咖啡的店，这种集录像带、唱片、书籍三位一体的全新模式开业后生意火爆，但第二家店遭遇了亏损。增田宗召认识到，每家店面对的居民不同，需求各异，必须根据当地居民需求重新选品，提供不同的生活提案。经过几年的摸索，增田宗召形成了自己的选品模式，也累积了供应商等合作伙伴，搭建起了生活提案商的基本飞轮：生活提案→ 顾客需求→动态选品 →供应商伙伴 → 更好的生活提案。

(2) 1986—2003 年，搭建并行飞轮

茑屋书店自 1986 年开始连锁化，增田宗昭开始在日本各地开设不同风格的茑屋书店，此时的茑屋书店称自己是一家策划公司——一家帮助加盟商成长的策划公司。每一家店的定位、设计和功能都不尽相同，但遵循着类似的经营模式：一是坚持生活提案的定位；二是多采取加盟方式，加盟商承担店铺装修、货款支付、商品售卖等，还要给茑屋书店相应的服务分成。茑屋书店进行客户分析，提供选品和主题设计，培训店员，联系供应货，发送订单指令。茑屋书店利用其"企划"能力赋能加盟企业，搭建了一个新飞轮：加盟商→更多的生活提案→ 顾客体验→品牌/企划力→更多的加盟商。

(3)2003年起，分化串联飞轮

茑屋书店在2003年向会员推出积分服务——"T-Card"，会员在茑屋的消费记录不仅在茑屋书店体系内通用，并且将之推广到跨业合作，与日本最大的加油站、宅急送、罗森便利店等进行积分共享，从而获取了会员在衣食住行等多领域的消费记录。至2020年，T-Card联盟企业数超过100万家，会员人数超7000万。茑屋书店通过对消费者行为数据的分析，帮助其他联营店进行产品规划和管理支持，将其咨询规划能力扩展到更多的领域。这形成了茑屋书店的数据飞轮，也是支撑整个零售业务的基础设施。

微软公司：从软件企业到云服务商

创办于1975年的微软公司，经历了PC时代的辉煌和迷茫，自2014年以来逐步转型为一家混合云服务商，也从产品中心转向更为重视顾客的订阅模式。从表5—5的收入结构变化可以看出，智能云Azure营收持续增长，达43%；生产力和业务流程主要包括Windows365（含Office）、LinkedIn、Dynamics企业解决方案，营收占比相对稳定，已基本转为订阅服务；更多个人计算主要是传统Windows操作系统、Xbox游戏、Surface硬件和Bing搜索，营收占比不断下降。

表5—5　　　　　　　　2016—2024年微软收入结构变化　　　　　　单位：%

年份	2016	2017	2018	2019	2020	2021	2022	2023	2024
生产力和业务流程	31.04	33.85	32.50	32.71	32.44	32.08	31.96	32.69	31.71
智能云	29.35	30.51	29.19	30.98	33.82	35.74	37.95	41.48	42.98
更多个人计算	47.42	43.11	38.31	36.31	33.74	32.18	30.09	25.83	25.31

数据来源：同花顺数据。

(1)1976—2000年，操作系统业务飞轮

创立以来，微软逐步构建了以Windows操作系统为主导的基础业务轮，通过开放和联盟模式，迅速成为计算机的主导操作系统，Windows操作系统占全球个人操作系统90%以上的份额，也是公司最重要的收入来源。到了2020年，操作系统在公司中的主导地位被云超越。

(2)1989—2014年，应用系统飞轮

早在 1989 年，微软就在开发 Office 应用系统，至今已推出了 16 个版本。伴随着操作系统的成长，应用系统也成为一项重要收入源，以 Office 为例，在办公生产力软件领域拥有约 90% 的份额。操作系统和应用系统相互推动，强化了微软在 PC 软件领域的地位。自 2000 年以来，微软也曾利用其软件能力探索新业务，如游戏业务 XBOX，成长都不尽如人意。

(3)2014 年以来，混合云服务成长为新飞轮

微软开始从软件服务向混合云服务转型。2016 年推出 Azure Stack，允许企业在本地数据中心将数据服务器作为 Azure 服务的私有云运行，支持 IaaS 和 PaaS 服务，使应用程序部署在公有云 Azure 与通过 Azure Stack 部署保持一致：Azure 拥有全球数量最多的数据中心区域，可部署到全球 44 个区域（除中国、德国由当地合作伙伴运营的数据中心），为不同地区的用户提供低延迟、高可用性的混合云服务。早在 2000 年，微软还与埃森哲合资成立 Avanade，致力于通过微软生态系统为客户提供全面的数字化服务和解决方案。2014 年推出针对 Microsoft Azure 的埃森哲混合云解决方案，帮助企业构建和管理企业范围的云基础设施和应用程序，提供从战略、迁移到部署和管理服务的端到端专业服务。

总之，云服务和数字化解决方案成为微软新的增长点。

Salesforce：从 SaaS 到 PaaS

Salesforce 对软件业的影响基于其创新性地推出了 SaaS 的服务模式，将软件业从软件销售为主导转向顾客订阅的服务模式。现在的 Salesforce 已扩展成为 PaaS 平台。

(1)1999—2004 年，构建 SaaS 订阅制飞轮

成立初期，Salesforce 向客户提供 CRM 的 SaaS 服务模式，客户无需购买硬件或安装软件，订阅后即可连接互联网使用 Salesforce 提供的 CRM 应用。订阅制没有太多的沉没成本，顾客拥有相对自如的选择权，如果本软件公司的服务不够好，顾客可相对容易地选择中止合作。可选择性给了 Salesforce 这种服务商巨大的压力，迫使其孜孜不倦地追求自我能力的提升，由此形成一个良性循环：好服务＋低费用→稳定的顾客→支持更好的服务能力提升。

(2)2005—2015 年,分化生成 PaaS 平台

2005 年,Salesforce 推出"软件订制"服务,针对顾客需求提供咨询、培训和软件定制服务。同年推出了 AppExchange,允许第三方开发者为 Salesforce 平台构建和销售应用程序。Salesforce 还出台相关制度鼓励数据公司、其他技术公司的加入。这一战略让 Salesforce 从一个 CRM 软件供应商转型为一个完整的企业云平台提供商,能够提供广泛的云应用,涵盖了销售、营销、客户服务、财务、人力资源等多个领域。PssS 平台存在一定程度的双边效应:用户越多→吸引更多的第三方开发者→更多软件服务→吸引更多的用户。

(3)2015 年,推动智能生态平台建设

自 2010 年以来,Salesforce 就在深化云平台功能——将人工智能(AI)和物联网(IoT)融入其产品中,推动向"智能服务"的转型。2014 年收购 RelateIQ,增强 AI 能力,帮助其客户更好地分析他们客户的行为。2016 年,推出 Salesforce Einstein——一个集成到 Salesforce 平台的人工智能工具,帮助企业通过预测分析、自然语言处理(NLP)和机器学习等技术提高决策效率和自动化流程。2016 年还推出 Salesforce IoT Cloud,允许企业通过物联网设备收集数据并将这些数据整合到 CRM 系统中,帮助客户实现设备故障预测、智能化的客户服务等。2019 年推出 Salesforce Blockchain——一个基于区块链技术的商业网络,旨在帮助企业优化供应链管理,提高数据的透明度和安全性。

链家:从二手房交易到商业生态

(1)2001—2017 年:打造二手房业务飞轮

链家成立初期从事二手房交易。当时正值中国房地产业的起步期,大批中介企业纷纷入场,鱼龙混杂,竞争无序。2004 年链家提出"透明交易、签三方约、不吃差价",逐步建立行业标准。2005 年借地产行业遇冷之际,实现低成本扩张,门店数量突破 300 家,逐步在业内形成一定的影响力,业务进入良性运营。链家在 2008 年开始筹建真房源数据库"楼盘字典",并且加大了在各地的扩张。2015 年与伊诚地产、德佑地产、深圳中联地产等合并发力新房市场,成为综合型房产服务平台。真实+服务→顾客体验→数据库基础→更"真实+服务"能力。

(2)2014—2020 年:分化贝壳找房平台

早在 2010 年,链家就上线了"链家在线",开始发力互联网。2014 年改名链家网,线上平台进入飞速发展期。2018 年,贝壳找房平台正式成立,从垂直品牌转型为平台服务,扩展至居住服务领域。更多的经纪人→更多房源选择→更强大的数据库→更好的服务体验→更多的用户→更多的经纪人。

(3)2020 年至今,孵化新业务飞轮

2020 年贝壳上市后,链家就逐步推出多项服务承诺,提供综合服务。2020 年 11 月贝壳决定发展家庭服务业务,如保洁业务、保安业务、装修业务(推出被窝家装、收购圣都家装)。此外,贝壳开放平台,为金融机构、政务领域、房产数字科技公司等提供房屋押品全周期价值分析解决方案、数据标准及清洗服务、房屋价格分析全流程解决方案。

海底捞:火锅到供应链

(1)1994—2011 年,火锅业务飞轮

海底捞成立于 1994 年,是一家以经营川味火锅为主的直营餐饮企业,10 年间在四川开了四家店,2003 年走出四川,在西安开店,随后逐步进入全国,以优质服务赢得口碑,成为全国知名火锅品牌。

(2)2005—2016 年,调料业务成长并分化

2005 年成立四川海底捞成都分公司(颐海前身),投入第一条火锅底料生产线,供应四川海底捞集团经营的火锅店。2013 年,海底捞对旗下调料生产、销售等资产进行组合,成立颐海国际(2016 年港交所上市)。颐海国际早在 2007 年就开始向第三方经销商供应火锅底料。2017 年,颐海国际推出了自热小火锅,正式进入方便速食领域,陆续推出"哇哦""筷手小厨"等子品牌,进入休闲食品等细分领域。

(3)2011—2025 年:分化供应链体系

2011 年后,海底捞不断完善供应链体系,建立了四个大型现代化物流配送基地和一个原料生产地,保障门店食材供应。2014 年成立蜀海,提供整体供应链全托管服务,利用其遍布全国的现代化冷链物流中心和食品加工中心以及全信息化管理体系,服务近 200 家知名餐饮及便利店企业。2015 年成立微海咨询,由海底捞人力资源部招聘中心、员工培训中心业务剥离而来,为中小规模餐

饮企业、连锁经营服务业提供招聘、培训及咨询服务。2017年与用友网络共同合资成立红火台，是餐饮核心业务SaaS＋企业ERP一体化服务提供商，为海底捞集团提供会员智能管理、中央化库存管理、企业综合运营等服务，也面向大众型餐饮企业提供云服务。

这些不同行业的企业案例呈现类似的分化扩张特征。为了保证飞轮的稳健性，不能脱离了会员制企业的核心主张：服务好会员，维护好生态。在这个核心定位基础上，企业业务边界扩张呈现多种可能，跨产业、跨品类布局很普遍，但终始围绕"会员"这个核心主轴。

需要强调的是，业务边界扩张也不是毫无限制，一个重要的考量因素就是运营基础所能支撑的顾客群的范围和服务程度。企业的核心定位各不相同，其所打造的基础设施这个"天然屏障"界定出扩张的服务边界和分化方向。当核心定位与资源能力相吻合时，飞轮循环更顺畅；反之，核心定位缺乏了资源支撑，飞轮会停滞或陷入负向循环。

小结：飞轮分化呈现两种路径：一是以现有会员为基本盘，并行进入新业务或新市场。扩张边界是初始业务飞轮建构过程中形成的"服务能力"，超出了服务能力的扩张不仅无法支撑新业务飞轮，还可能反噬原来的基本盘（有损会员价值）。并行飞轮之间需要相互协同，在联动发展中不断强化基础设施。二是以现有业务飞轮为基本盘，分化基础技术或基础设施。分化让基础设施从成本源变成了收入源，还可以通过服务外部客户得以继续夯实。如果分化只是融资或谋利的借口，就可能本末倒置，反噬现有业务。

所以，不是所有的企业都愿意分化。有些企业凭借强健的运营基础，支持自己专心做好单一业务，从而成为所在领域的"隐形冠军"，延续了上百年的持续生命力。德国一些"隐形冠军"企业，为了让其提供的产品有竞争力，专门研制并自行生产设备：一家糖果生产商，自己生产制糖果机器；一家浴盆制造商，甚至加热炉也都自行生产。这种深度的设备控制，保证了远超同行的品质优势。

第六章

会员制模式的挑战

会员模式掀起的商业变革具有多层面意义,不仅商业模式本身与传统企业的经营模式不同,就连所面临的威胁也发生了重大变化。传统企业通常面对高度同质的产品,彼此的盈利模式相似,竞争形态趋向内卷。会员模式瓦解了这种产品竞争观,转向会员的留存之争;每个企业提供独特的问题解决方案,从不同路径满足顾客需求。"不必在乎顾客选不选对手,你只需要关心顾客选不选你"——正因如此,企业最大的敌人不是对手,而是自己。

脆弱的会员制
商业的修行:仙魔与道场
守而必固

脆弱的会员制

"在每一系统的探索中,存在第一原理,是一个最基本的命题或假设,不能被省略或删除,也不能被违反。"

——亚里士多德

成也信任,败也信任

前文赘述了会员制的成长过程。会员制从创生到成长的整个过程中,产品会变,股东会变,管理层会变,员工会变,会员也会变……但不能改变的是"以会员为中心"的定位,历经千帆,最终赢得会员的"无条件"信赖。正是这份逐步累积、日趋厚重的信任感,是会员制的终极命题。

商业的本质是交换,交换的前提是增值,持续交换的基石是信任。

会员制的起步是一个艰难的过程,因为信任的培育期很长;会员制企业成长壮大后更要小心谨慎,如履薄冰;即便累积了忠诚度高且规模庞大的会员基数,也不能一劳永逸,稍有不慎就可能翻车。信任的力量很强大,但信任本身又很脆弱,"友谊的小船说翻就翻"。

世界上最宝贵的资源是信用,要赢得信用必须兑现承诺;并付出更大的努力,去守护这份信用。

——新加坡前总理李显龙

新冠疫情期间,正常出行和商业行为被打断,在传统商业渠道不能满足需求的情况下,一些热心人和志愿者发挥了巨大的作用,利用人脉关系嫁接货源,帮助小区居民团购食品和用品,赢得了很多人的尊重,被亲切地称为"团长"。有观点认为,"团长"代理模式将快速在未来的零售市场继续占有一席之地。但现实是,大部分的团购群在疫情后回归常态,也有一些团长想维持这一业态,继续为社区的群友提供他们"甄选"的商品,却发现并不容易。"对产品品质的评价""对团长动机的质疑""对服务期望的落差",考验的不仅仅是团长的运营能力,而是需要更长的时间来证明或巩固彼此间的信任。

与之遭遇类似困境的,还有社区团购。早在2016年,一些敏锐的创业者开始尝试将线上团购模式与线下社区场景相结合的社区团购模式。通过发展一批线下团长,利用微信群、小程序等工具拓展私域流量,在团长社交圈和熟悉度加持下,将社区居民聚集起来,以更优惠的价格购买生鲜、日用品等商品。

社区团购的一个重要特色是,在"冷冰冰"屏幕电商中融合嫁接了团长的熟人关系,迅速吸引了第一批用户。团长在平台和用户间承担链接桥梁,负责商品的推广、销售和配送;平台负责供应链、物流、仓储和选品。2018年,社区团购迎来了爆发式增长,众多互联网平台入局,在全国范围内抢占市场实现快速扩张。社区团购平台的用户规模迅速扩大,一些头部平台的用户数量甚至突破了千万级别。2020年更是吸引了互联网巨头的关注,阿里、腾讯、美团等纷纷布局社区团购,为了抢夺团长和用户又开始大笔烧钱竞争,但是流量的增加却没有强化信任,甚至削弱了原有的"熟悉"关系,将朋友间的亲切感变得日趋商业化。2021年社区团购遭遇大洗牌,不仅中小社区团购企业资金链断裂,同程生活(同程旅游)、十荟团(阿里投资)、橙心优选(滴滴旗下)等一些头部企业也走向破产、关停或缩减。

2022年以来,社区团购重新回潮,一些团购平台再次崛起,微商和团长们也开始了新的尝试。他们突破流量桎梏,重点深耕私域;更加注重用户体验和个性化服务;跟前期抢流量的速战法相比,当前的社区团购更注重社区关系的精耕细作,在心态上趋于稳扎稳打。

人与人之间除了商业联系,还有深厚的情感纽带——信任与交情。团长凭借与社区居民的交情,顺利地达成初次交易,但也在无形中改变了"交情的味道"。"被信任"是一种宝贵的能力,需要持续、小心翼翼地维护。社区团购也好,团长代理也罢,商业活动不是一场战役就能定出胜负。信任和信用需要"被维护"、被"提升",却不可"被消费""被利用"。信任关系一旦坍塌,此后的真诚都显得苍白无力。

平台的流量模式,凭借网络效应实现短期的规模扩张。然而,各领风骚三五年,商界代代有新招。每当新技术或新产品出现,就会产生新一轮的流量"迁徙"。网络效应具有"空间"层面的正反馈,用的人越多(网络规模越大)越有价值;信任则具有"时间"上的长效正反馈,随着交往时间的延长,信任关系进一步巩固,推动彼此间的坦诚相待并强化相互信任。如果一方出现了背叛和欺骗,信任就像多米诺骨牌一样瞬间塌房。维系信任是个长期工程。

幂律法则

"凡有的,还要加给他,叫他多余;没有的,连他所有的也要夺过来。"这种马太效应在经济学(金融学)称为复利效应,在数学上遵循幂律法则(power-law):强者愈强,弱者愈弱。

彼得·蒂尔在他的《从0到1》一书中写道:"'幂律法则'是宇宙的法则,是宇宙最强大的力量,之所以会取这样的名字,是因为指数方程描述的是最不平均的分配。它完整定义了我们周围的环境,而我们几乎毫无察觉。"其实并非毫无察觉,只是需要在更长的时间内或更大的空间内才能感受到,容易被我们忽视。

幂律法则产生的原因是,要素之间相互链接、相互影响。

互联网推动下的平台经济,在更大的规模空间展现了幂律法则:我的行为影响你,你也会影响他。网络效应带来企业的指数级成长,规模越大的企业会激发正反馈,呈现"赢者通吃"的结果。"烧钱抢流量"模式伴随着互联网的发展而流行,成为过去30年热门的竞争法器,从团购大战、外卖大战、网约车大战到抢滩社区团购,都是对空间幂律法则的追捧,导致企业不惜代价也在要短期内把用户抢到手、把规模做起来……

相比之下,对于时间上的幂律效应——今天的行为影响明天,明天影响后天,决策者似乎怠慢得多,人们太渴望当下的回报。就成年人而言,需要等待10年才能看到的"成功"或感受到的"价值",就好像要孩童"等待15分钟才能吃到的棉花糖"。尽管"等待"能够得到更多的棉花糖回报,但相较于"马上能吃到的棉花糖",后者显得更加诱人。

我们从小到大累积起来的朋友圈和信誉度,一旦具备了变现能力,会带来不同的结果:如果信任能降低交易成本,给双方带来增值,有可能成就长期的生意；如果信任透支了对方的价值，获得短期暴利，最后连朋友也做不成。

自媒体时代，信任与口碑的幂律效应更突出，也更脆弱，反转就在一瞬间。"泼天富贵"说来就来，说走也快。一位自媒体博主在山东淄博吃烧烤的视频放到网上，迅速被转发到多个视频平台，"淄博烧烤"话题短视频播放量高达28亿次，带动了"淄博烧烤"旅游热。"两会"期间，进场时站在雷军身后的海尔总裁周云杰，因其"略显严肃"的神情意外走红，能不能接住这"泼天富贵"而不会被反噬，恰恰是对"长线主义"思维的验证和挑战。2024年多位曾经风靡一时的网红接连翻车，"虚假人设""虚假宣传""假货风波"无一不是利用了粉丝的信任而在被揭穿后塌台。

幂律效应因为互联网的加持而被放大。破坏性元素、偶发事件（不论主观或客观）或不当激励规则的设置，有可能诱发负效应，导致系统跌入负循环通道。越是在信息能够被快速大范围传播的环境下，信任和承诺坚守就变得更为重要。

马云曾多次提到：企业最大的敌人是自己，最大的对手是时间。雷军在其第四次主题演讲《成长》中强调："我们的敌人只有一个，永远不能忽视用户。"网易CEO丁磊也曾说：做企业不是比谁先动手，而是比谁活得长；要想活得长，不是比谁做对的事情多，而是比谁犯的错误少。

婚介所的困境

匪我愆期，子无良媒。

——《诗经》

媒人大概是最古老的职业之一了，自从有了婚姻关系，媒人就出现了。

许多文学作品中媒婆的形象并不太好，她们往往巧舌如簧，在男女双方之间传递"扭曲"的信息，推动剧情发展。西厢记中的红娘却讨人喜欢，她积极地在崔莺莺和张生之间穿针引线，促成"有情人终成眷属"。

媒婆关心的是促成联姻收到"谢媒礼"，而红娘是为了让崔莺莺幸福，这可能也是观众喜欢红娘的原因。如果红娘蜕变成媒婆，为促成婚帖拿到礼金而"乱点鸳鸯谱"，估计会被崔莺莺打出去。

现代社会中，由于工作节奏加快和生活方式的变化，许多人难以找到合适的伴侣，相亲成为婚姻问题的重要解决方式。

早在20世纪90年代，一些婚介所（主要是线下运营机构，规模相对较小）因雇佣婚托与求偶者见面，导致了整个行业的信任危机和行业萎靡。互联网婚介平台的出现，凭借横向幂律法则引发的网络效应，迅速填补了婚介市场空缺并实现了发展壮大。

成立于2003年的世纪佳缘，以中立的信息平台角色，为男女双方提供相识机会，用户免费注册，即可浏览众多异性信息，吸引了大批年轻人入驻，2008年注册会员激增至1 500万人，平均每天有3万名新会员进驻[1]，两年后的2010年年底会员人数更是突破了3 000万人。

相比之下，珍爱网和百合网的增速要慢一些。珍爱网在互联网信息功能基础上，增加了专业红娘（红娘需经过专业心理学培训）提供中介服务。受红娘团队规模的限制，扩张速度有限；而且用户需求个性化、多样化，红娘们的服务能力跟不上，这影响了该模式的复制性。百合网（2015年并入世纪佳缘）采用推荐＋专家咨询服务模式，即先用科学匹配测评系统来推荐适配者再由专家咨询服务的形式，试图在需求多样性和服务能力上找到平衡。

婚介网面临许多无奈：

第一，一方面希望用户尽快找到良伴，完成婚介"使命"；另一方面又不想用户那么快找到伴侣，找到伴侣意味着客户要离开，毕竟这不是个重复消费的业务。所以，婚介所的价值主张是犹豫的：是促成婚姻，还是仅仅达成双方的信息沟通，还是要进一步关心双方幸福？

第二，一方面用免费手段吸引流量，激发网络规模效应，带来更多的适配人群；另一方面又面临服务上的压力，大规模流量隐含着数据质量隐患，一些不真心找伴侣的用户混杂其中。婚介所的发展应该更重规模，还是更重视质量？

第三，一方面希望贴心且专业的员工来促进服务；另一方面又面临员工的道德风险问题。婚介所的盈利模式是流量收费，交流过程收费，还是后续收费？

这些无奈最终表现为不同模式设计上的探索。

世纪佳缘设计了"沟通付费"机制，用户可以免费浏览对方信息，但要跟对

---

[1] 陈威如、余卓轩著：《平台战略》，中信出版社2013年版。

方打招呼或交往联系，就需要购买"邮票"，后来推出了"一对一"咨询服务收费。珍爱网区分免费会员和VIP会员，对VIP会员收取会员费并提供1—3次免费咨询服务、配对服务和活动服务的机会，此外还按时间（每次或每月）和场次收费。百合网同样采取会员收费方式，设计了多个会员等级，对应于不同的收费标准和服务内容。

上述收费模式依赖于求偶者人数、服务次数或服务时长，有些公司还对应地制定了员工的提成奖励。这种基于过程的收费方式天然地激励了公司和业务人员对服务人次和服务时长的追求。当缺乏合适的匹配对象时，通过"婚托"来增加服务频次和时长，也就不足为奇了。至于用户能否找到伴侣——这个关乎顾客满意和公司存在意义的命题——与盈利方式没有直接关系。"服务变形"导致用户或迟迟找不到对象，或感到受骗而愤然离场，从而激发负向网络效应，造成用户规模的衰减。

从媒人、婚介到互联网平台，一直面临根本的价值主张和盈利方式选择的矛盾。婚介作为非重复性业务且可能是一次性的，用户离场就丧失了收费基础。先不提那些失望离场的用户，即便是满意离场的用户也不会再来了（除非再婚），因为他们找到了心仪的伴侣，问题得以解决。总之，单纯依靠婚介业务，无法形成时间上的正反馈飞轮。

百合网自2015年开始扩展服务内容，增加了婚庆、婚纱摄影、婚后生活等业务，为会员的后续增值提供了可能。国外的一些婚恋交友企业也在积极向产业链上下游延伸，上游对接社交平台、休闲娱乐企业发展会员，下游对接婚庆市场、酒店、旅游甚至房地产等行业，渗透到男女双方交往的全过程。

婚介业的发展并不顺畅。婚介网络平台也从早年的快速成长到当下负面信息频出。2024年"3·15"晚会上，央视揭露了珍爱网、世纪佳缘、恋爱课等多家婚恋公司的不当行为，涉嫌"捏造不存在的虚拟人吸引客户""堵死客户的其他可能性"以及"利用年龄焦虑和生育焦虑诱导消费"等。还有高额会员费、婚托、提供虚假信息等负面消息层出不穷，使互联网婚恋交友企业的公信力大受影响。一些网络骗婚的极端事件也进一步触发了对互联网婚介业的不信任，整个行业呈现"稀薄"趋势。

商业的修行：仙魔与道场

企业成长中将面临诸多挑战,能否坚守"会员至上"初心？如何应对发展中的"价值"偏离？这是会员制企业自始至终需应对的命题。

2019 年上映的影片《哪吒之魔童降世》,讲述了从小被魔丸附体的小哪吒的成长故事,赢得了众人喜爱,收获 50.35 亿元票房。2025 年第二部剧《哪吒之魔童闹海》更是爆火,当日实现票房 4.73 亿元,10 天斩获 68 亿元,16 天超过 100 亿元票房。

"一念成仙、一念成魔",这是哪吒自出生起就面临的挣扎,不同的路径选择会导致他进入不同的世界——魔界或仙界,哪吒如何书写自己的人生？他又如何面对成长路上的风霜雪雨？这引起了观众的共情。

不论个体还是企业,都是在"内在自我"与"外在道场"中修行。京瓷和 KDDI 的创始人稻盛和夫在其著作《活法》中写道:"工作场所就是修炼精神的最佳场所,工作本身就是一种修行。"日本实业家铃木正三曾说:"工作坊就是道场。"

两个棉花糖实验

实验一

20 世纪六七十年代,美国心理学家沃尔特·米歇尔(Walter Mischel)进行了一系列著名的"棉花糖"实验。实验始于斯坦福的必应幼儿园,实验对象是一群四五岁的儿童。孩子被研究人员带进一个房间,房间的桌子放着一颗棉花糖(后来改为孩子选择的不同物品如饼干)。研究人员告诉孩子,自己有事情要离开一会儿,如果回来的时候,孩子没有吃掉棉花糖,那么就可以再得到一颗棉花糖作为奖励;如果吃掉了,则没有奖励。

结果是,有三分之二的孩子吃了棉花糖,有的孩子在房门关上后几秒钟就迫不及待地吃掉了,有的等了一分钟,有的等了五分钟,有的甚至等了十三分钟。而三分之一没有吃的孩子,选择了不同的行为来抑制诱惑,有的盯着棉花糖"傻笑"做鬼脸,有的踢桌子、闭眼睛甚至舔掉了上面的奶油,但一直坚持到研究员回来。

1968—1974年，有超过550名儿童参与了这个实验。实验后研究者进行了样本追踪，大约每10年对参与实验的孩子们进行一次评估。在后续调查中，研究者发现，那些能够抵抗棉花糖诱惑的孩子，在集中注意力和推理能力上的表现都比别的孩子好，在压力情景中也不那么容易崩溃。他们的SAT（美国大学入学考试，类似中国的高考）考试分数更高，能获得更高学位。另外，这样的孩子会更少地出现犯罪、肥胖和吸毒等不良问题[①]。

至此，研究者提出：生命中早期的自控力，对于之后的人生发展有着至关重要的影响。

那么，人的"自控力"源自哪里？天生的还是后天因素造就？

实验二

2012年，罗彻斯特大学的Celeste Kidd对棉花糖实验进行了创新，并重新组织了实验。

在实验开始前，Kidd教授将孩子们分为A、B两组，并安排孩子们与她的同事一起画画，在孩子们的旁边摆放了一盒使用过的蜡笔。有一位同事会告诉其所在组的孩子们："你们可以使用这些旧蜡笔，或者稍等一下，我去取一些新的、更漂亮的蜡笔来。"几分钟后，A组的同事带着全新的蜡笔回来了；B组的同事空手而回，跟孩子们道歉说："对不起，我记错了，我们没有新的蜡笔。"

紧接着，类似的场景再次上演，但这次换成了新贴纸。A组的孩子如约收到了新贴纸，而B组的孩子再次听到了道歉，再次被告知没有新的贴纸。

经过这两轮"预热"实验后，棉花糖实验正式开始。研究人员向孩子们承诺：如果他们能够等待15分钟，他们将获得更多的棉花糖作为奖励。

结果是：A组（也就是两次都兑现承诺的小组）的孩子通过测试的比例是B组的孩子的四倍多。B组的孩子在经历了两次被"欺骗"后，大部分人选择立即吃掉眼前的棉花糖，而不愿等待15分钟。

Kidd的实验结果强调了环境对于孩子自控力养成的重大影响，生长在一个充满信任的环境中（比如父母守信），他们相信自己的等待可以换取更多的棉花糖，所以倾向于克制自己的行为；如果成长过程中屡遭欺骗或"无效承诺"，孩子

---

① https://www.zhihu.com/question/22681624/answer/456901953.

更倾向于即时满足，他不愿自我控制，也就体会不到自控力的价值。

自控力虽然表现为个体所拥有的复杂且多维的内在特质，也受制于外界"承诺"反馈的强化——可能是正强化，也可能是负强化。比如吞食了"魔丸"的哪吒，面对成仙成魔两个方向，他选择了"我命由我不由天"；但是父母、师傅太乙真人还有敖丙、陈塘关百姓等构成的"道场"，都在影响着其修行的进程。

陈塘关百姓对哪吒恶作剧的恐慌和厌恶，加剧了魔童的"魔性"，他变着花样地耍疯；母亲和太乙真人的亲情与耐心陪伴，以及父亲愿用自己给哪吒换命的"换命符"，则在抑制其魔性，焕发哪吒内在的神性；敖丙的理解和友情，进一步消化哪吒的迷茫和不安，帮助他战胜自己内心的"魔丸"。

2024 年的诺贝尔经济学奖再次颁给了制度研究的三位学者：达龙·阿西莫格鲁（Daron Acemoglu）、西蒙·约翰逊（Simon Johnson）和詹姆斯·A·罗宾逊（James A. Robinson），他们"研究制度如何形成，以及这些制度如何影响（国家）繁荣"这个问题。早在 20 世纪 90 年代，罗纳德·科斯、道格拉斯·诺斯等相继因为制度研究而获诺贝尔奖，向人们展示了制度对经济主体（如消费者和企业）的行为、对经济增长、经济效率、收入分配等的影响。文化、法律、宗教、习俗等正式或非正式的规则，还有企业间的竞合、行业规制、交易中的明示契约或约定俗成，都会对企业行为（价值主张、竞争策略、资源分配等）和企业绩效产生巨大影响。

环境是企业生存和发展的土壤，也像企业的修行"道场"，给企业提供了机遇和挑战。企业虽有自己的使命和价值主张，若缺少了适配的环境，商业模式将面临诸多难题。

面临水土不服

近几年风头正劲的山姆会员店，曾遭遇长时间的冷场。它与沃尔玛同于 1996 年进入中国市场，沃尔玛随后大行其道、四处扩店，山姆却不受市场待见，举步维艰。

1996 年山姆和沃尔玛进入之际，恰逢中国的改革开放刚刚 20 年，许多行业进入快速成长期，居民收入水平不断上升，零售业迎来了大发展。受多年短缺经济的困扰，面对不断丰富的商品，消费者表现了极大的热情。"多快好省"中的"多"自然成为最吸睛的要素。沃尔玛、家乐福等大卖场以其品类丰富、价格实惠吸引了众多消费者,而品少质优的山姆只能吸引小众人群。但这批小众人群的稳定性强且随着时间逐步累积,大卖场面对的大众客户却喜欢在不同店家的优惠促销中转场,难以留存下来。

到了2012年,中国劳动年龄人口开始减少,即数量上不再提供增量。2015年起,中国流动人口开始减少,在人口结构上不再提供增量[1];人均可支配收入水平从1.65万元(2012年)上升至3.92万元(2023年)。同期制造业产能不断扩增,许多产业/产品出现产能过剩/供大于求,市场从增量时代进入存量竞争。居民对优质、高性价、情感认同的偏好日趋强烈,"多快好省"中的"好和省"变得更重要。会员制零售自此开始火爆,不仅山姆加速了扩店的步伐,开市客、盒马等也加速入局。

"多、快、省"都是容易判断的客观信息;而"好"是个主观判断,背后隐藏着巨大的信息不对称,信任就显得尤为重要。

类会员店的胖东来成立至今已经30年,多年来立足河南、深耕许昌。2023年开始走出河南,以帮扶改造的形式向其他地区的零售企业传授胖东来的经营方式,比如江西上饶本土超市嘉百乐、湖北雅斯超市、贵州合力超市、长沙步步高、福建永辉等。被改造的超市短期内取得了销售业绩增长,许多调改店在开业当天还引发了抢购或排队,但调改至今还不足一年,尚无法判断改造后的长期绩效。

胖东来在许昌的成功源于多年的社区关系建设,就好像一个街坊上的老邻居,多年的共处形成了彼此间的信任与相互尊重,还有与员工达成的信任关系,这都是胖东来商业的基石。企业与社区居民、与员工信任关系的建立不仅仅是个时间问题,还有社区特征、居民属性、人口流动等诸多因素。有些区域以新迁入居民为主,彼此间缺乏信任基础和情感认同;有些地区多为临时租住者,随时可能搬迁,人口流动性非常大……企业进入新市场可能面临水土不服,这也是胖东来、山姆、开市客等开新店时面临的问题。

2024年9月,于东来决定不再派团队到新企业进行帮扶,但对联商学员企业和永辉等的帮扶会持续两年。因为方法已经教给被帮扶企业(师傅领进门),

---

[1] 《中国流动人口发展报告2018》,国家卫生健康委员会官网。

接下来要靠这些企业"自我修行"。

再如茑屋书店，在谋求国际化发展中面临挑战。2020年进入中国后，在杭州、上海、西安等地开设了12家店，但同期也在不断关店。2024年9月，被誉为最美书店的西安店——迈科中心店宣布关闭。茑屋书店在日本的成长源于多年的会员数据和供应商关系累积，T-card丰富的会员交易和行为数据使茑屋书店有能力更好地了解顾客需求，为合作联营店家提供适配的选品服务。进入中国市场后，缺乏中国消费者交易数据这一核心资源的支持，茑屋书店的商业模式面临诸多困境；而对中国消费者需求数据和偏好特征的把握，需要很长的累积过程，还有基于中国消费者偏好的供应链伙伴选择同样需要时间的验证。网红打卡的流量效应可以起到广告宣传作用，却无法达成业务飞轮的正循环。

水土不服现象，可能是因主导需求不适配，或是因基础资源缺失，还会有其他因素。环境本身呈现动态性和复杂性，技术时时刻刻在创新迭代。会员制并不是万能药，并不能在所有场景中都"奏效"，企业需要寻找或等待适配的环境。开市客直到2019年才决定进入中国大陆市场，是否在等待"品质需求"的流行？当环境变得不适配时，企业更要在坚守和变革中寻求平衡。

使命是企业存在的理由，阐明了企业在社会经济中将承担的角色和责任。吉姆·柯林斯曾对18家基业长青（Build to last）企业进行研究，发现那些跨越周期、生存期长的公司大多有坚如磐石的核心价值观（使命），不会随着时代的风潮而改变；但这并不意味着它们冥顽不灵，它们会在坚守核心理念的基础上不断改变和创新业务。

面临技术变道/换道

成功的商业模式以强健的运营基础设施为保障，技术决定了企业运营的底层逻辑。从蒸汽机到油电革命，从互联网到AI，不断迭代的基础技术正在改变着企业乃至整个行业的运营方式；一旦出现底层技术革新，对企业的冲击是巨大的甚至可能是颠覆性的。当互联网兴起时，各行各业出现了"互联网＋"的趋势——所有的行业基于互联网重做了一遍，成长起了电商、社交平台、在线游戏、互联网学校等；面对AI的到来，许多行业面临"AI＋"的冲击——所有行业是否将基于AI重做一遍？

面对互联网和信息技术的全面应用，零售业的运营基础也在发生变化。亚马逊、阿里、京东等电商利用大数据算法和物流配送系统，在控制成本的同时加强了终端配送能力，不仅满足"又好又省"，还可以"更多的选择"（品类全）、更便捷的服务（送货上门）给消费者更好的体验。亚马逊不仅仅是一家零售商，而是集合了平台、流媒体和云服务的力量，力求给消费者以"更多的选择、更快的服务以及更低的价格"。

互联网和AI对零售业的影响并不仅仅表现在运营效率上，零售业本身作为连接产品与顾客的渠道，所面临的最大冲击是新技术带来的链接界面的改变，这会成为零售业的新赛道。

过去的20年间，互联网对零售业的冲击很大。美国人口普查局公布的一份关于美国电商市场的报告显示，2024年1—7月美国在线销售总额较上年同期增长7.5%，金额达到5 500亿美元，在整个零售业总收入中的占比为22%。在中国，2023年全国网上零售总额达到15.42万亿元，同比增长11%，其中，网上实物商品零售额占比攀升至社会消费品零售总额的27.6%。2024年网上销售额还在继续增长。

面对线上化趋势，以线下业务为主体的开市客与山姆等，过去的20年在与亚马逊等的竞争中各有所长、并进发展；但不容忽视的是，亚马逊的增长速度远超开市客和山姆，而且亚马逊的会员制发展相当不错，Prime会员的人数逐年增长，而且续约率很高。根据CIRP（Consumer Intelligence Research Partners）的估计，截至2021年12月，亚马逊在美国拥有1.72亿会员，其中Prime会员的续订率一年后达到94%，两年后达到98%。

2022年ChatGPT发布以来，AI和数智技术的迭代速度加快。随着大模型技术的成本降低，各行业将面临新一轮变革，人工智能可能接管人们的部分决策。当前消费领域的订阅行为已经出现，以后的人工智能管家能否根据雇主的身体特征和需求偏好提供更多的如饮食、着装、娱乐等建议，不仅推介商品甚至自动下单？这些趋势将重塑零售界面和商业模式。产品与顾客相遇通道的变化，是对零售业的颠覆性挑战。

每一次的技术迭代中，虽然以会员为中心的理念不会变，但实现模式会变。

零售企业在 AI 时代是怎样的形态，占据何生态位才能生存？开市客和山姆是否要进行线上化转型？如何开展数字化？转型后的在线商城，收取会员费的盈利模式能否保持？当前的高效运营管理能否适用？坚守线下还有大多空间，是否有足够的力量吸引消费者来店购物？这些都是新问题。

2019 年，巴菲特的伯克希尔公司首次建仓亚马逊，随后两次加仓，虽然 2023 年少量减持，但仍拥有约 48.33 万股；而在 2020 年第三季度，伯克希尔清仓了开市客，自 2000 年建仓开市客，伯克希尔在持仓 20 年后选择了退出。

会员店也在不断探索新的履约方式。山姆早在 2018 年开始尝试在国内市场推出"极速达"服务。2025 年起开市客在上海开始推行全市配送。

面临对手的冲击

企业成长中面临来自对手的种种威胁，不仅局限于现有对手，还有潜在对手或替代品厂商。"打败你的不一定是同行，很可能是跨界的"，这也是当下众多企业面临的压力：不知对手是谁，不知它来自何方，不知它何时到来，也不知它会以何种姿态入场……

第一，盈利模式变革对传统利润池的覆盖。互联网经济发展中，将收费项目免费，将盈利产品变为引流手段，吸引大量用户后通过其他通道（如第三方广告商、数据商或其他产品）变现，似乎成为常态竞争法则，打击了许多传统企业的生意盘。在线电商、软件订阅等曾以颠覆者的角色改变了传统行业，当下正面临 AI 等技术的冲击。

第二，对手通过价格竞争抢夺顾客。当经济增长停滞、需求相对低迷时，企业间的价格战会加剧，一些企业为了抢夺顾客不惜牺牲利润。这种局势下，市场被对手的低价产品掠夺，能否坚守价格和品质？现金流极度短缺，要不要坚守 ESG……短期竞争的杀伤力很大，企业容易在应付短期风险中迷失。

正所谓"水无常形，兵无常势"，世事万物瞬息万变，不适配是常态。会员经济产生的本源，就是企业对不确定世界的响应，试图立足于"相对恒定"的顾客本质，谋求长效的发展空间。然而，面对"道场"中的层层障碍、诱惑及无常，信念和"初心"会屡遭冲撞。对于传统零售商而言，多年的产品销售思维形成的组织惯性并非一日能改，比如 2020 年家乐福在上海进行会员制转型，我国也有许多零售企业提出向会员制转型,道阻且长。

经营企业是一次艰苦的修行(稻盛和夫)。企业要想在市场这个舞台上长存,必须面对长期使命和短期业绩的矛盾,面对内外环境中的种种挑战,面临不同利益诉求者的压力……

守而必固

孙子曰:"昔之善战者,先为不可胜,以待敌之可胜。不可胜在己,可胜在敌。"而要成为"不可胜者,守也"。

"行千里而不劳者,行于无人之地也;攻而必取者,攻其所不守也;守而必固者,守其所不攻也。故善攻者,敌不知其所守;善守者,敌不知其所攻。"

善守者

行军千里而不疲惫,是因为行进在没有敌人的地区;进攻必定取胜,是因为进攻的正是敌人防守不善的地方;防守必定巩固,是因为防御区敌人都不来攻打。所以,善于进攻的,使敌人都不知道该怎样防守;善于防守的,让敌人不知道该怎么进攻(不知何处是可以攻打的地方)。

NBA比赛有个说法:进攻赢得比赛,防守赢得总冠军。在NBA比赛中,进攻得分往往是不稳定的,而防守则相对稳定。如果一个球队能够做好防守,让对手难以得分,就可以在比赛中占据优势;通过强有力的防守来控制比赛的节奏和局面,迫使对手不得不改变进攻策略,进而陷入被动和无助。所以,防守是决定比赛结果的关键因素。

足球联赛也存在类似的说法,进攻赢得球迷,防守才能赢得胜利。

球场上的抗衡是相向而争,必须有个输赢,所以球队除了防守还得进攻。商场则不同,"胜出者"不需要打败对手,也不会因为打败对手就能赢得顾客;只有守护好顾客,才有机会长期待在"市场"这个舞台上。

"寿司之神"小野二郎的数寄屋桥次郎本店在经历了一番爆火和"疯狂打卡"后,店家提出"谢绝生客,重视常客",并且退出了米其林评选。更少的游客打卡,更多的忠实食客来访,才能保证餐厅在传统、情怀和费用上的平衡。这种细水长流的经营方式基于餐厅和熟客之间的深厚信赖和对传统寿司的尊重,也是"数寄屋桥次郎"寿司店的基本盘。

罗振宇在 2018 年的跨年演讲上特别强调了"超级用户思维",提出要为超级用户创造荣耀感,做好产品和服务。从思维造物前期发布的招股书数据来看,报告期内(2017—2020 年上半年)"得到"App 新增注册用户数量分别为 595.17 万人、681.37 万人、397.50 万人及 298.53 万人,新增付费用户数量分别为 186.84 万人、164.91 万人、91.10 万人及 50.53 万人。虽然付费用户数呈现下降趋势,但其中多少人是新客户,多少人是老客户?报告中并没有披露"复购率"这个最重要的指标。如果付费用户中的复购者占比高,就体现了"超级用户"的价值。即使付费用户数量下降,但稳定性也在提高。

会员制模式本身就是"善守型"战略,在变化莫测的商业世界里努力做好自己。所以,不论是胖东来还是开市客,它们的成长历程犹如"龟兔赛跑"中的乌龟,稳扎稳打,缓步前行;不断夯实基本盘,让对手无从攻击——"敌不知其所攻"。

守其所不攻

防守的目的是让敌人不来攻打,不战而屈人之兵。商业竞争不是战场上的"你死我活",只要服务好顾客,无所谓对手或竞争。

会员制企业虽然拥有长期合作的忠诚顾客,但并不意味着对顾客的完全垄断。现实商业世界里,一个顾客可能成为多个企业的会员甚至是同行企业的会员,比如开市客的会员同时也是山姆或亚马逊的会员。订阅了网飞的视频,同时也购买了油管(YouTube)、迪士尼(Disney+)的服务。

不必关心顾客是否会选择对手的产品,只要顾客一直选用自己的产品或服务,并且以后还会使用,这就够了。

要让会员一直选择自己,就要给会员以充实的选择理由——务必坚守承诺,持续为会员创造更高的价值,比如:专注于死磕产品、做好服务;改善激励机制,保证所有参与者(员工、企业、伙伴)共同为会员价值服务。巩固彼此间的信任,这就是最好的护城河。

- 死磕产品

会员制企业都有一种死磕的精神,落实到行动上,就是产品及运营上的不断精进和坚持不懈;即使在不被关注的细节领域,也要精益求精,力求达到结果上的极致。

哪吒的"物理学"

2025年春节档,除了《哪吒之魔童闹海》,还有一部神话剧上映——《封神之战火西岐》。它们都因为第一部的爆火积攒了不错的观众缘。但第二部上映后的票房和口碑有了较大的距离。从观众对《封神》2的吐槽中,首当其冲的是其特效,尤其是殷效法相。观众的不满在于"制作粗糙""像一个半成品",这是对制作方"态度"的质疑。

观众对《哪吒》2的精良制作给出了充分肯定,对特效镜头和特效元素呈现的细节和用心赞不绝口。自第一部《哪吒之魔童降世》赢得市场认可后,导演饺子耗费5年时间打造了《哪吒》2。用他自己的话来说:"观众这么期待《哪吒》2,预期拔得很高。机会是不能糟蹋的,必须倾其所有去实现最好的效果。"

一部好的影片,不仅需要主题和故事情节打动人,还需要情节编排和角色塑造以及出色的制作、视觉效果、镜头语言等。哪吒呈现了许多细节上的精彩和用心。比如,申公豹与敖丙对话时,眼看敖丙没有上进心,申公豹都替他着急。只见"申公豹突然脸色一变,脸上长出豹毛,人脸变成了豹子脸",既展现了它的妖族真身,又体现出它的不甘和着急。这个特效极其顺滑,让观众受到冲击却没有感到不适。为了这个画面,导演饺子找外包公司的特效师磨了两个月还达不到想要的效果,特效师几近崩溃后选择跳槽。意想不到的是特效师新入职的公司正是《哪吒》剧组找的新外包公司,任务又落到了这位特效师头上,他又花了几个月终于完成了这个在影片中只有几秒的特效镜头。饺子笑称:"如果有人问我人能否改变自己的命运,我不晓得,但我晓得让申公豹长毛就是他的命。"

影片还体现了对科学的尊重[1](虽然是动画片),观众后续深挖出很多物理

---

[1] 《冰不导电、眼泪倒流……〈哪吒2〉中隐藏的物理学,你看懂了吗?》,https://weibo.com/ttarticle/p/show?id=2309405133249038123174。

学的分享话题。

· 水导电而冰不导电：附身哪吒的敖丙在与申正道打斗时,发现申正道具有化身为电的能力,尤其在水中,身体可以瞬间传导到任何位置(水可以导电)。敖丙机智地将河水冻结成冰,从而限制了申正道的行动(冰不导电)。

· 眼泪倒流：敖丙在深海中真情流露而热泪盈眶,他的眼泪不是顺着脸颊往下流,而是往上方流的。因为海水里含有很多盐分和其他矿物质,它的密度比淡水大；眼泪中虽然也含有盐分和蛋白质,但总体来说其密度更接近人体体液。和深海海水比起来,眼泪的密度要小一些,向上流才是合理的现象。

· 玄武岩：石矶娘娘被打碎前像是岩浆岩中的玄武岩,岩浆冷却过程中气体逸出形成气孔,形成了石矶娘娘头发上的气孔、脸上的小"雀斑"(杏仁结构)。

小插曲：《哪吒》2 票房不断上涨之际,人们发现,豆瓣页面显示的《哪吒》3 的预计上映时间从 2028 年偷偷调整到 2030 年,这或许是主创团队对下一部作品的慎重(但随后又改回到 2028 年,不知为何)。2025 年 2 月中旬,《哪吒》2 实现了 120 亿元票房,创作团队宣布停止所有的对外采访。导演饺子正式闭关,专注于《哪吒》3 的准备工作。

导演和创作团队无法确定下一部影片能否打动观众,但"认真的态度"和"细致的匠心"至少让顾客产生了"被尊重"的感觉。

开市客的品质严控[①]

开市客不仅选品很严格,运营中尤为重视品质的动态管控。首先,选品前的研究非常重要,通过对会员购买数据的详细分析,结合消费者行为变化,评估产品的生命周期和市场潜力,还要关注同类产品在其他渠道的价格和销售表现。开市客倾向于优先选择行业领先品牌的高端产品线,很少引入二三线品牌的产品。

其次,对供应商的资质审核极其严格。要成为开市客的供应商,需经过市场调研、供应商筛选、商品测试,才能进入规模化采购。一个合格的供应商通常需要经过 6—12 个月的考察期,正式引入新品之前会在商场进行 2—3 年严格

---

① https://zhuanlan.zhihu.com/p/10024797867.

的测试评估，根据会员的反馈来决定商品是否应该正式引进。开市客有着完善的会员反馈机制，各个渠道会员给出的负面反馈意见决定了商品会不会被下架。一旦引进，开市客会给予新品醒目的位置和足够的展示空间。

再次，对高质量标准的坚守。开市客的质量监控体系中，从原材料的精心采购到生产流程的每一个环节都设立了极为严格的标准，并配备了检查程序，实施全程的严格把控。开市客会定期或者不定期地派出质检团队访问供应商的生产基地，检查生产环境、工艺流程、质量管理体系等。开市客所售卖的每件商品都有唯一的批次编码，可以追溯到具体的生产日期、原料批次、检验记录等信息。

公司要求商品的月均周转率不低于3次（即平均每件商品在货架上停留时间不超过10天），从而迫使采购团队必须精准把握市场需求，避免积压库存。为此，开市客建立了预售预测系统，从历史数据、节假日因素、天气变化等维度预测需求，同时与供应商建立快速响应机制，能够及时调整供货量并动态补货。如果某个商品的周转率持续低于标准，开市客会立刻分析原因，并进行价格调整、改变陈列位置或者直接下架。

- 尊重员工/伙伴

好产品是员工和伙伴共同协作完成的；对会员的尊重，往往要通过员工来落实。除了做事上追求极致，会员制还有一个共通点，就是对员工、合作伙伴的肯定和互惠。不仅仅尊重会员，也尊重员工和合作伙伴。

胖东来的员工分利

胖东来创始人于东来认为，很多创业者和经营者感觉经营困难，主要原因有：一是经营产品的质量不好，顾客不信任。二是对员工不好，员工不认真投入工作，企业就没了品质。三是盲目做大，欲望大于能力。于东来一贯坚持与员工分利，认为企业家要拿出50%的利润分给员工，并且不要等到年底分，直接涨在员工工资里，让员工更有干劲。2020年，于东来对胖东来的股权重新进行划分，50%的股份分给了基层员工，40%的股权分给了管理层，5%的股份设立为奖励基金。

网上很多人羡慕胖东来员工平均6.5小时工作制、40—60天带薪休假，还设有"委屈奖"等。但是，胖东来同样有严格的管理制度。胖东来的管理标准包罗各个维度，有与卖场工作相关的专业标准、卫生标准、安全标准，还有与个人相关的健康标准休闲标准，甚至爱情标准、孩子的教育标准、对待朋友的标准……仍在不断细化中。胖东来的员工因为不认真对待工作而犯错，代价是非常高的："不开心可以请假，谁都有有事的时候，但是上班就要专心投入，这是对职业最基本的尊重，不见得每个胖东来人都能做到，但是做不到要离开。"

2025年3月28日，于东来在2025中国超市周上公开透露，2024年胖东来员工月收入交完社保后是8 315元，2025年1—2月员工收入在交完社保以后是9 886元。胖东来官网公开了集团在许昌、新乡两地不同业态的人员流失率情况，2025年1—2月胖东来在许昌和新乡两地共流失员工28人，其中包括管理人员2人，人员流失率为0.33%。

开市客的动态折扣方案

零售企业的现金流相对较好，一边从消费者处直接收现金，另一边对供应商付款通常有两个月以上的账期，众多供应商却面临资金压力。

近年来，开市客意识到供应商面临艰难的营运资金环境，中小企业贷款困难，供应商获取现金的成本高昂，为了给上游供应商提供融资服务，开市客一方面以自己的信用为依托，为供应商提供反向保理。由于是开市客发起的申请，增加了应收账款真实性，保理商降低了放贷风险，审核程序简化，供应商能够获得低成本融资，缓解了资金周转压力。

另一方面，开市客积极与C2FO等金融科技公司合作，提供动态的折扣解决方案。开市客通过C2FO的平台推出早期付款计划。供应商可以在C2FO平台上选择希望提前结算的发票，并自行设定折扣率。一旦开市客接受供应商的折扣报价，就会提前向供应商支付货款，供应商最快可在24小时内收到款项。近五年内，通过C2FO向开市客供应商的提前付款累计增长了186%。使用C2FO的开市客供应商平均提前22天收到货款，供应商参与度持续提高。该计划为开市客供应商创造了数十亿美元的资金流，同时也为开市客带来了显著的财务收入增长，使国债收益率提高了400到500个基点。

- 静待会员留存

会员经济将经营重心转向了会员，转向更持久的会员关系维护。然而，一些企业在推行会员制的过程中，似乎在刻意强调"维护关系"。实际上，留住会员是一个结果，会员自愿选择留下来与企业共创价值，他们"不愿转移"。

会员不转移的原因有二：不愿转移或不能转移。不愿转移是心理和价值观的认同，会员从心底里没有转移的欲望；不能转移是被迫做出的选择，由于成本收益等因素，导致转移的代价太大而不得不留下来。

会员经济的极致追求会打消会员转移的欲望，让他们主动、心甘情愿地留下来。如果只是利用套路单纯提高顾客的投入导致顾客不能转移，短期内或许可以锁住会员，但会引发情绪上的抵触或厌恶。本书不愿采用"会员锁定"一词而使用了"留存"概念，就是因为锁定有很强的"压迫感"。

前文中曾讨论了"转移成本"对会员锁定和留存的影响。

心理成本是一种内源性转移成本：通常来自会员的心理感受、参与程度、情感投入等，转移会造成关系断裂或带来情感代价。比如会员发自内心的喜爱，主观上不想离开，甚至连转移的想法都没有；人们会因为"参与"而产生偏爱，因为共创而产生成就感或情感寄托等，这都是会员不愿转移的重要力量。

经济成本主要为外源性转移成本：大多来自经济上的付出或垄断力量，比如企业会利用趸交、学习成本、互补品等沉没成本效应，诱导会员的先期经济付出；或者通过积分等累积效应，提高顾客转移的收益损失；还有技术垄断和网络效应等。外源性转移成本可以锁定会员，"迫使"他们在一段时间不能离开。

企业之间会通过"补贴"外源性转移成本来"抢夺客户"，用高额优惠、价格战等方式抵消客户转移的经济成本损失。团购大战、网约车竞争、外卖大战中，平台为了吸引商家加盟或客户光顾，采取了高额补贴的做法，能够结束一场战斗却无法消除战争。若新技术、新模式出现，又会掀起新的大战。

相比之下，补偿会员的内源性转移成本要难得多。这是会员与企业长期以来营造的归属感，会员在这里能感受到"为我着想""为我好"的心态。会员制企业不会刻意设置"留住会员"的障碍，而只是站在会员角度，像对待自己人一样，尽力做好产品、做好服务，坦诚相待，喜欢这种感觉的会员将自动留存，这种感觉所建立起来的归属感是根深蒂固的。

听上去颇有一种"只管耕耘,待到花开,蝴蝶自来"的意味。会员制企业看上去比较佛系,不具有攻击性,但韧性足(外表佛系,内在积极进取)。

彼得·德鲁克曾经说:"目前快速成长的公司,就是未来问题成堆的公司,很少例外。合理的成长目标应该是一个经济成就目标,而不只是一个体积目标。"德鲁克早在20世纪70年代就注意到成长的危机。他认为,长时期保持高速增长绝不是一种健康现象,它使得企业极为脆弱,与适当地予以管理的企业相比,它(快速成长的公司)有着紧张、脆弱以及隐藏的问题,以致一有风吹草动,就会酿成重大危机[①]。

商业竞争中,一些公司经常采用"电影大片"策略,高制作高营销,打造爆品;或者用概率打法,以多产品取胜。会员制公司则更像蚂蚁搬家,用积分打法,一点一点夯实完善,追求的是累积会员、慢慢耕耘。"善守者,藏于九地之下。"会员制企业在成长期通常不被人所知,当它们引起众人关注时往往已经默默耕耘了很多年。

小结:(1)做事,企业把产品/服务做到极致,顾客没想到的问题也提前想到,你的生意自然很难被抢走。(2)待人,给员工以较高的收入和工作中的尊重,员工也很难被挖走。(3)律己,控制过度投资欲望,保持业务坚实稳定,根据需求和技术等因素适时创新"问题解决方案"。

---

① 吴晓波著:《大败局》,浙江大学出版社2013年版。

结　语

知易行难

　　以"会员为中心"的理念深入人心,行动中却屡屡碰壁,还衍生出许多打着"会员制"幌子的营销套路。会员制确实是一件"正确而难"的事。

　　会员制企业的终极目标在于与会员长存,打造有持续活力、长期共赢的信任关系。本书谈到了要从"经营产品"视角转向"经营会员",做会员的代理人;探讨了如何建立会员制模式的基本体系,同时要推行企业的反向创新组织;描述了会员企业成长中的飞轮效应以及会员制分化成长等现象,提出会员制是一场商业修行。

　　从认知到现实,需要一个漫长的过程,即便认识到了会员制的价值,要真正做下去,需要彻底地转型——站在会员角度重新审视商业行为,才能感受到其特殊的商业逻辑。许多曾被视为"增长型行业"的领域最终陷入停滞或衰退,根本原因并非市场饱和,而是决策者的战略短视。企业过度关注自身产品,将业务范围狭隘地限定于现有技术或产品形态,忽视了客户需求的本质,最终被替代品颠覆。

　　无论何种形态的会员制,关键的制胜之道是为会员提供最佳的问题解决方案,还要为员工和伙伴提供稳定的收益,然后才是企业的长效价值。赚取会员满意的钱,既是会员制的结果,也成为会员制的盈利原则和规制力量,有效扼制企业"自身的利益欲望"。这个过程需要转型与重构、坚守与创新,还把握好节奏和重心,保证商业飞轮处在稳定性的正向循环通道上。

　　1. 重新定义产品

要彻底摆脱"产品视角"的传统思维框架，以会员代理人的角色重组产品、重构生态，就要重新认识产品对顾客的意义。客户购买的不只是产品本身，而是产品所满足的深层需求，产品＝解决方案，是"待办任务＋场景＋路径"的结合。企业需要定期追问"客户购买的本质需求是什么"，建立动态的需求洞察体系。

此外，更要围绕需求洞察、需求实现、需求满足，建立新的面向会员的"需求价值链"，反向改造传统的"产品价值链"。亚马逊、海尔等众多企业都在围绕"帮助顾客成功"，进行组织结构和运营创新上的探索，这是一个长期过程，不能一蹴而就。

2. 重新定义对手，重新定义产业

当将"客户需求坐标系"植入组织基因，企业的对手似乎扩大了，行业边界也不再清晰。对手或行业边界不应该由技术或产品线定义，而是由客户需求定义的。误把产品功能等同于客户需求，导致被跨界的替代品打劫，如铁路公司误将"铁路运输"当作"位移服务"，被满足相同需求的航空/公路运输冲击；电钻厂局限于"钻孔工具"，终将被激光技术淘汰。

新技术使原来无法满足的或成本太高的"需求满足方式"成为现实，替代品或替代服务在新技术支撑下不断涌现。有人想随时随地看剧，智能手机 App 满足了这一需求，对 PC 视频企业就是一个打击。短剧的出现满足了碎片时间的爽感，其带来的收入已经超过电影票房。真正的竞争力不在于专利或规模，而在于持续创造客户价值的能力，才能抵御技术颠覆与市场波动。

3. 重新定义自己

企业因"为顾客解决问题"而创立，因能创造价值增值而存在。

德鲁克强调，"非客户"（更应该称为非当下需求）是变革的源泉。企业提倡"经营会员"，但不是仅服务现有会员或现有需求，还有引领需求的责任。正如老福特所言，如果问客户的需求是什么，"客户想要的是一辆更快的马车"。企业若仅服务现有客户和现有需求，可能错失新市场机会。所以，会员战略不是盲目迎合需求，更是围绕"需求本质"积极探索新的解决方案。

创造价值增值以及合理的价值分配，才能保证会员经济的稳定成长。新技术往往带来新的交易机会，推动商业模式和分配机制的创新。比如在线零售重构了从生产商到消费者的交易通道,外卖重建了餐饮店与消费者的交易结构,商业生态的所有参与者面临价值的重新分配,利益关系被重构,各方利益面临震荡。于是,如何平衡用户、企业、员工、合作伙伴的短期、长期利益,成为会员制模式的"真实性"考量。价值分配过程中,"谁第一,谁第二,谁第三"？既关系到短期存活,也关乎长期稳定性。面对技术变革、政策调整、短期供求不平衡带来的收益机会,企业能否在参与者之间合理分配价值,实现共赢共生发展？这是一个很有挑战性的命题。通用电器、西尔斯等百年企业在20世纪80年代的金融业务扩张,也为20年后的危机埋下了隐患。

当市场从增量时代进入存量竞争,我们看到,会员制模式逐步流行起来。会员或粉丝表达了高度的热情,给那些"宠粉"的企业以肯定和回馈。衣、食、住、行、育、乐、医、财等商业领域都在源源不断地冒出各种形态的"需求代理人",在改变产业运营模式的同时也在改变人们的生活方式。

会不会像艾莉那样,一个人会拥有越来越多的会员卡？会员卡不是会员制的标签。恰恰相反,在会员经济时代,会员制可能成为一种生活方式;会员战略也成为企业的一种常态,渗透到商业领域的各个角落,成为新的战略主线。

试想一想,周围的企业都是以你为中心的,为了提供更好的"解决方案"而持续努力,没有套路,不玩心眼;会员轻松、放心、无顾虑地与所喜欢的厂商保持长期交易,相互尊重、互惠互利。这本身就是个正向循环的商业飞轮:会员服务→价值共识的会员→基础运营(规制企业自律、过滤伪会员)→更好地为会员服务。

归根结底,商业是为了更美好的生活。

参考文献

1. 罗比·凯尔曼·巴克斯特著：《会员经济》，中信出版社2021年版。
2. 卡尔·波普尔著：《历史决定论的贫困》，上海人民出版社2015年版。
3. 阿尔文·托夫勒著：《第三次浪潮》，三联出版社1983年版。
4. 阿尔文·托夫勒著：《财富的革命》，中信出版社2006年版。
5. 尼克·梅塔、艾莉森·皮肯斯著：《客户成功经济：为什么商业模式需要全方位转换》，电子工业出版社2022年版。
6. 纳西姆·尼古拉斯·塔勒布：《非对称风险》，中信出版社2019年版。
7. 李晓华著：《服务型制造中的订阅模式：内涵界定与机制分析》，《企业经济》2023年第11期。
8. 肖雯著：《理解买方投顾体系》，《北大金融评论》2022年第11期。
9. 何帆著：《变量4：大国的腾挪》，新星出版社2022年版。
10. 克莱顿·克里斯坦森、泰迪·霍尔、凯伦·迪伦、戴维·S.邓肯著：《与运气竞争》，中信出版社2018年版。
11. 西奥多·莱维特著：《营销短视症》，《哈佛商业评论》1960年。
12. 张思宏著：《用户经营飞轮：亚马逊实现指数级增长的方法论》，机械工业出版社2021年版。
13. 布拉德·斯通著：《一网打尽：贝佐斯与亚马逊时代》，中信出版社2014年版。
14. 吉姆·柯林斯著：《飞轮效应》，中信出版社2020年版。
15. 山姆·沃尔顿著：《富甲美国》，江苏文艺出版社2015年版。
16. 陈威如、余卓轩著：《平台战略》，中信出版社2013年版。
17. 吴晓波著：《大败局》，浙江大学出版社2013年版。